JN234746

ものと人間の文化史

116-I

道

I

武部健一

法政大学出版局

まえがき

道の歴史の本といえば、名著として知られているヘルマン・シュライバーの『道の文化史』(関楠生訳、岩波書店、一九六二年)がある。この書は、先史時代から説き起こし、未来をも見据えた、底に哲学を秘めた比類ない史書であった。日本では、このような包括的な道路の歴史は書かれたことがなかった。技術系統の書物としては「土木史」の一部としての叙述があり、また人文系では「交通史」のなかに触れられてはいるが、それも多くは近世(明治期以前)までに止まっている。『日本道路史』(日本道路協会編、一九七七年)が、その名のとおり唯一の専門的な書物であるが、その内容のほとんどは明治期以後のものである。

本書では、シュライバーには及ぶべくもないが、日本の道路の歴史をできるだけ民族の歴史全体の中で捉えることを心がけ、かつ各界の最も新しい研究成果を取り入れて技術と社会の両面から描き出すことを試みた。そのため、本書のIのみで、ようやく古代が終わることとなる。これは古代の道路史が、それこそ日々新しくなると言ってよいほど、近年は遺跡発掘を含めて優れた知見が次々と発表されていることによっている。IIに採録される中世以降も、できるだけ新しい知見を参照することはもちろんながら、とりわけ近世の道路については、これまでほとんど利用されることのなかった五街道の『宿村大概帳』に見られる詳細なデータを分析して、これまでとかく宿場中心であった街道の交通史を、道路の側面から見ることに努力した。

明治以降については、前記『日本道路史』を踏まえ、個別的な問題や技術的細部はできるだけ省略し、むしろ社会の歴史の流れの中での道路を見ることを心がけ、技術史ではとかく欠けがちな人物像を描き出すことに意を注いだ。

筆者の意図がどれだけ達成されたかは分からないが、読者に道路を見る新しい角度を知ってもらうきっかけになれば幸いである。

※目　次（I）

✽目　次（II）

第六章　近代・現代の道路

序章●日本道路史のあらすじ

プロローグ

道路はこよなく人間社会の産物であり、道具である。道路は人類の営みの開始とともに始まり、社会の進展とともに発達し、その役割を果たしてきた。したがって道路の歴史を追うことは、そのまま人間社会の歩み、ここでいえば日本の社会の歩みを追うことにほかならない。

したがって、道路の歴史を時代区分しようとすれば、それは日本の歴史一般の時代区分と同じとすることが最も自然であり、かつ好ましいものとなる。

時代別の叙述に入るに先立って、全体の流れをつかむために、最初に、日本の道路史のあらすじを追って行きたいと思う。

黎明期の道路——人の住むところに道はあった

人が家族を主体に集団を形成して生活を営むようになったとき、食料を得るために外に出かける必要があり、それはおのずから道を形成することとなった。そのことは自明のようであるが、といってそれが必ずしも物的証拠として残されているわけではない。道の痕跡は、それが自然に近く原始的であればあるほど、残されていないからである。

考古学的には、日本列島に人が住み始めて、地域間の交流が認められるのは、一〇万年前の旧石器時代以後のことである。数十キロメートル（以下、キロと略称）も離れた地点で、石器の需要地と消費地の関係が認められるなど、道そのものの跡はまだ認められないにしても、交流の事実だけは、はっきりと浮かんできている。

それが縄文時代になると、明らかに作られた道の痕跡が考古学的に実証されてくる。青森市の三内《さんない》丸山《まるやま》遺跡はその顕著な例である。この遺跡は、縄文前期から中期にかけて、ほぼ五五〇〇年前から一〇〇〇年にわたって栄えた大型の集落跡である。ここからは土留め用の杭で補強された幅数メートルの道路の痕跡やさらに幅広い道路が見いだされている。これらは計画的に造られた集落の基幹道路とみなされている。一九〇〇年代の終わりには、新潟県朝日村の奥三面《おくみおもて》遺跡でも石や砂による舗装道路も発見された。

弥生時代に入ると、中国からの使者が見た日本の道路のようすが『魏志倭人伝』に記されている。紀元三世紀前半のことである。それは対馬国において「道路は禽鹿の径の如し」と述べられているように、ささやかなものに印象されてはいるが、次に渡る同じ離島の壱岐では、当時のものと思われる港と集落を結ぶ、幅三メートルで両側に側溝をもつ計画的な直線道路も発掘されている。

『魏志倭人伝』にはまた、その使者が渡った九州北部の伊都《いと》国から女王卑弥呼《ひみこ》のいる邪馬台《やまたい》国まで、「伝送」の制度があったことも記録されている。これは後の駅制の萌芽と見ることができる。

古代の道路――ハイウェイネットワークの萌芽

我が国往古の道路は、わずかに人馬肩輿の往来し得るに止まり、元より車両を通じ、大兵を動かす能わざりし事は、敢えて疑いを入れざる事なり。(『明治工業史』)

これが永らく日本の古代道路に対する「常識」であった。その常識が覆り、古代に構造と規模において壮大な幹線道路ネットワークが存在したことが認められるようになったのは、平成の時代に入ってからといってよい。

古代における道路の最大の特徴は、律令国家によって七世紀後半から八世紀にかけて建設され、一〇世紀ころまで機能した古代官道――七道駅路――の存在である。それはきわめて計画性の高い道路網であった。国家はそれによって全国を有効に支配することができ、したがってその国家体制が衰微したとき、この道路網もまたその機能を失ったのであった。

単に駅路あるいは七道駅路と呼ばれた、この七本の官道は、都から本州、四国、九州の各国府に向け、東海、東山、北陸、山陰、山陽、南海の六道が放射状に発し、これに加えて九州に西海道が網状に設けられた。その総延長は約六三〇〇キロ、両側に側溝を持ち、当初の幅員は一二メートルを基本として、路面には構造的に強化された痕跡が見られる。路線は計画的に、できるだけ直線的であるように造られた。

この駅路を運用するシステムが駅制である。というより、駅制を有効に機能させるために駅路が設けられたと考えるべきである。駅路には三〇里（約一六キロ）ごとに約四〇〇の駅（駅家《うまや》）が設けられ、駅長の統率のもとに必要な数の駅馬が置かれて、駅使の伝送などに利用された。そのため、この道は駅路と呼ばれる。

これに対して、同時代に伝制（伝馬制）というもう一つの輸送管理システムがあった。総称して駅伝制という。これらのシステムについて最初に公式に言及されているのは、六四六（大化二）年の「改新詔」であり、その中に「駅馬、伝馬を置く」とある。

駅馬を用いる駅制が本来、情報伝達の緊急用の制度であったのに対して、伝馬を用いる伝制は、中央からの公用の旅行者に対して各国の郡によって食料を供給する制度であった。

伝馬は各国の郡に常備された。郡は必ずしも駅路の傍にはなく、国内に散在しているから、それへの連絡は地域道路網によった。近年、これらの地域道路網は伝路と呼ばれている。駅路に対応して、伝馬が使う道の意味である。

駅路が計画的、直線的に造られたのに対して、伝路はそれ以前に造られていた地域の集落を結ぶ地域的な道路を主体にしていた。したがって、駅路と伝路は本来別の道路システムであり、別の役割を持っていたのであるが、実際には部分的に両者が重なりあい、代用したりしていて、一体となった道路システムとして機能していたと考えられる。

現代の高速道路が単独で機能するのではなく、国道をはじめとする一般道路と連携してはじめて有効に機能するように、古代の駅路と伝路は、まさに現代のハイウェイシステムの初期形態ともいうべき働きをしていたのである。

それにしても、古代の駅路は、その計画性や規模からして、日本の道路史上で世界に誇りうる存在である。駅路は七世紀後半から、古代律令国家が生んだ国家施設として造られはじめたが、その技術は突然現われたものではない。

古代の区分における最初の時代とされる古墳時代（四〜五世紀）の道路遺構の発掘例はまだあまり多くはないが、発掘された例からは、たとえば奈良県の鴨神《かもがみ》遺跡のように、地形や地盤の状況に応じて、路面保持のためのさまざまな複雑な工法が採られていることが確認されている。その他の発掘例をあわせ、その幅は最大のもので二・七〜三・三メートル程度とされている。

ただし、大和や河内の都のあった付近では、難波宮から南に伸びる「大道」などのように広幅員の直線道路の存在もあったものと見られる。

古代の道路の遺構は、一九八〇年代から九〇年代にかけて、大量に全国で発掘され、それまでの古代道路のイメージを一新した。平安時代には道路幅も九メートルあるいはさらに六メートルと狭くはなるが、直線的に山野を走ったその威容は、ローマの道にも匹敵するものであった。考古学的発掘は今も続いていて、今後さらに解明が進むであろう。

中世の道路——旅のめざめ

律令制国家体制は、一〇世紀を過ぎると都市貴族や寺社が所有する荘園が多くなり、地方支配に対する力が弱まってくる。一一世紀末に院政が始まり、やがて武士勢力が台頭して、中世といわれる時期が始まる。一二世紀末に始まる鎌倉幕府の成立は、特に道路と交通にとって重要な契機である。

しかしこの時代、日本の道路は必ずしも明確な時代的特徴を持っていない。強いていえば、次の近世の道路の前駆的な性格を持つということができるだろう。幹線道路のみでいえば時代区分は近世に包含される。

路線としては、国家体制で維持されてきた駅路はほとんど廃絶し、伝路に近い道筋が残された。なぜかといえば、もともと駅路が国家の公用の目的で使われたのに対して、荘園の生産物を都に運ぶ交通はいわば私的交通とみなされたから、必然的に伝路あるいはそれに近い道筋が多用されることになった。それはのちの戦国大名たちによって受け継がれるようになり、さらに近世の街道網に継承される。

中世の道路交通網の特徴の一つは東海道主軸体制の芽生えである。古代の駅制においては、現代の関東地方北部および東北地方は東山道に属しており、中央とそれら東国各地の間を旅する官人は、定められたとおり東山道を通らねばならなかった。それでも次第に交通の便利になった東海道を、許可を得て利用するものが多くなり、行路選択の自由な一般民衆もまた、東海道を多く選んだと見られる。

こうして東海道は古代末期には東山道に比べてその比重が高まっていたが、中世に入り鎌倉に幕府が置かれるや、東海道には京都—鎌倉間の交通が激増した。

中世では、物資輸送に荘園生産物が主体を占めるようになったと同じく、とりわけ東海道では人の旅行においても、訴訟ごとのような私用旅行が増えた。それらの旅人の便宜のための宿泊設備として、東海道で平安時代末期から発達したのが宿《しゅく》である。旅日記は、このころから多く残されるようになり、宿のようすも記されるようになった。

官立であった古代の駅とは異なり、宿は民間の宿泊施設である。したがって、利益が上がらないところには宿は発達しない。幕府は公用のための駅制も必要としており、それは宿を利用していたから、中間に新宿を設けるなど均等化の措置も講じている。

東国においては、新たに鎌倉街道と後に呼ばれる、幕府の置かれた鎌倉から放射状に出された幾本かの主要道路が作られたのも、この時代の特徴といえる。幅はおおむね六メートル程度であった。

中世初期には、それまで飛鳥、奈良、京都と、一貫して畿内（近畿地方）に政治的中心が置かれ、交通も一極中心であったのに対して、交通の中心が朝廷の置かれる京都と幕府の置かれる鎌倉に二極化し、その間を結ぶ東海道が国家の中軸幹線道路となったのであった。道路網の東海道一軸中心構造化である。交通における後年の東海道メガロポリス中心構造が、この時期に芽生えたといってよい。

一四世紀後半に鎌倉に代わった京都の室町幕府の支配体制もやがて衰え、一六世紀始めには戦国大名が割拠するようになった。主要な大名たちは領国支配のために道路の整備に力を注ぐようになる。橋も造られ、街道には並木が植えられ、一里塚も設けられ始める。領国の境には関所が設けられたが、織田信長のように関所を少なくし、自由交易を認める政策が勢力を強めていく。

交通運輸全体から見れば、中世は海上交通においていちじるしい進展が見られた。朝鮮半島、中国との対外交流の進展と並行して、日本列島周辺の海上、湖川の交通が、物資輸送を中心に活発化し、諸国海上交通の拠点である津、泊、浦、浜には市が立ち、都市的賑わいを見せ始めた。

近世の道路――車のない道

一七世紀初頭、徳川家康は江戸幕府を開設し、新しい秩序が開かれた。幹線道路網もまた、江戸中心の構造に変化を遂げる。幕府の直轄行政となった五街道（東海道、中山道、日光道中、奥州道中、甲州道中）は、すべて江戸を中心としたものであった。ただし全国を眺めれば、江戸－大坂間の東海道を主軸とした東海道域中心構造が、その後の日本の交通構造の基本として維持された。

宿場も主要街道ではおおむね八・五キロに一カ所は設けられ、参勤交代の武家や伊勢参りの旅人などによって繁栄した。

五街道以外の主要街道は脇街道と呼ばれ、幕府では勘定奉行の支配下にあった。直接の道路管理は各藩が行ない、幕府からは間接支配の形になっていた。脇街道を含め、全国の主要街道の総延長がどれだけであったかは明らかな資料がない。というのは、どの街道を主要街道として算入するかに当時の基準はなく、研究者によって数え方が異なるからである。

五街道のみでは、その総延長は記録から集計して、おおむね一五〇〇キロとみなされる。全国的には、主要な脇街道を含めた場合で六五〇〇キロ、補助的な脇街道まで含めた場合はおおむね一万二〇〇〇キロ程度の街道網があったものと考えられる。

道路構造の面では、ケンペルなど長崎からのオランダ商館長の随行医師たちの見聞録に代表されるように、主要街道の整備は外国人の目を驚かすほどのものであった。道幅は二間（約三・六メートル）から三〜四間（約五・四〜七・二メートル）ほどで、左右にそれぞれ九尺（約二・七メートル）の並木の敷地が設けられていた。路面は砂で敷き固められていた。

しかしその道も、明治の開国にともなって馬車が導入されると、たちまち損傷が激しくてその機能が麻痺するほど、車に対しては無力な構造形態しか持っていなかった。日本は車を使うことのないまま、長い鎖国時代を過ごしたのであった。ただ、なぜ日本で車が使われなかったかの理由は、一概に断定できるものではない。山道が多いなど技術的理由だけでなく、徳川幕府の宿駅制度の維持など政策的理由もあったものと見られる。

橋は木造の桁橋が主体で、短いスパンの場合には、石の桁橋も五街道などではさかんに使われた。大河川では、主として技術的理由から架橋場所は特定の場所に限定された。この時代の後半に、中国の技術の影響で、九州に石造りのアーチ橋が多数造られた。沖縄では別の技術的系譜によって、中世から石造アーチ橋が出現している。

江戸時代の日本は、鎖国によって一種の調和社会としての輝きはあったとしても、外国の機械文明に対しては非常な遅れを見せており、その影響は現代まで及ぶほどのものであった。そのことは道路と道路交通にとってとりわけいちじるしい。

鎖国時代において、外国との航海はきわめて制限されたが、日本列島の沿岸海運は、大坂と江戸を中心として米を主体に商品の流通がさかんになった。

近代の道路——鉄道の支えとして

明治政府は日本近代化の遅れを外国技術の導入によって取り戻そうとした。交通も例外ではない。大量、迅速な輸送の手段として馬車が輸入され、そのため道路の整備の必要に迫られた。しかし道路の改修に対する政府の熱意は少なかった。それよりも鉄道が国内統一・文明開化の推進役として適していると考えたからである。

すでに、幕末に幕府から派遣された使節団や留学生がヨーロッパやアメリカで汽車に乗り、駅を利用してその実情を体験していた。日本最初の鉄道である新橋―横浜間の工事は一八七〇（明治三）年三月に着手され、一八七二（明治五）年五月に品川―横浜間が、同年九月に全線が開通した。

この陸上交通における鉄道重視政策は、少なくとも明治期を通じて維持され、全体的には太平洋戦争の敗戦時まで続いたといってよい。陸上交通のみならず、四方を海に囲まれた地勢と国防・対外進出政策からも、海運事業に対する政府の関心は深く、その点でも道路は他の交通手段の後塵を拝さねばならなかった。

道路に関する明治政府が行なった最初の施策は、道路や橋梁の有料制度の承認であった。一八七一（明治四）年、政府は「治水修路等ノ便利ヲ興ス者ニ税金取立ヲ許ス」との太政官布告を発した。これは道路、橋梁などの築造・運営を私人が実施し、その財源として料金を取ることを認めるもので、河川、道路など土木施設の荒廃とこれを修築する財源の不足から出た窮余の政策に他ならない。これにもとづいて、東海道の箱根、小夜の中山や宇津谷峠の改修、天竜川架橋などが行なわれている。

このような施策が最初に政府によって取り上げられたのは、新政府の財政的基礎が固まらず、必要な公共投資を適時に行なうことが難しかったことが一因として挙げられよう。一八七三（明治六）年の地租改正によって、ようやく政府の財政は安定し、その後は各府県に土木費の補助金を交付する方法がとられたが、地方負担が圧倒的に大きかった。

道路の場合、一八七八（明治一一）年度から三四年間の明治期間中に全国総道路費は三億五六一七万円余であり、そのうち国庫負担はわずか八パーセントにすぎない。国と地方の公共団体との道路に関する事務の配分、費用負担の関係が明確になり、国道の国庫負担率が引き上げられるには、一九一九（大正八）年の道路法制定を待たねばならなかった。

この道路法制定は日本の近代的道路整備の始まりを意味した。同法自体が道路の種類、等級の指定、その管理者と費用負担などの骨格を定めただけでなく、同法にもとづいて制定された道路構造令では、はじめて自動車の走行を考慮した設計の標準が示された。自動車は一八九八（明治三一）年に最初の一台が輸入され、道路法制定時には、その総数は五〇〇〇台を越えていた。
さらに翌一九二〇年には、これまたはじめての長期計画である第一次道路改良計画の制定を見るなど、政策としての前進は見られるものの、昭和初期（一九二七－三二年）の経済不況の影響を受けて、全国的な道路整備は失業対策を目的とした工事が進められるだけで、その他に見るべきもののないままに太平洋戦争に突入し、一九四五（昭和二〇）年の終戦を迎えることになった。

現代の道路——経済成長から地球環境への転換

戦後から今日まで二〇世紀後半期の五〇年余りの日本の道路は、時代の推移の中で三つの大きな命題を抱え、かつそれに向けての転換をなしとげてきた。第一が経済成長の基盤、第二が安全、そして第三が環境である。

日本の道路は信じがたいほど悪い。世界の工業国にしてこれほど道路を無視してきた国はない。

一九五六（昭和三一）年、東京－神戸間高速道路の調査に訪れた世界銀行の調査団長、ラルフ・J・ワトキンスは、日本の道路史上に欠かすことのできない名言を残した。
外国からの指摘を待つまでもなく、日本は戦後まもなく、長いあいだ荒廃していた道路の整備に目を向け出していた。一九五四（昭和二九）年、第一次五カ年計画がスタートした。日本の新しい道路整備政策の柱は、ガソリン税を道路整備の特定財源とする財源制度と、これに並ぶ有料道路制度の創設、そして道路整備五カ年計画による計画的実施であった。

ワトキンスの具体的な指摘の中に、五カ年計画の規模の三倍増の提言があった。日本政府はその提言を受け入れ、実行した。提言のあった一九五六（昭和三一）年の日本の総道路投資額は国民総生産の〇・〇七パーセントであったが、逐年の増加により一九六三（昭和三八）年にはその比率は二・〇パーセントまで上昇し、その後も国民総生産の二・〇〜二・五パーセントのレベルが維持された。

戦後まもないころの劣悪な道路状況の中で出発した道路整備は、貧しさからの脱却をめざし、生産への寄与を第一として、とにかく自動車、なかでもトラックが走れる状態を作ることであった。自動車が通りやすい道路にするための改修が行なわれ、砂利道を舗装した。しかしそこでは歩く人のことはほとんど無視されていた。

転換期は五〇年代末にやってきた。一九五九（昭和三四）年には交通事故の死者は一万人を超え、「交通戦争」の言葉も生まれた。このころから、道路整備の施策の中に安全対策が含まれるようになり、歩道、横断歩道橋、地下横断歩道などの歩行者安全対策と、道路照明、ガードレール、道路標識などドライバーを対象とする安全施設の整備が進められた。

一九六八（昭和四三）年八月の飛騨川バス転落事故は、道路災害による安全問題の側面をクローズアップさせ、必要な場合にはあらかじめ道路の通行禁止を行なうという新しい道路管理の方策への転換の契機となった。

交通事故死者はピーク時の一九七〇（昭和四五）年の一万六七六五人から一九八九（平成元）年には八四六六人までにほぼ半減し、道路の安全施策は交通規制、安全教育とあいまって、かなりの成果を生んだ。

戦後の道路政策のもう一つの柱に、高速道路の有料道路制度のもとにおける建設があった。これは経済成長の下支えとしての道路の役割を端的にあらわすものであり、同時に新しい交通体系の出現を約束する期待のシンボルでもあった。

一九五七（昭和三二）年の名神高速道路建設の開始のあと、一九六六（昭和四一）年の国土開発幹線自動車道法による三三路線、七六〇〇キロの建設計画の決定、さらに一九八七（昭和六二）年には高速ネットワークをいっそう充実、発展させた高規格幹線道路網一万四〇〇〇キロ計画の策定と続いた。同年には国土開発幹線自動車道の開通は四〇〇〇キロに達した。

第三の転機は七〇年代に訪れた。公害問題による道路建設反対運動である。東京都では光化学スモッグによる交通公害が騒がれはじめ、一九七〇（昭和四五）年には中央自動車道の東京都北烏山住宅、翌年には中国自動車道の兵庫県宝塚青葉台団地において、それぞれ道路公害を旗印とした道路建設反対運動が起こり、その対処のため一九七三年末のオイルショックとも重なって道路建設の歩みはスローダウンを余儀なくされた。

公害対策の進展とともに、環境を負の問題からより良い環境の創造という積極的な施策に転じることで、道路建設は質を高める方向へ進んで行った。

未来の道路――問われるクルマ社会

二一世紀へ入ろうとするころから、道路整備は建設の時代からより良く使う総合マネージメントの時代に移行しつつある。そこでは、車だけでなく、すべての人、さらには動植物を含めたトータルな地球環境のもとにある交通体系としての道路のあり方が問われている。道路の未来は、これまでの道路の歴史の教訓の上にさらに新しいビジョンを加えて、より輝かしいものとなるであろう。

第一章●黎明期の道

一　大地に残された道——旧石器から縄文へ

道づくりは人間固有の作業

ドイツの哲学者ゲオルグ・ジンメル（一八五八〜一九一八年）は書いている。(1)

二つの場所のあいだに道を作った人びとは、もっとも偉大な人間的事業のひとつをなしとげたことになる。無論彼らは二つの場所の間を頻繁に往復し、そうすることによって両地点は主観的に結合していたはずである。しかしやがて彼らが地面に道のかたちをくっきりと刻みつけることによって、はじめてここに両地点は客観的に結合され、結合への意志は事物の形態をとるにいたった。——道づくりは人間固有の作業の一つである。

ジンメルの言いたいことは、動物はその行動軌跡に始点と終点を明確に意識していないが、人間はその意味を知っており、道を造ることによってその意志を形に表わして実現している、ということである。

人が家族を主体に集団を形成して生活を営むようになったとき、食料を得るために外に出かける必要があり、それはおのずから道を形成することとなった。

旧石器時代の道

考古学的には、日本列島に人が住み始めて、地域間の交流が認められるのは、一〇万年前の旧石器時代以後のことである。数十キロも離れた地点で、石器の需要地と消費地の関係が認められるなど、道そのものの跡はまだ認められないにしても、交流の事実だけは、はっきりと浮かんできている。

たとえば、関東の武蔵野台地にある野川流域の遺跡群では、ナイフ型石器について、はじめは地元産の石材が多く用いられていたが、やがて約二万二〇〇〇年前のころから黒曜石の使用がしだいに多くなってゆく。その原産地は約一万六〇〇〇年前ごろまでは箱根産の黒曜石を主な材料としており、それ以後は信州の和田峠を原産地とする黒曜石が多く用いられるようになった。武蔵野台地の旧石器人が、はるばる信州まで黒曜石を採取に出かけたのか、あるいは中継交易によって間接的に入手したのかは不明だが、当時すでに二〇〇キロをこえる広域交流圏が成立していたことはまちがいなく、当時の人びとは半径二〇〜三〇キロ程度の日常生活圏とそれに数倍する広域交流圏を持っていたものと見られる。(2)

縄文時代の道

それが縄文時代になると、明らかに道の痕跡が考古学的に実証されてくる。もっとも顕著な例は青森市の三内丸山《さんないまるやま》遺跡である。一九九二年から全面的な発掘調査が行なわれたこの遺跡は、縄文前期中葉から中期中葉にかけて、すなわちほぼ五五〇〇年前から一〇〇〇年にわたって栄えた大型の集落跡である。中心集落に対して、少なくとも東、西、南の三方向に大道があったことが明らかにされてい

写真 1-1　三内丸山遺跡（青森県）

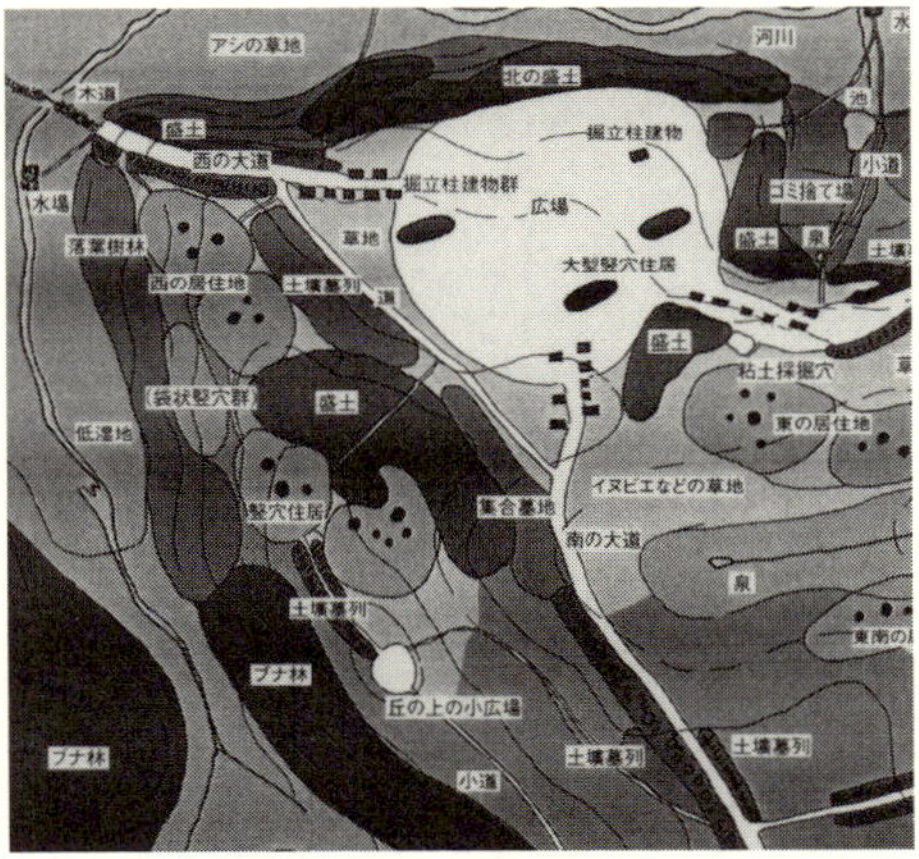

図 1-1　三内丸山遺跡の復元想定図（文献 3 より）

写真 1-2　奥三面の遺跡付近のたたずまい

写真 1-3　奥三面遺跡の道路状遺構（文献 4 より）

る。集落内部の道は、最大幅七メートル、両側に墓群を伴っており、計画的に造られた集落の基幹道路とみなされている。ここでは道路は単に通行路としての機能だけではなく、集落形成の基準空間の意味も併せ持っている点にも注目しておきたい。

一九九七年に新潟県朝日村の奥三面《おくみおもて》遺跡群にある「元屋敷遺跡」では、掘立柱建物を持つ集落（ムラ）の中に、石や砂利による舗装道路が発見された。ここは縄文後期から晩期（約四〇〇〇〜二三〇〇年前）の住居集落跡で、磨製の石斧の未製品がたくさん出土したので、石斧を大量生産した遺跡と見られる。

道路は、その遺跡の竪穴住居群から小河川に達するあたりに設けられていた。扁平で丸い川原石を幅約二〜二・五メートルに配置し、間に砂利を敷き詰めている。長さはおよそ四〇メートル。道の両側に区画石として、北側は比較的大きな礫（二〇〜三〇センチ）を、南側は小さな礫（一〇センチ前後）を使用している。簡易とはいえ舗装道路ともいえるもので、日本では縄文時代でのはじめての発見である。日常の生活用水を汲みに行く道路であるとともに、石斧の研磨に必要な水くみ場に往復するのに使われたと見られる。(4)

現場に立つと、今では奥深い僻地と思われるところが、むしろそのころの採取生活には好適な場所であり、長期間平和な生活が続けられた姿を静かに実感することができる。

湿地には木道が設けられた

それより時代をさかのぼるものとして、湿地を渡るために木材で構築された木道が発見されている。一九七九年、埼玉県大宮市の氷川神社に近い低湿地にある寿能《じゅのう》遺跡で発見されたのは、湿原面に丸太を縦に置き連ねたと考えられる小道二本で、両側をところどころ垂直杭で押さえた簡素な構造である。縄文中期後半から後期前葉の間（約四五〇〇〜三五〇〇年前）のものと見られている。(5)

通行方向に置かれた丸太の水平材（発掘報告ではこれを横木と呼んでいる）の長さは三〜五メートルほどで、一メートルくらいの短いものもある。太さは直径一〇センチほどが多い。押さえ杭は水平材が外れないように打たれているもので、長さは一メートル程度、太さは水平材より少し細い。

材質はクリが主で、そのほかクヌギ、ナラ、ケヤキ他がある。杭は加工の痕が見られる。木道の幅は二メートルほどで、長さは最長八〇メートルほどであった。この木道は、湿地に設けられた集落から水場や狩場への通路と見られる。なお、ここでは丸木舟の遺物もいくつか見つかっている。

一九八四年秋には、横浜市の港北ニュータウン内で、谷底の掘削工事現場から、やはり木道二本が発見された。(6)古梅谷の遺跡の木道と呼ばれるもので、その中の木道Ⅰと呼ばれる部分は、長い材を直線状に継ぎ渡した渡り木、渡り木に添えて並べられた補助材、渡り木の下に直交した枕木と、それらを止めるために打ち込まれた杭で構成されている。その脇に木道Ⅱと名づけられた、打ちこまれた杭と渡り木の一部が残っていた。杭の並びから新旧二本の木道があったものと見られる。この木道は近くの集落からの道に続き、谷を渡る施設で、一本橋のように使われたものと見られる。これらの木道が敷設されたのは縄文時代後期前葉（四〇〇〇〜三五〇〇年前）である。

このほか、千葉県市川市向台貝塚遺跡では、縄文時代中期前葉〜後葉（五〇〇〇〜四〇〇〇年前）の湧水を求めるためと思われる道路が出土している。長さ一七メートル、幅は二三〜五七センチと、人間の両足幅ほどしかなく、人間の歩行で帯状に窪んだり、硬化した道路であったと考えられるが、土層の重なりから修繕（舗装）した可能性も考えられている。(7)

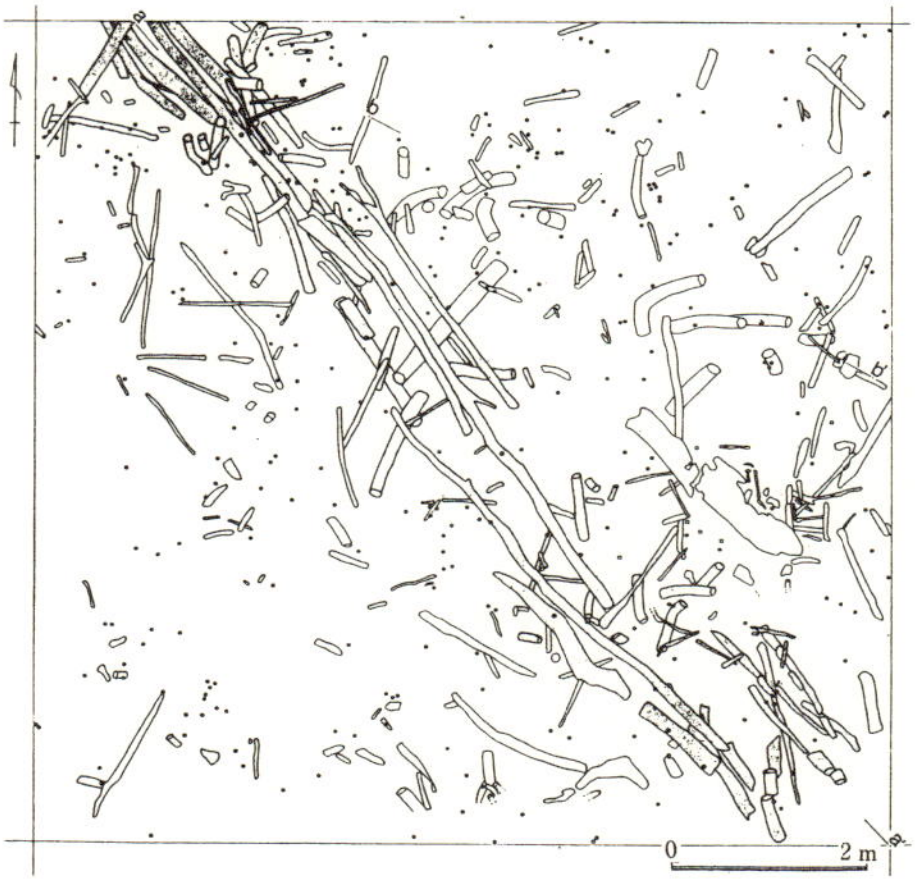

図 1-2　埼玉県寿能遺跡の木道俯瞰図（文献 5 より）

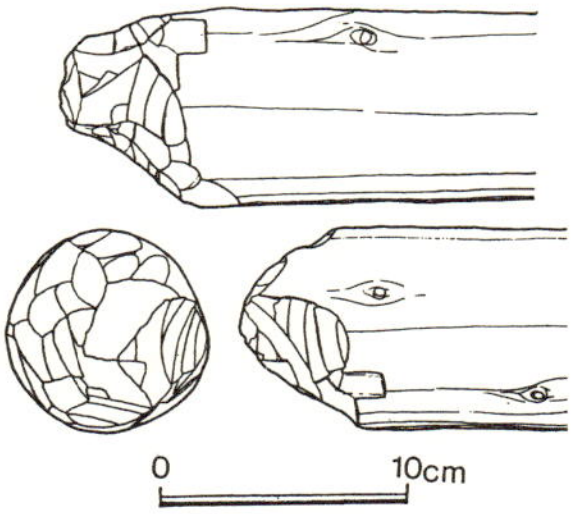

図 1-3　埼玉県寿能遺跡の木道の立杭（文献 5 より）

人工の道はいつから造られたか

このように日本の縄文時代には、いろいろな形で人間の手が加えられた道路あるいは道路施設の存在が認められる。

それでは、人間はいつから道路をみずからの意思で造り始めたのだろうか。それは人間が道具を使い、住まいを工作して造り始めたと同時期であるとみなすことができよう。土を切り盛りし、木材を加工する技術を習得したとき、家を建てると同時に、その集落内やそこに至る道筋に、盛り土、切り土、木杭による補強、石による補強や路面構築が行なわれたと見られる。

日本においては、縄文時代前期といわれる今から六〇〇〇ないし五〇〇〇年前には、掘立柱による住居が作られており、そのことは同時にその時期には人の手が入り、道路が集落の中やそこを発して外方に伸びていたと考えられる。

二　文字に記録された道——弥生時代から古墳時代へ

魏使は見た、日本の道

土地は山険しく深林多く、道路は禽鹿《きんろく》の径《こみち》の如し。

弥生時代に入ると、中国からの使者が見た日本の道路のようすが、右のように『魏志倭人伝』に記されている。紀元三世紀前半のことである。

これは当時中国を支配していた魏国の使者が、日本の領域の最初の地域である対馬《つしま》国（長崎県）に上陸したときの印象である。この短い文章の中に注目すべきことが三つある。その第一はこれが日本の道路についての初めての同時代記録だということである。この文書によって、日本に暮らす人びとの生活の状態が初めて文字に書かれて後世に記録された。道路もその一つである。

第二は「道路」の文字が記されていることである。今日でも日常的に使われているこの言葉の歴史が、はしなくもここに見られる。

第三は、対馬の道路が魏の使者の目には、まるで自然に近い鳥やけものの道のように見えた事実である。中国にはすでにこれより先、紀元前三世紀には秦の始皇帝が馳道と名づけた皇帝専用の馬車道が全国に張り巡らされた実績を持ち、都にはひろびろとした街路が画然と敷かれていた。その比較からすれば、日本の辺境である対馬の道が、けもの道同様に見えたのも無理からぬところである。

「道」と「道路」

「道路」という言葉が出てきた機会に、「道」と「道路」の言葉の歴史を見ておきたい。日本では元来、通路を意味する言葉は「みち」であった。「道路」は中国から輸入された外来語である。このことについて本居宣長が書いている。

まず、美知《ミチ》といふ言《コトバ》のこころを辨《わきま》へをくべし。美知《ミチ》は御知《ミチ》にて、知《チ》といふが本語なり。今も山路野路舟路通ヒ路などは、知《チ》とのみいふをもてしるべし。それに美をそえて美知《ミチ》といふなり。古事記に味御路《ウマシミチ》、日本紀に可怜御路《ウマシミチ》とある。是神代の古事《フルゴト》也。されば知《チ》といふも美知《ミチ》というも同じ事にて、共に道路の意のみにて、其外の義は上古はさらに無《ナカ》かりしなり。然るに外国《トックニ》より文字渡りては、道《ダウ》は道路の意のみならず、道徳道義天道人道道心道理など其外もさまざまの意を兼《カネ》たる文字を、此方にて美知《ミチ》といふ言《コトバ》に用るにおいて、此字をばいずれにも用ることになれる也。(『石上《イソノカミ》私淑言《ノサザメゴト》』)

日本では道《みち》とはもともと道路の意味しかなかった。外国から入ってきた「道」という字が道路のほかにいろいろな意味を持っていたので、それにつられて日本でも美知をいろいろな場合に用いるようになった。宣長はこのように言っている。だから、通路としての意味をはっきりさせようとすると、いやおうなしに道路という言葉になってゆく。そのことが、この宣長の文章によく表われている。

ではこの輸入された「道路」とは、いつごろから使われたのだろうか。日本に関しては、『魏志倭人伝』に出てくるのが最初だ。この史書は三世紀に書かれており、内容も同世紀前半のことである。先に見たように、まず「道路は禽鹿の径の如し」と対馬上陸の段で書かれている。邪馬台《やまたい》国に至ったところでも、「下戸、大人と道路に相逢えば……」とあり、ほかにも景初三年（二三九）、魏の明帝が詔書を発して倭の女王に報じた中に、あなたの送った使者は「遠きを渉《わた》り、道路勤労す（遠路はるばるご苦労であった）」と慰労する記述もある。

もともと中国で道路の語句が使われた歴史はきわめて古く、最も古い使用例は紀元前一〇〇〇年ころの法令集ともいえる「周礼《しゅらい》」の中にある。「野盧氏《やろし》は道路を掌達し、四畿に至る」と道路交通を管轄する職の役目を述べている。

おなじ西周時代の初め、道路体系は都市部と地方部に分かれ、地方部では道幅によって、小さい方から、径、珍、徐、道、路の五段階に区分された。道の幅は一六尺（三・七〇メートル）、路の幅は二四尺（五・五五メートル）で、道と路だけが馬車が通れた。つまり道路とは馬車の通れる道といってもよい。ちなみに『倭人伝』で「禽鹿の径の如し」とたとえられた径とは、歩行者と牛馬用の小さな道を意味していた。

日本の文献では、『日本書紀』の仁徳天皇一一年の条に「道路また泥《ういじ》あり（道路はぬかるみだ）」とあるのが最初だ。つまり輸入語としての使用例である。以後、古代、中世を通じて使用例が見いだされる。

江戸時代には、公用語としては、街道、道中、往還などが用いられ、道路が使われた例はそう多くはないが、公文書の中にも、たとえば一六三五（寛永一二）年、徳川家光の発した武家法度に、「道路・駅馬・舟梁等断絶無く、往還之停滞致しめべからざる事」と見られる。私的文書でも有名なものでは、芭蕉の「おくのほそ道」のなかに、「羇旅辺土の旅、捨身無情の観念、道路に死なん」と、福島飯坂で持病が起こって苦しんだときの記述がある。これは『論語』に「予れ縦《たと》い大葬を得ずとも、予れ道路に死なん乎《や》（立派な葬式などしてもらえんでも、道端で野垂れ死にすることもあるまい）」とあるのを踏んでいると言われている。

明治時代となり、一八六九（明治二）年六月四日、新政府が「民部官職制ヲ定ム」の中で、土木司の所管事項に「道路橋梁堤防等営作ヲ専管スルヲ司ル」と規定したのを皮切りに、以来「道路」は公用語として定着し、一般にも広く用いられるようになった。

壱岐にあった道と港

閑話休題。さて魏使が来訪した当時の日本の道は、その辺境ですらある程度の発達は遂げていた。魏使は対馬に続いて、『倭人伝』では当時一支国と呼ばれていた壱岐（長崎県）に渡った。ここには、ほぼ同時期（弥生時代）と見られる計画的な道路が、一九九三年から始まった調査で発掘されている。長崎県壱岐郡芦辺町の原《はる》の辻《つじ》遺跡である。

この遺跡は弥生前期から終末期（前三〇〇〜後三〇〇年ころ）にかけての大規模な環濠集落跡で、一支国の中心があったところと考えられている。一九九三年、その環濠集落から幅三メートルで両側に側溝をもつ計画的な直線道路が発掘されている。(8) 集落内の企画性のある道である。またこの遺跡からは、ほかに船着場も発見された。コの字型の船着場には二本の突堤と連絡通路と推定される石組み遺構から成っている。二本の堤防の間隔は一一メートル、高さは二メートルで、弥生時代の発掘としては本邦最古の例である。あるいは魏使はここから上陸したのかもしれない。

写真 1-4　原の辻遺跡の道路状遺構（文献 8 より）

写真 1-5　原の辻遺跡，船着場復元模型

こうして弥生時代には、次第に計画的な道路の存在が明らかになっていく。

九州に上陸した魏からの使者

さて、『魏志倭人伝』によると、訪れた使者は末盧《まつら》国に上陸する。今の佐賀県東松浦半島付近であろうと言われている。四千余りの家があり、海沿いに伊都《いと》国（福岡県糸島半島付近）まで進む。

草木茂盛し、行くに前人を見ず。

草木が生い茂って前を歩く人の姿が見えない、と『倭人伝』は記す。道がそれらしい形を整えていなかったか、あるいは十分に維持されていなかったかである。モンスーン地帯に位置する日本の気候では、道路はたえず手を入れていなければ、すぐに草木に覆われてしまう。道が貧弱なのは、辺境たる対馬や壱岐のことだけではなかった。

北九州地域でも、国々はまだ道路を必要な程度に整備し、管理する能力を持っていなかったということであろう。ただしすでに壱岐で見たように、これからまだ発掘によって、九州あるいは本州において弥生期のすぐれた道路遺構が出現する可能性の大いにあることに留意しておかねばならない。

そのころ、日本は倭と呼ばれ、もとは百余りの国に分かれていたが、二世紀の終わりごろ、「倭国大乱」と呼ばれる争乱の末、女王卑弥呼《ひみこ》を立てる邪馬台国を中心に、三〇ばかりの小国の連合が生まれた。紀元二三九年、卑弥呼は魏の皇帝に使いを送り、翌年使者が倭国を訪れた。『倭人伝』の描写はその時の見聞が主であろう。

下戸《げこ》、大人《たいじん》と道路に相逢えば、逡巡して草に入る。

身分の低い階層のものが貴人に出会ったときは、ためらって道を譲り、道端の草むらに入った。身分の隔たりの大きさもさることながら、道端が人の行き違いもできないほど狭かったことを意味している。

魏の使者が実際に邪馬台国まで行ったのか、そもそも邪馬台国がどこにあるのか、『魏志倭人伝』の記述だけでは、矛盾も多くてはっきりしない。

伝送の道

こうした貧弱な道路でも、倭国内では次第に長距離交通の必要性が増してきていた。部族小国家の統合や支配関係が進んできたからである。女王卑弥呼の支配する邪馬台国がその頂点に立っていた。

女王国より北には、特に一大率《いちだいそつ》を置きて諸国を検察せしむ。諸国これを畏憚《いたん》す。常に伊都国に治す。

一大率とは地方官で、邪馬台国から派遣されて伊都国に常駐し、諸国を検察したので、諸国は皆それをおそれた。『倭人伝』は一大率の任務についても記している。

皆津《つ》に臨みて捜露《そうろ》し、文書《ぶんしよ》、賜遺《しい》の物を伝送して女王に至り、差錯《ささく》するを得ず。

外国からの使いが倭国に来たときは、港において臨検し、文書や賜り物を女王まで届け、まちがいがないようにしなければならない。ここにいう「伝送」がどんなものであったかは明らかでないが、沿道の諸小国で次々とリレーされていたものであろう。後の駅伝制の萌芽をここに見るといってよい。

古代中国の伝送制度

倭国の伝送制度は、中国から学んだと考えるのが正当であろう。日本と中国の交流は少なくとも後漢の時代（二五〜二二〇年）には始まった。その時代の歴史を記す『後漢書・東夷伝』には、紀元五七（建武中元二）年に倭の奴国《な》の使いが朝貢してきて、光武帝が印綬を与えたとの記載がある。江戸時代の一七八四（天明四）年、志賀島（現福岡市）で発見された金印「漢倭奴国王」は、その歴史を裏付けている。

中国の駅伝制、あるいは伝送制度の歴史は古い。西周時代（ほぼ前一〇六六～前七七一年）、周王朝の首都の鎬京《こうきょう》（現在の西安近郊）と諸侯国との間に往来が頻繁に行なわれ、各諸侯国は常に周王朝に対して貢物を送っていた。[9]

鎬京を中心に周囲千里（およそ五〇〇キロ）の範囲を王畿といい、その四方には一二の関所があった。関所まで通じる幹線道路は国野大道と呼ばれた。国野大道には、一〇里ごとに廬《ろ》、三〇里ごとに宿《しゅく》、

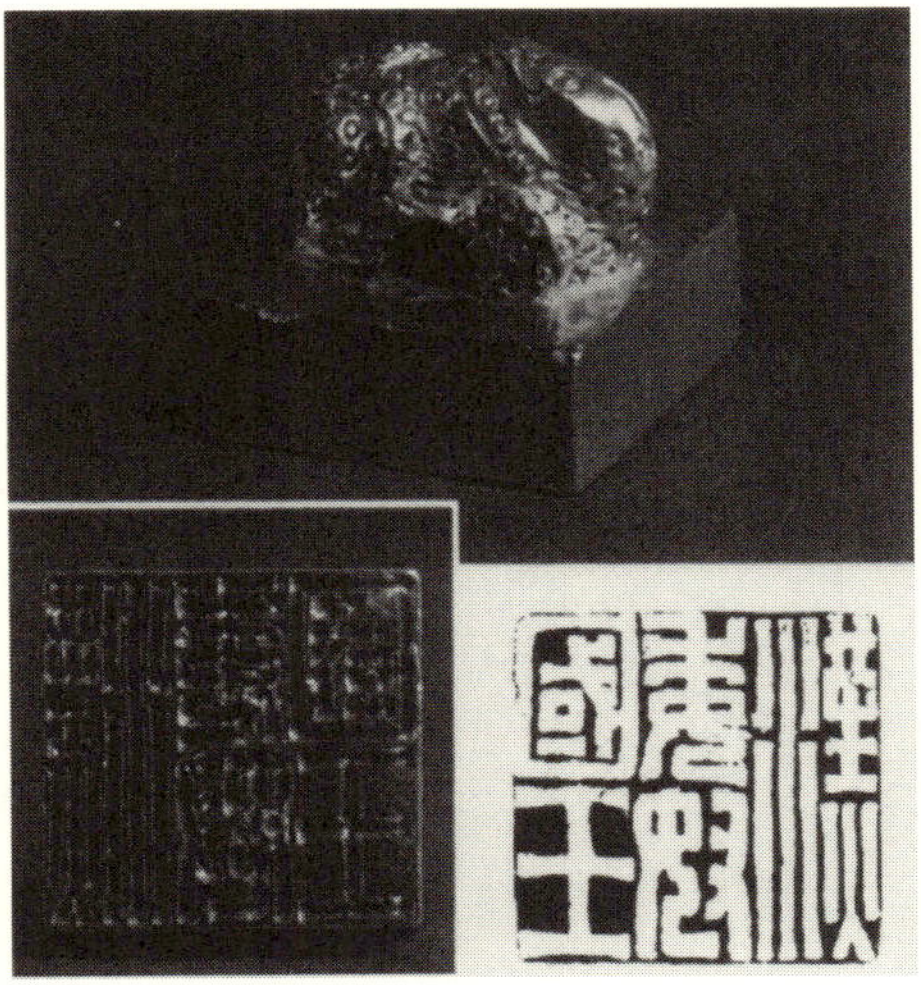

写真 1-6　「漢倭奴国王」印

図 1-4　中国漢代の馬車（河南省漢墓中より出土）の図（『中国古代道路史』人民交通出版社, 1998 年より）

五〇里ごとに市がある。廬は道路の補修と交通の安全を管理する野廬《やろし》氏が休息と飲食を提供する。宿には路室という通行する使者の休息用の部屋と備蓄の食糧が用意されている。市には設備の整った侯館があり、通行する諸侯や使臣に食事や宿舎を提供し、大量の備蓄食糧がある。

使者が関所を通過したり、侯館に泊るには証明書が必要で、それを節といった。節を司る官吏が節を発行するときは、手紙や貢物が決められた時間に到達できることを保証した。今の宅配便に似ている。

春秋時代（前七七〇〜前四七六年）になると、公文書と物品の輸送の方法では、リレー運送の記録が現われる。秦から漢代にかけて、通信と輸送のために、さらに発達した駅伝制が実施された。日本の黎明期、こうした大陸の先進文化がもたらされ、さまざまな形で試みられた。中国ではすでに馬車が多用されているが、日本ではまだ車の使用は見られない。

廐坂道は日本最初の道路建設の記録

三世紀後半から四世紀、倭国の中心は大和にあり、そこに強力な大和政権が打ちたてられると、それを誇示するかのように大きな墳丘を持つ墓が各地に造られるようになる。古墳時代の到来である。五世紀始めごろに造営された大阪府の大仙陵古墳（仁徳天皇陵古墳）、誉田《こんだ》御廟山古墳（応神天皇陵古墳）がその代表である。

中国とはしばらく公式な交渉は途絶えていた。中国で政権交代などが続き、不安定になったためである。しかし、その間朝鮮半島との交流は続き、四世紀末には、その一国高句麗《こうくり》と交戦するまでに至った。今も元の高句麗の都丸都《がんと》（現中国吉林省集安市）に残されている高句麗の広開土王《こうかいどおう》の碑文に、そのことが明らかにされている。

五世紀になると、倭の五王が中国の南朝と朝貢という形で交流をはじめた。倭の五王は日本の応神、仁徳とそれに続く各天皇あたりに比せられ、最後の王の武は雄略天皇（在位四五六～四七九年）とされている。

この時期、大陸からの文化が渡来人によって数多くもたらされた。高句麗との交流によって乗馬の風習も学んだようだ。五世紀の古墳には乗馬用の馬具も副葬されるようになる。

写真 1-7　馬具のついた埴輪馬（文献 10 より）

馬はいつから日本にいたか。『魏志倭人伝』は馬と牛は倭人国にはいなかったと書いている。実際に縄文時代から弥生時代にかけて馬がいたかどうかはまだはっきりしない。縄文期の前五世紀や弥生時代の前二世紀から三世紀までの遺跡から馬の骨と歯が出土したという報告があるが、近年では逆にこれが否定され、後世の混入が多いとの指摘もある。(10)

しかし、いずれにせよ五世紀から六世紀になると確実に馬は普及した。先に述べたように乗馬用の馬具が古墳の副葬品となり、また乗馬に用いられた飾り馬の埴輪も多く見られるようになる。馬にちなんで、日本最初の道路建設の記録がある。『日本書紀』の応神天皇三年の秋一〇月三日の条に出てくる。応神天皇は四世紀終わりから五世紀初めに在世した大王とされる。

東《あずま》の蝦夷《えみし》、悉《ふつく》に朝貢《みつきたてまつ》る。即ち蝦夷を役《つか》ひて、廐坂道《うまやさか》を作らしむ。

東方の部族がすべて帰順して、貢ぎ物を持ってきたので、捕虜であるそのものたちを使って道を造らせたという記事である。

さて、その廐坂とは今のどのあたりか。廐坂の名は、おなじ『書紀』の応神天皇一五年八月六日の条に見える。

百済《くだら》の王阿直岐《あちき》を遣《まだ》して、良馬二匹を貢《たてまつ》る。即ち軽《かる》の坂上に養《か》はしむ。因りて阿直岐を以て掌《つかさど》り飼《か》はしむ。故《かれ》、其の馬養ひし処を号《なづ》けて廐坂と曰ふ。

百済の王が阿直岐という使者に良馬二匹を貢物として持たせてきた。そこで軽の坂を上ったところで使者の阿直岐にそのまま飼わせた。そこでその場所を廐坂と名づけた、というものである。この頃に馬が飼われていたのは考古学的にも矛盾はない。軽とは現在の奈良県橿原市大軽町あたりのことと、以前から『書紀』の注釈書には出ている。

厩坂道の場所はどこか

しかし、もう少し実証的に見ると、ここではなく五〇〇メートルほど北に上がり、近鉄橿原神宮駅から東に向かうバス通りの坂をあがった石川池（古称、剣《つるぎ》池）あたりではないかと考える研究者もいる。橿原市に住む古代道路の考古学研究者である近江俊秀氏もその一人だ。すなわちこの厩坂道が重要な遠距離交通のルートの一部であり、河内・難波と飛鳥を結ぶ東西方向の道であると考えると、大軽町のほうでは適当でなく、この道筋の方が無理がないし、石川池のあたりならば、厩を置く場所としてもふさわしい（図1－5参照）。

この道は、古くは『万葉集』（巻一三・三二七六）にも歌われている山田道といい、のちの藤原宮の南限の境ともなり、その東方は、さらに雄略天皇の長谷朝倉宮（桜井市）にも至る道である。厩坂寺という寺院があったことが知られており、確定はされていないが、いくつかの比定地はおおむね山田道にそって近辺にある。

坂はややS字型をしているが、これは石川池の堤に沿っているためにそうなっているものである。石川池はもともと剣《つるぎ》池と呼ばれ、『書紀』の応神天皇一一年冬一〇月条に、剣池、軽池《かるのいけ》、鹿垣池《かのかきのいけ》、廐坂池を作る。

とある。この四つの池のうち、剣池を除く三カ所については、位置未詳とされている。

この剣池の横に東西方向に坂が作られたと考えるのは、歴史地理学的観点からは合理的だが、問題がないわけではない。

右に見るように同じ年に廐坂池も作られており、もしその池の位置が明らかになれば、その方に近いところにあるかもしれない。さらに、『書紀』の記述が正しいとするならば、坂道ができたのが応神三年で、剣池は同一一年だから、坂の方が先にあったことになるが、現在の坂の状況を見る限り、池ができたあとに坂を作ったように見える。

この廐坂の話は、そもそも『書紀』の記述自体に矛盾がある。廐坂道が造られたのは応神天皇三年とされるが、廐坂の名がつけられたのは応神一五年のことと書かれているから、道が造られたときはまだ廐はなかったはずで、話が多少前後している。

それに、この道の造営が応神天皇の時期であったかどうかも確証がない。『書紀』の応神紀に見られる渡来人に関する所伝とほぼ同じものが、数十年のちの雄略紀に出てくることもあり、この道路建設も雄略期のものである可能性もなしとしない。

しかし、雄略天皇の時期としても五世紀中ごろのことであり、馬が通れるように、路面を固めて坂道を造ったのかもしれない。

古代の問題の探求は、文献資料だけでなく考古学や歴史地理学など各種の学問分野からの総合的な考察がなされなくてはならない。今後の考古学的調査が待たれるところだ。

図 1-5　厩坂道想定地付近地図

写真 1-8　厩坂道の想定地付近風景（左側が石川池）

三　大和を中心に統一は進む――古墳時代　その一

土質に合わせて工法を変えた

それでは古墳時代の道路は、文献だけでなく考古学上でもどこかで実証されているのだろうか。結論からいうと現状でははなはだ少ない。しかしそのなかでも、奈良県鴨神《かもがみ》遺跡は注目される古墳時代の道路遺構だ。

この遺跡は、奈良県御所《ごせ》市の南部、鴨神にある風の森峠付近に位置する。この遺跡の通っている道は、北は奈良盆地の飛鳥に向かい、南は奈良県五条市から紀ノ川沿いに和歌山に至る。古くから奈良盆地へ南から入る重要なルートで、この道沿いにこれまで古代の多数の遺物が出土している。その後、高野《こうや》街道と呼ばれる道が通り、現在は国道二四号もこのルートを走っている（図1－7参照）。

一九九二年の調査で、道路は総延長一三〇メートルにわたって発掘された。側溝はなく、幅はおおむね二・七〜三・三メートル、丘陵のすそを回りこむようにして造られ、峠の頂上付近では切り通しになっている。[11] のちの律令制時代の駅路に見られるような直線道路ではなく、以前から存在していた自然発生的な踏み分け道をもとに整備したと考えられるが、しかし構造は道路の通過部分の地質と土の固さによって工法を変えている。

地盤が花崗岩を含んで非常に固い場合には、切り土部では一～五センチのバラスが敷かれているのが検出された。バラス敷きの幅は一・二メートル前後で、その上に黄褐色の粘質土が四〇～六〇センチの厚さに路面として構築されている。路面の東側に約七〇センチメートル間隔で浅いピット（小穴）が並んでいるが、その意味はわかっていない（図1‐6参照）。

逆に軟弱な粘土の場合には、まず地山を溝状に掘削し、その凹部と周辺に透水性のよい砂を盛り、路面を造っている。湧水により路面が崩壊するのを防ぐための路盤改良工事と見られる。路面を構成

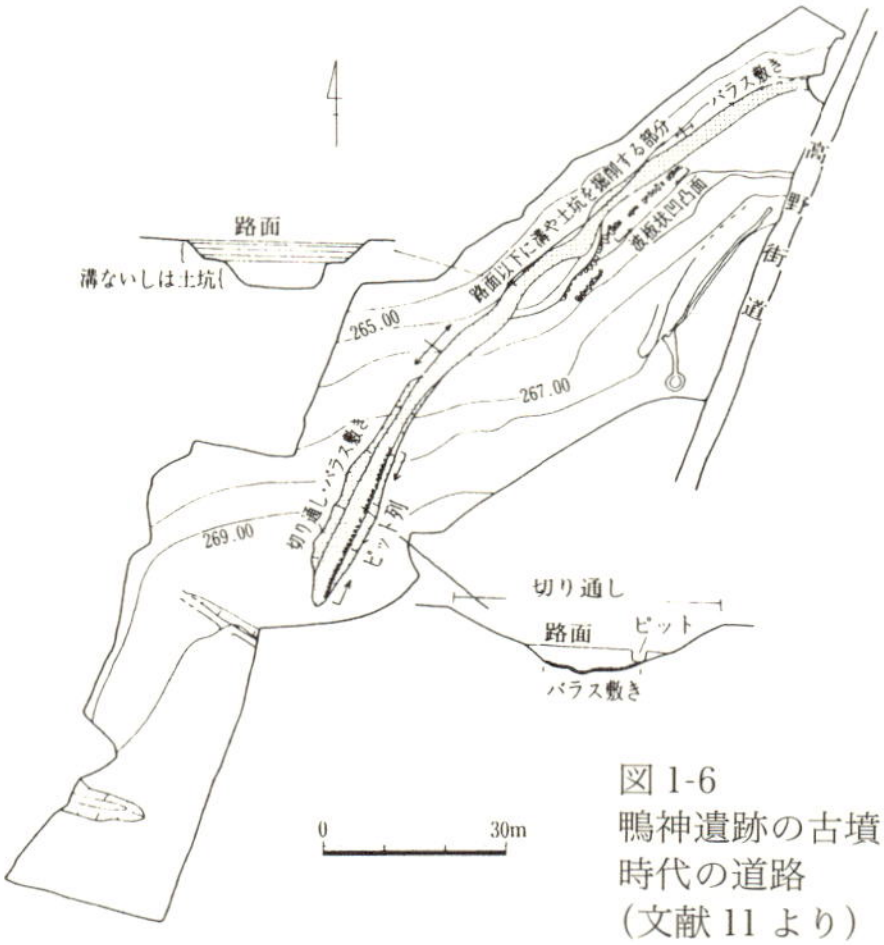

図 1-6
鴨神遺跡の古墳時代の道路
（文献 11 より）

写真 1-9　道路南端のバラス敷き路床（文献 12 より）

する砂層は二層に分かれ、下層は柔らかく、上層は硬化している。

中間の土質である比較的しまった粘土質の場合は、地山を皿状に比較的浅く掘削したのち、凹部に砂を入れ、路面を構築している。この砂は全体にやや堅くしまっているが、人工的に転圧されたものではないようだ。ところがそれ以外に、律令制時代の駅路に見られる波板状硬化面が一部に現われている。この道路構造については、やがて詳しく説明するので、ここではその存在だけを指摘するにとどめておく。

この道路の築造年代は直接的には明らかでないが、このルート沿いに古墳時代中期（四世紀末〜五世紀）の遺跡が多いことから、そのころの築造ではないかと推定される。この遺跡からは五世紀後半の遺物が出土しており、その時期に道路が使用されていたことは確実である。そして、路面を覆う土層から六世紀後半の須恵器が出土しているので、その時期に廃絶したものと見られる。

いずれにせよ、古墳時代の大和地方では、かなり高度な道路築造技術が展開されていたことはまちがいなく、それには渡来人の技術が使われたと考えられるが、それは次節以降に見ることとしよう。

鴨神遺跡ルートの意味と技術

鴨神《かもがみ》遺跡を通る道（古紀路）は、大和と紀伊を結ぶ古墳時代の幹線道路ルートであった。風の森峠を越えて、いまの五条市で紀ノ川沿いに出ると、そこから川に沿って海に出ることは容易である。紀ノ川の河口近くには「紀水門《きのみなと》」と呼ばれる重要な港があった。ここは海外へ通じる港の一つであった。

一方、北のほうではこの道はほぼ北に向け直進し、今の御所市の森脇あたりで、東北方に斜めに向かう直線道路につながり、今の橿原市方向に向かっていたと考えられる。この斜めの道は五～六世紀に計画的に造られた道で、歴史地理学では葛上《かつじょう》斜向道路と秋山日出雄氏によって名づけられた。[D] この道を行けば橿原で厩坂道にも通じることになる。

大和地域の幹線道路は、律令制時代に入ると、東西南北を直交する正方位道路にとって代わられる

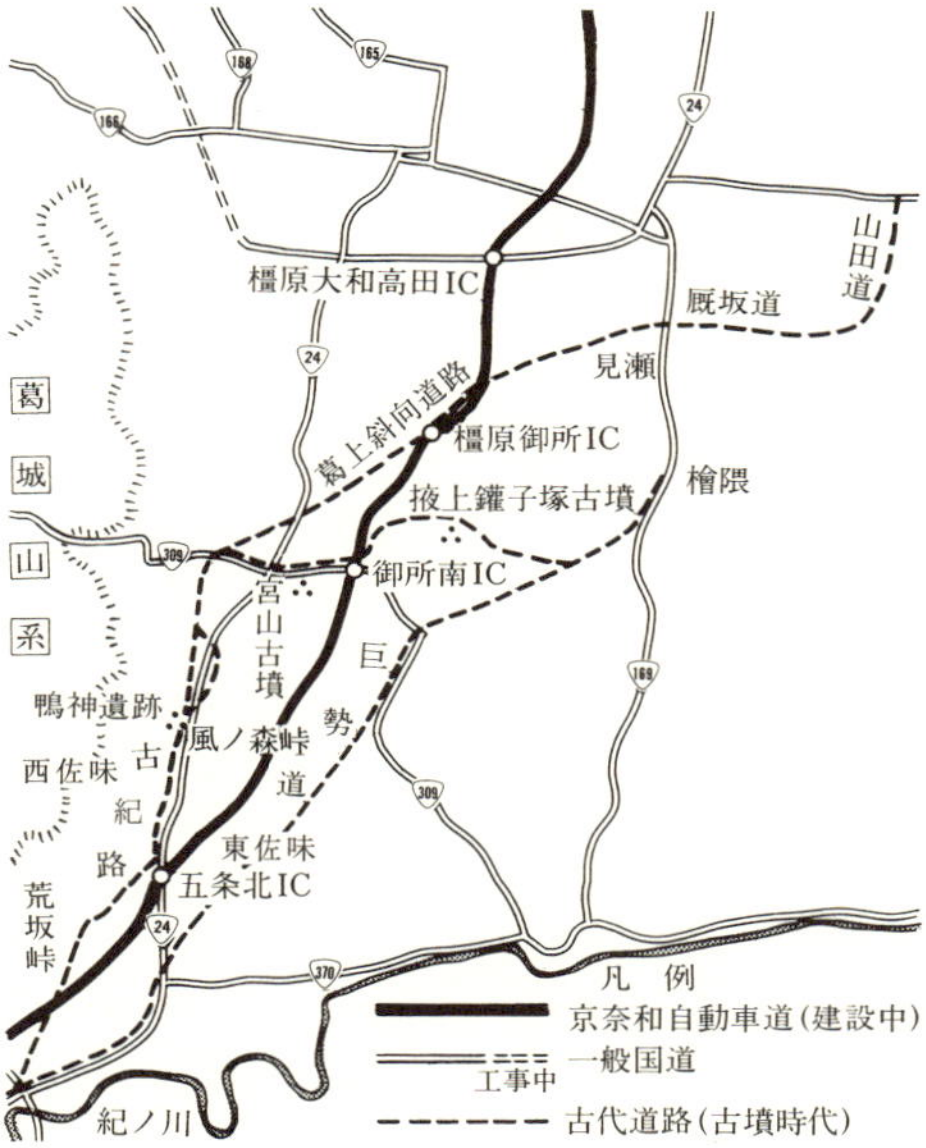

図 1-7　鴨神遺跡関連道路図

写真 1-10　鴨神から大和平野を望む

ので、現在ではこの斜向道路の痕跡はわずかしか残っていないし、また考古学的な道路遺構の検出例もまだない。

考古学の立場からは、むしろすこし南の宮山古墳や掖上鑵子塚《わきがみかんしづか》古墳といった古墳時代中期の代表的な古墳を連ねて通るルートの方が遺跡分布も多いし、飛鳥につながる道の可能性があると考えられる。ただ、こちらのほうも古代道路そのものの遺構検出の例はないので、実際にどのような道が使われたのかは今後の研究・調査に待つところが大きい。

鴨神遺跡のほんの五〇〇メートルほど南に御所市の東佐味《さみ》という集落と、その西には西佐味という名の集落がある。『日本書紀』の神功皇后摂政五年条によると、葛城襲津彦《かつらぎのそつひこ》という将軍が新羅《しらぎ》に行き、捕虜を連れ帰った。その人びとが住みついた四つの集落の名の一つが佐糜《さび》で、これがいまの佐味ではないかと考えられている。その他の地名もいずれも金剛山系の葛城山の東側に点在する。このあたりは、葛城氏が地盤とする地域であった。

そもそも葛城襲津彦は応神天皇のころに実在した人物で、このあたりを支配する有力豪族の葛城氏の祖であり、朝鮮半島との縁が深い。そんなことで漢人《あやひと》と呼ばれる渡来人たちがこのあたりに住みついており、それらの事情を考慮すると、鴨神遺跡に見られる高度の道路構築技術は、渡来人の技術によるものである可能性が高い。

なお、鴨神の道は前節にも触れたように六世紀後半には廃絶したものと見られる。そのころになると、葛城氏は勢力を持ちすぎたために没落し、同じ御所市でもう一つ東の谷にある今の古瀬付近を本拠とした巨勢《こせ》氏の勢力が強くなり、そのため巨勢道《こせみち》と呼ばれたルートの方が幹線道路として使われ始めたことがその理由と考えられている。

巨勢道は現在のＪＲ和歌山線にほぼ沿ったルートである。風の森峠を越える古紀路より巨勢道の方が、使われた時代も下がり、『万葉集』に歌われることもあって、世に知られている。この両ルートは、紀ノ川の北岸に出るところでは合流して、一つになる。

この風の森峠ルートには今、高速道路網体系の一環である高規格幹線道路の京奈和《けいなわ》自動車道が、いわばこの古墳時代の古紀路に沿うように建設中である。京奈和自動車道は、北は京都からほぼ国道二四号に沿うように奈良から大和高田まで南下し、御所市では古墳時代の斜向道路に平行するようなルートをとる。鴨神遺跡のある風の森峠付近では、自動車道はちょうど鴨神の谷あいと東側の巨勢の谷あいとの中間の山嶺の下を、トンネルを連続させて通過して五条市域に至る。五条北インターチェンジからは、また古紀路に沿うように荒坂峠を抜け、さらに紀ノ川沿いに和歌山に達する。

鴨神では古墳時代の古紀路、それを継承した高野街道、江戸時代の道、それを踏襲した国道二四号、さらに京奈和自動車道と、歴史的にいえば五代の道が通っているのであり、つまり、このあたりは大昔も今も、大和と呼ばれた奈良中央部と紀伊和歌山を結ぶ幹線ルートなのである。

大和への道、大和からの道

大和地方は四方が山でさえぎられている。したがってそこへの出入りには、いくつかの峠道を越えねばならない。紀伊からの出入り口の一つが鴨神を通る古紀路であった。

そこで思い出されるのが、記紀にある神武天皇の東征における大和入りのコースである。神武東征そのものは、神話である以上の裏付けはない。しかし、少なくとも大和へ出入りするときの道として、何か意味を持っているだろう。

『日本書紀』によれば、日向から東征してきた神日本磐余彦命《かむやまといわれひこのみこと》、のちに神武天皇と呼ばれる大王の軍勢は、筑紫から海路で浪速まで至り、そこから大和へ進もうとする。徒歩で竜田《たつた》へ進軍して行くが、道は険しく、二列縦隊では進めなかった。生駒山脈の南端が大和川に臨むあたりは古くから竜田山と呼ばれた。ここにはやがて、竜田道と呼ばれる難波と大和を結ぶ幹線道路が造られることになる。

結局この山は越えられず、引き返して膽駒《いこま》山を越えようとするが、長髄彦《ながすねひこ》の軍にさえぎられて前に進めない。そこで一転して海路で熊野へ出て、吉野から大和へ向かう。吉野からの道筋で菟田《うだ》の穿邑《うかちのむら》（現奈良県宇陀郡菟田野《うだの》村）を通ったとあるから、大和へはぐるっとまわって、ほぼ東から入ったことになる。

逆に全国への道筋については、崇神《すじん》天皇の四道将軍派遣と景行天皇の子、日本武尊《やまとたけるのみこと》による西征と東征の伝承が著名である。

『日本書紀』の崇神天皇一〇年九月九日、世にいう四道将軍が各地に派遣される。大彦命《おおひこのみこと》は北陸《くがぬのみち》（越の国）に、武渟川別命《たけぬなかわわけのみこと》は東海《うみつみち》に、吉備津彦《きびつひこ》は西道《にしのみち》に、そして丹波道主命《たにはのちぬしのみこと》は丹波《たには》に、それぞれ将軍として、もし反抗するものがあれば兵をもって討てとの命令を受けて出発する。後にいう北陸道、東海道、西海道、山陰道の四道にあたる。

翌一一年四月二八日、四道将軍は帰還してそれぞれの地を平定してきたことを報告する。『古事記』にもほぼ同じ説話があり、それによれば、北陸道に向かった大彦命が、東海道を進んだ息子の武渟川別命と相津《あいづ》で再会し、このためその地を相津（会津）と呼ぶようになったと記し、これによって天下が太平となり、人民は富み栄えたとしている。

この伝承はいつごろのことと考えればよいか。吉村武彦氏は、埼玉県稲荷山古墳から出土し、一九七八年にその銘文が明らかになって世紀の大発見とさわがれた鉄剣から推理する。(14) その銘文によると、この刀は獲加多支鹵《ワカタケル》大王に仕える乎獲居《オワケ》という臣からさかのぼること上七代の名が刻まれ、初代（オワケから逆に数えて八代目）の名が「意富比垝《オホビコ》」である。オワケは杖頭人《じょうとうじん》の首《かしら》であった。つまり武人の長である。

このオホビコが四道将軍の一人、大彦命であると吉村氏は考える。ワカタケルが倭の五王の武であり、雄略天皇であることが知られている。雄略から記紀の系譜にしたがってたどると、八世代前（天皇の代でいえば一一代、同世代の兄弟相続が三人ある）が崇神天皇になる。崇神天皇は、「ハツクニシラススメラミコト」すなわち「初代の天皇」の意味の名を持ち、実在性の高い最初の天皇であるとされる。

この鉄剣の銘に記されている「辛亥《しんがい》」年は四七一年で、このときから大王と臣とそれぞれ八世代さかのぼると崇神天皇と大彦の名が現われるのである。大彦もオワケの先祖として武人の長であるとすれば、これは四道将軍の説話が具体性をもってかなりはっきり見えてきたと言ってよいであろう。ただし、実際には『書紀』に見られるような短い期間のものではなく、長年にわたる地方支配の歴史の集約と見るべきで、実年代としてその時期を明確にすることは難しい。しかし、おおむね四世紀中の出来事と考えたい。

『古事記』では会津で出会った大彦命と武淳川別命は親子であったというから、先の稲荷山鉄剣に刻まれたオオビコの次代の人の名は何と書かれているかと調べてみると、これは「多加利《たかり》の足尼《すくね》」と言って残念ながら武淳川別命《たけぬなかわわけのみこと》とは名前に共通性がない。そう都合よくはいかないのである。

ともあれ、こうして地方への道がかなり広く存在していたことが知られる。

日本武尊の西征・東征

日本武尊は、崇神より二代あとの景行天皇の時代の物語として、記紀に登場する。日本武尊の本名は小碓命《おうすのみこと》、景行天皇の次男（『日本書紀』による。『古事記』では三男）である。景行天皇二七年一〇月、命《みこと》一六歳のとき、天皇の命を受け、大和を出て一二月に熊襲《くまそ》の国（九州南部）に至り、その地の川上梟帥《かわかみのたける》を討つ。そのとき討たれる梟帥から「日本武尊」の尊号をもらうのである。

首尾よく帰還したのもつかのま、四〇年に今度は東征に旅立つ。伊勢神宮で伯母の倭姫命《やまとひめのみこと》から草《くさ》薙剣《なぎのつるぎ》を授かり、駿河、相模、上総を経て陸奥の国に達する。駿河では賊に欺かれて火に巻かれ、一命の危険にさらされたが、くだんの草薙の剣で難を逃れ、その地に焼津《やいづ》の名が残った。相模から上総に海を渡ろうとして、途中暴風にあい、后の弟橘姫《おとたちばなひめ》が海中に身を投じて嵐を静めた説話は、美智子皇后が国際的な講演の中で言及される[15]など、日本の神話・伝承の中でひときわ光彩を放っている。

写真 1-11　現在の走水から房総半島方面を指呼の間に望む

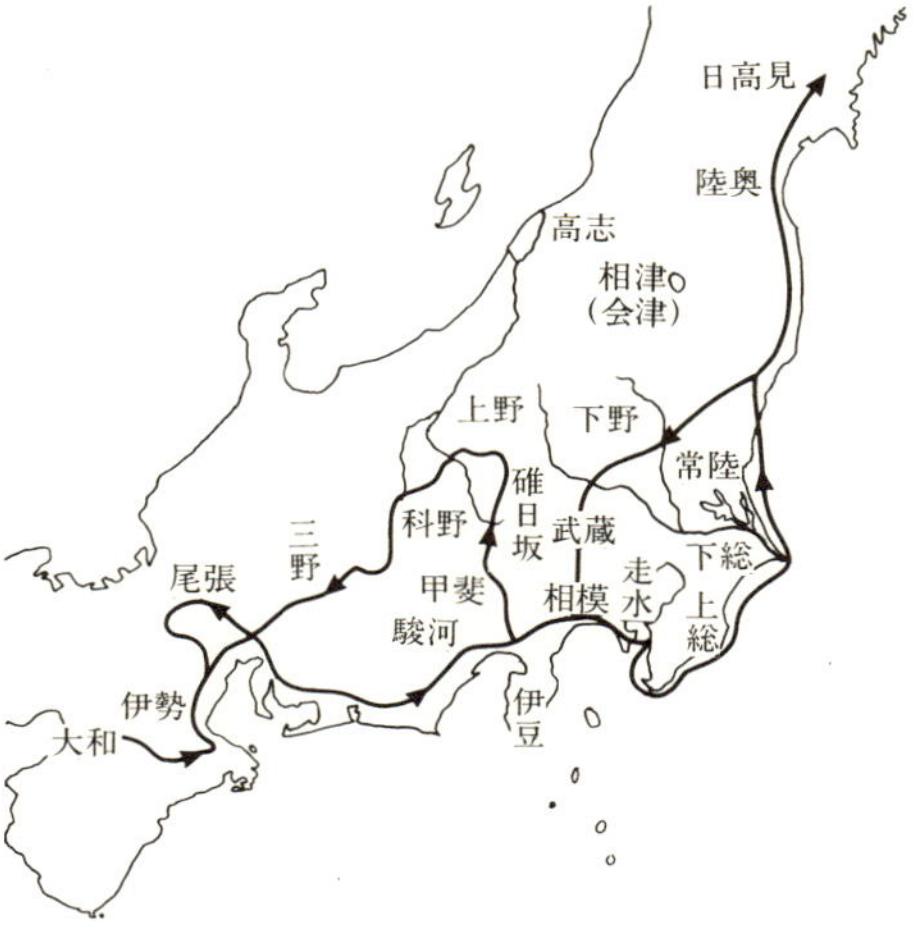

図 1-8　日本武尊の東征（土木学会『明治以前日本土木史』の図をもとに調製）

また、『古事記』ではこの海を渡った地を走水《はしりみず》（現神奈川県横須賀市走水）と記しており、地形や気象が現代ともよく符合している。走水から対岸の房総半島までは直線で一〇キロ足らずである。

相模から海を渡って上総に出るコースは、のちの律令制時代における初期の東海道のありようをそのまま先取りしている。房総半島の国は上総が半島の大部分を占め、下総は半島の付け根から北の部分である。はじめ東海道は相模から海を渡って上総、下総と続き、常陸に続いた。国名の呼称は都に近い方から上下がつけられるのが原則である。八世紀後半になって、それまで東山道に所属していた武蔵の国が東海道に所管替えになり、それからは順序が相模、武蔵、下総、常陸となり、上総と安房（奈良時代に上総から分離）は下総から支線でつながれる形になった。

命《みこと》はそののち、海路で九十九里浜沿いに進み、陸奥の蝦夷《えみし》との国境の日高見国《ひたかみのくに》（北上川下流域か）まで進んで、蝦夷を平らげたのち、甲斐の酒折《さかおり》（甲府市酒折）から武蔵、上野《かみつけ》を経て碓日坂《うすひのさか》（群馬県と長野県境の碓氷峠《うすいとうげ》）に至る。碓日坂では、弟橘姫を偲んで「吾嬬《あづま》はや」と叫び、以来東山道諸国を吾嬬国《あづまのくに》と呼ぶことになった。さらに信濃を経て尾張にもどり、能煩野《のぼの》（三重県亀山市田村町）でその生涯を終えた。日本武尊、ときに三〇歳、父の天皇は大いに嘆いた。

これらの経路は、『書紀』と『古事記』では若干の相違はあるが、前方後円墳の分布ともおおむね一致するといわれ、日本武尊の東征伝説は古墳時代における大和政権の国土統一物語の一端を表わしており、日本歴史の解明に益するところが大きい。

『日本書紀』に見る丸木橋伝説

伝承ではあるとして、もうひとつ、『日本書紀』のなかから、道路に関する話題を拾っておこう。景行天皇一八年条によると、日本武尊の西征に旅立つ一一年前、天皇みずから熊襲を平定に向かった。秋七月、筑後の国の御木《みけ》に着き、高田の仮宮に住まわれたところ、ちょうど一本の巨木が倒れていて、その長さが九七〇丈もあった。仮の宮殿に仕える宮人たちが、みなその木を踏み越えて毎朝通うので、当時の人がそれを歌にした。

朝霜の　御木《みけ》のさ小橋《おばし》　群臣《まえつぎみ》　い渡らすも　御木のさ小橋

写真 1-12　出土した約８万年前の太古の杉（読売新聞 1993 年２月９日より）

御木の小さい橋を、御殿に通うひとびとがさかんに渡っているなあ、との意味である。天皇は、あの木は何の木だと問われた。一人の老夫が「あれはくぬぎの木で、昔まだ倒れぬ前には、朝日が当たって杵嶋山《きしまのやま》を隠し、夕日の光が阿蘇の山を隠しました」と答えた。そこで、天皇は、「これは神木だ。これからはこの国を御木国《みけのくに》と呼べ」と仰せになった。

これが現在の三池（福岡県三池郡、大牟田市三池）の地名の由来とされる。ただし、同様な大樹伝説は九州地方のほかにもあり、場所は確定できない。しかし、この説話は丸木橋の姿を表わしており、築造物ではないが、その限りでは、日本最初の橋の記録といえる。

一九九三年、佐賀県上峰《かみみね》町の八藤《やとう》遺跡で杉の巨木が出土した。八万年前の阿蘇山大火災流でなぎ倒されたもので、長さ約二二メートル、直径は最大で約一・五メートル、根回り四メートル強、樹齢は五〇〇〜六〇〇年と見られる。このような巨木が発見されたことは、九州地方での巨木の存在、ひいては御木の小橋伝説を裏付けるものともいえよう。

四　河内の古道——古墳時代　その一

日本最初の架橋記録

四世紀の終わり、大和王朝は河内地方をその支配下に収めた。河内は今の大阪府にほぼ相当する地域である。応神天皇の王宮は奈良県橿原市の軽島明宮と大阪府東淀川区の難波大隈宮と双方にあり、次代の仁徳天皇の王宮が大阪府中央区に位置する高津宮《たかつのみや》であった。大和王朝の本拠地が一時、大和から河内地方に移ったとの解釈もある。

応神、仁徳の時代は大土木工事の時代といってもよい。河内にある応神、仁徳の墓陵と推定される誉田山《こんだやま》古墳、大仙陵古墳に代表されるように、大規模な土木工事に人びとを労役させるだけの権力と財力がすでに備わったものと見られる。

応神天皇は厩坂道を作った四年後の応神七年九月に、武内宿禰《たけのうちのすくね》をして、高麗人《こまびと》、百済《くだら》人、任那《みなま》人、新羅《しらぎ》人など来朝した韓人《からひと》たちを指揮して池を造らせた。これを韓人池という。またのちに剣《つるぎ》池、軽《かる》池、厩坂《うまやさか》池などを造った。剣池はさきに厩坂道の比定地（候補とする土地）としたあたりにある現在の石川池である。これらはいずれも大和にある。

仁徳天皇の土木工事は、おおむね河内地方であった。仁徳天皇は五世紀はじめの在世と考えられている。その治世一一年に宮の北の郊原《のはら》を掘って南の水を引き、西の海に流した。宮は仁徳天皇の宮殿である高津宮、南の水とは大和川のことで、西の海とは大阪湾である。高津宮のある上町《うえまち》台地は、当時はほとんど水を分けるようにして南から北に張りだしており、その先で古大和川と淀川とが合流し、しばしば合流点で洪水を起こした。そのため、台地の東側で堀を造って排水を良くしたのである。さらに北の川（淀川）左岸に茨田堤《まんだのつつみ》を築いた。橋も造られた。

『書紀』仁徳一四年一一月に記す。

猪甘津《いかいのつ》に橋為《わた》す。即ち其の処《ところ》を号《なづ》けて小橋《おばし》と云ふ。

これが日本における橋の築造に関する最初の記録である。小橋の名は現在も大阪市東成区に東小橋の町名として残されており、猪甘津の地名は、戦後の町名改正までは猪飼野《いかいの》として現在の生野区桃谷《ももだに》あたりに残されていた。さきの東成区東小橋から東南に数百メートル隔たった地点で、ＪＲ桃谷駅の真東にあたる現桃谷三丁目には、「日本最古　つるのはし」の伝承碑が立てられている。

猪甘津の橋は、上町台地にある高津宮から南に下がる後述の京中大道から東に折れて台地を下り、河内東部を経て大和へ通じる道が大和川の支流の百済川《くだら》（のちの平野川）を渡るところに架かっていたものと推定されている。その後継にあたる江戸時代の鶴橋は、木桁橋であることが記録されており、古代の橋もおそらくその簡易な形であったのだろう。

この橋のことは、本居宣長の『古事記伝』（一七九八年）に詳しく記述がある。[16]『古事記』の仁徳天皇の代に「小椅江《おばしのえ》」を掘ったとの記載と、『書紀』の猪甘津に小橋を造ったとの記載は互いに見合っているもので、今も鶴橋という橋が平野川に架かっている、と宣長は記している。本居宣長の時代には、すでに大和川は南で付け替えられており、水の流れの大筋はむしろ現在とそれほど変わっていない。現在の二万五千分の一図では、都市化が激しく地形が明瞭でないが、明治期の同縮尺の地形図（図1-9）を見ると、古い川や道のようすがよくわかる。

この橋や入江に関する現代の諸解説は、ほとんどが宣長の説明をフォローし、あるいは考古学的に裏付けるものであるように見うけられ、あらためて本居宣長が今から二〇〇年前に三五年を費やして全四四巻を完成させたという『古事記伝』の業績の偉大さに感嘆させられる。

なお、鶴橋の架かっていた平野川は東に移されたので、もとの場所には川も橋もなく、住宅地の一角に、伝承碑がわずかに昔を偲ぶよすがとなっている。

ただ、付言しておかねばならないのは、『書紀』に見られるこの橋が、はたして仁徳朝に実在したのか、あるいはもっと後世のものなのかについては、今のところなんらの手がかりもない。これは後述の大道の成立過程などとあわせて、今後とも研究されるべき課題である。

写真 1-13　つるのはし記念碑

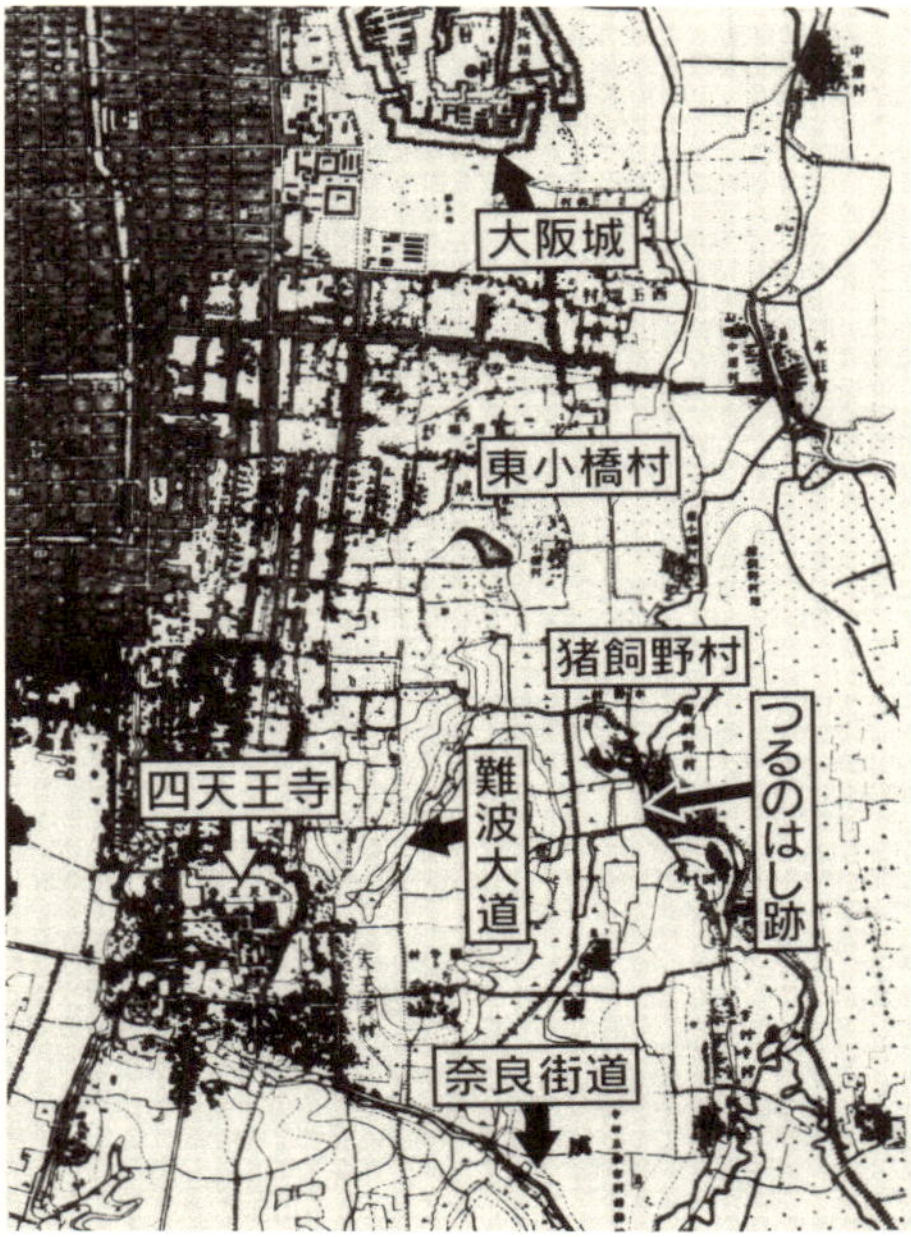

図 1-9　鶴橋付近の地形（明治 31 年陸地測量部図 2 万 5 千分の 1 地形図に加筆）

猪甘津橋余聞

猪甘津橋《いかいつのはし》の伝説を一つ紹介しておこう。この橋が初めて架けられてから数百年たった平安時代の初期、歌人小野小町がこの橋のことを詠んだ一首がある。

しのぶれど人はそれぞと御津《みつ》の浦に　渡り初《そ》めにしゐかいつの橋

(忍んではいても、人がそれだと見ているなかで、初めて猪甘津の橋を渡った)

この歌は江戸時代寛政年間（一七八九〜一八〇一）に出版された『摂津名所図会』に、小野小町家集の歌として記されている。伝承碑にも記され、保田《やすだ》與重郎も名著『日本の橋』(17)の中で引用しているが、小野小町歌集には、この歌は見当たらない幻の歌だ。

ここにいう御津には、大阪で「難波の御津」（大阪市中央区心斎橋筋戎《えびす》橋付近、元の三津寺町）、「墨《すみ》江《のえ》の津（住吉の津）」（同市住吉区住吉大社付近）など、いくつかの比定地がある。この歌では「御津」と「見つ」とが掛詞《かけことば》になっており、津とは猪甘津のこと自身を指しているのかもしれない。

また橋の名が地名として残る東成区東小橋三丁目に比売許曾《ひめこそ》神社がある。いまは小さいお社だが、同じく『摂津名所図会』によれば八五九（貞観《じようがん》元）年に官位を賜った由緒ある神社で、毎年一一月二五日には橋渡しの神事を行なうと記されており、猪甘津の橋にかかわるものと推察される。

今も残る京中大道の道筋（後述）にある五条公園の西南隅から、真東に向かって坂が下りる。地元で夕陽丘ストリートと名づけている。この道に従ってＪＲ桃谷駅の南で大阪環状線をくぐり、長い桃谷駅前商店街のアーケードを突きぬけて、その先の府道を渡ったすぐ斜め北に猪甘津橋の古跡がある。もしかしたら、小野小町はこの道あたりを下がって、橋を渡っていったのかもしれない。

写真 1-14　現在の比売許曾神社

難波の都に大道を作る

猪甘津の橋と同じ仁徳一四年、

是歳《このとし》、大道《おおち》を京《みさと》の中に作る。南の門より直《ただ》に指《さ》して、丹比邑《たじひのむら》に至る。

と『書紀』にある。これも日本道路史には欠かせない重要記述だ。

先に述べたように、当時の大阪地方は、今より海が内陸深く入り込み、上町台地が南から北に半島状に突き出していた。その台地の北端にあった高津宮から「大道」はまっすぐ丹比邑に向かっていた。

丹比《たじひ》の名は、今は直接残ってはいないが、古くは丹比郡として、松原市から堺市東部までを含む広い地域を指していた。この京中大道は、高津宮の南門から南へ堺市の金岡神社あたりまで一三キロほど直進する。その終点から、東に大和に至る道が続いたものと考えられる。

この京中大道の実在可能性を最初に指摘したのは、大和・河内の古道や都城について先駆的な研究をされた岸俊男氏である(18)。ただし、これが仁徳朝に作られたものではなく、もっと後の時代のものであろうとする考え方は、これまで多くの学者・研究者が踏襲してきた。

仁徳朝から二〇〇年ほど後の『書紀』推古二一(六一三)年一一月条に、

難波から京《みやこ》に至るまでに大路《おおち》を置く。

との記述がある。

さらに下って、『書紀』孝徳朝白雉《はくち》四(六五三)年六月、百済・新羅の使いが来朝した記事に続いて、

処処《ところどころ》の大道《おおち》を修治《つく》る。

とある。

難波に都が置かれたことは三度ある。最初は仁徳天皇で、その名を高津宮《たかつのみや》という。二度目が孝徳朝で、三度目はさらに下がって聖武天皇の時代（八世紀）である。戦後の発掘によって、いま大阪市中央区法円坂に国の史跡として難波宮《なにわのみや》跡が公園になっている。

この史跡は、孝徳朝の難波長柄豊碕宮《なにわながらとよさきのみや》（前期難波宮）と聖武朝に再建された後期難波宮で、仁徳朝の高津宮がどこにあったかは、まだ確定されていない。しかし、おおむね現在の史跡付近ではないかというのが、大方の意見である。

写真 1-15　難波宮跡から北方，大阪城方面を見る．高速道路は隠れて見えない．

写真 1-16　難波の宮に復元された高殿

史跡公園の北を阪神高速道路東大阪線が東西に走っている。難波宮周辺の景観を確保するため、史跡公園に接する区間だけ、高架道路が地平に降りている。

さて、古代道路の話に立ち返ると、二番目の大道の話が出る推古天皇の時代には難波には都はなかった。『書紀』にいう推古天皇の京《みやこ》とは大和の小墾田宮《おはりだのみや》であり、難波には外国使節を迎える館があった。このときより五年前に隋からの使者裴世清《はいせいせい》らが難波津《なにわのつ》に上陸したときに、新しい館として難波の高麗館《こまのむろつみ》を造ったことが記録されている。この館も上町台地にあったと見られる。難波宮史跡の北東、上町筋と中央大通りの交差点近くに、阪神高速道路東大阪線の北側に隠れるように、復元された高殿が立っている。

推古紀の大路の条にいう難波とは、外国賓客のための館のあった場所で、仁徳朝の高津宮のあたりに近いと考えられるので、結局この大路（現在では難波大道と呼ばれている）は仁徳天皇の京中大道と重なってしまい、そのため両者が同一のもので、後の時代のものが遡って記録されたとの理解を生んだと思われる。

しかし、最近では難波大道も、またその他の河内の道も、考古学的な発掘成果から、推古朝ではなくもっと時代を遡って造られたのではないかとの考え方が強くなってきた。そのことを河内の道全体の中で考えていこう。

京中大道とシハツ道

最初に、河内の古道の概略を示す（図1-10）。これはもっとも新しい文献である堺市教育委員会の森村健一氏の論文の図を基本に、主要な先学の研究（岸俊男[18]、秋山日出雄[19]、直木孝次郎[20]、足利健亮[21]、千田稔[22]）の図や記述を参照しながら、筆者が独自に作成したものである。論述もまた、これら先学諸氏の研究成果に負うところが多い。

まず中心となるのが、南北の大道である。いつできたかはひとまず措いて、そのルートを見てみよう。先に猪甘津橋について示した明治時代の二万五千分の一図（図1-9）には、細い直線道が見られるが、これは天王寺区の近鉄上本町駅と赤十字病院との間を南に向かい、JR寺田町駅に達する約一・八キロの現道の道筋として残っている。大部分は都市計画や区画整理で道幅が広くなっているが、細工谷一丁目から南の夕陽ケ丘高校までの四〇〇メートルほどは、狭い道幅のままで残されている。いずれ拡幅工事のされる機会が来ると思われるが、ぜひその際はきっちり発掘調査をして、古代道路の存立年代を考古学的に確かめてほしいものだ。

この南北の道に交差する東西の道はみな、東側がすぐ下り坂になっていて、古道が上町台地の東縁に沿って走っていたことを思わせる。なお、この道の終点付近に大道という町名が現存しているが、これが古代の大道を意味するかどうかははっきりしていない。このあたりで斜めに交差し、南方向に伸びる国道二五号は、古くは奈良街道と呼ばれた、かなり歴史を持つ道であり、そちらに由来があるのかもしれない。
古道を地図上でさらに南にたどると、東西に走る一本の古道と交差する。これがシハツ道である。仁徳天皇から数えて五代、五世紀後期の雄略天皇一四年正月、『書紀』は記す。

呉《くれ》の客《まろうと》の道を為《つく》りて、磯歯津路《しはつのみち》に通す。呉坂《くれさか》と名《なづ》く。

これは呉からの使いや技能者が来朝して住吉津《すみのえのつ》に泊った記事につづいて書かれている。「磯歯津《しはつ》」について、本居宣長はやはり『古事記伝』のなかで、『書紀』の磯歯津路に言及し、『万葉集』の二つの歌にある四極山《しはつ》と同じ場所であるとする。その歌の一つを紹介しよう。

四極山うち越え見れば笠縫の　島漕ぎかくる棚無し小舟（巻第三・二七二、高市黒人）

シハツ山からは、海の船が見えることを歌っている。
また、宣長は住吉の東にある喜連《きれ》村（現平野区喜連《きれ》）はクレのなまったもので、ここらはもと伎人郷《くれひとのさと》といっていたものだ、という。
宣長はさらに、住吉から喜連へ行く途中にある低い岡山が四極山で、呉坂はそこにあったもので、今（本居宣長の時代）も住吉から河内へ通るこの道を昔は呉の国の人が通った道だとの言い伝えがある、

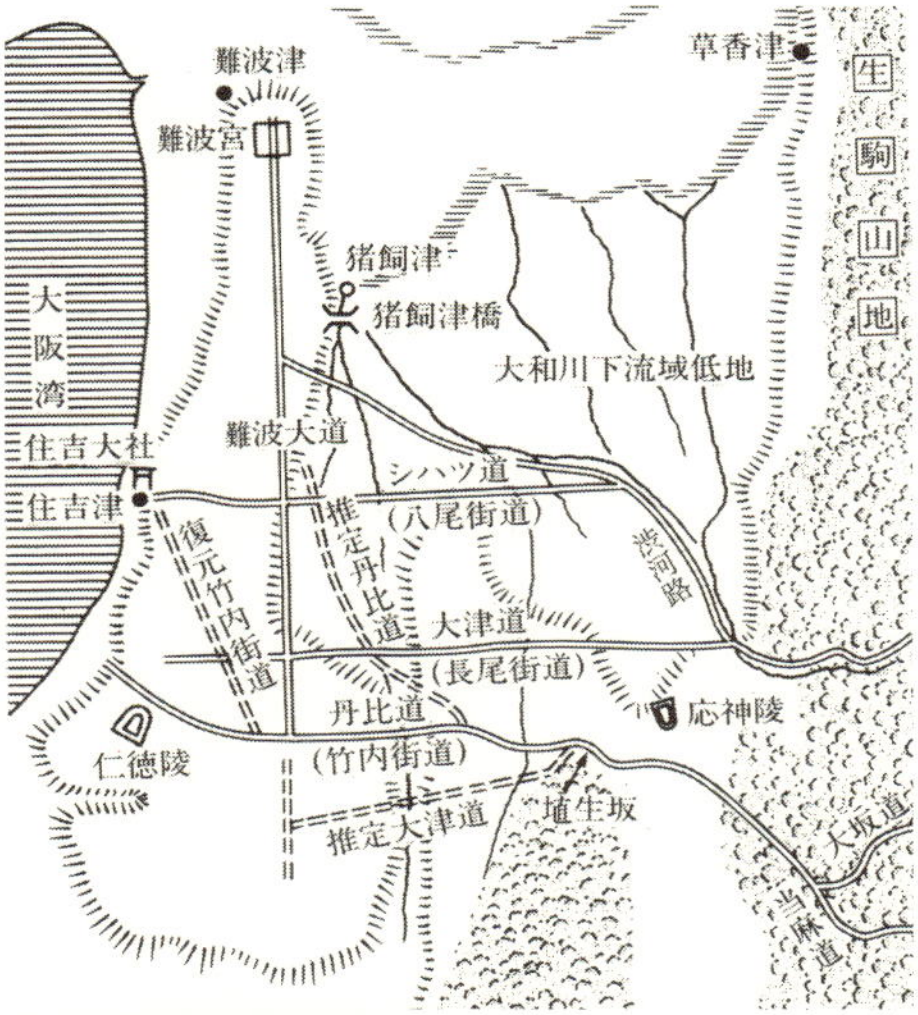

図 1-10　河内の古道

写真 1-17　今に残る大道の道筋

写真 1-18　現在の長居公園通り

と記している。

この道の後身と見られる道が、明治期に堺道あるいは八尾街道と呼ばれた道であり、現在では長居公園の南縁に接する長居公園通りである。分離帯のある四車線のりっぱな道だ。

シハツ道の起点である住吉津《すみのえのつ》は、当時の外国通交の基地港であり、雄略紀には半島や呉（中国南朝、都は今日の南京付近）との交流の記事が多く見え、技術者の渡来もさかんであった。そのなかに道路技術に長じたものもいたであろうことは、先に鴨神の遺跡で触れた。

シハツ道の起点は、現在の住吉神社南端付近である。ここから東へ進むと、最新の二万五千分の一地形図では、住居が密集して等高線がたどれないが、明治期の地図では上町台地の南端がこのあたりとなって、ゆるい傾斜が見える。台地の上にある大阪府立病院の屋上からは、以前は海が見えたという。シハツ山とはこのあたりの台地を指し、また呉坂もこのあたりにあったものであろう。

千田稔氏は、雄略紀の記述が事実を反映しているならば、古道の設置は五世紀末以前にまでさかのぼりうる、と述べている。

発掘された難波大道

図1－10に見えるシハツ道より南にさらに二本の東西連絡路がある。一番下が丹比《たじひ》道で、現在の府道大阪環状線の南縁部のほぼ二〇〇メートルほど北部を通っていた。現在でも、一部に竹内《たけのうち》街道の名

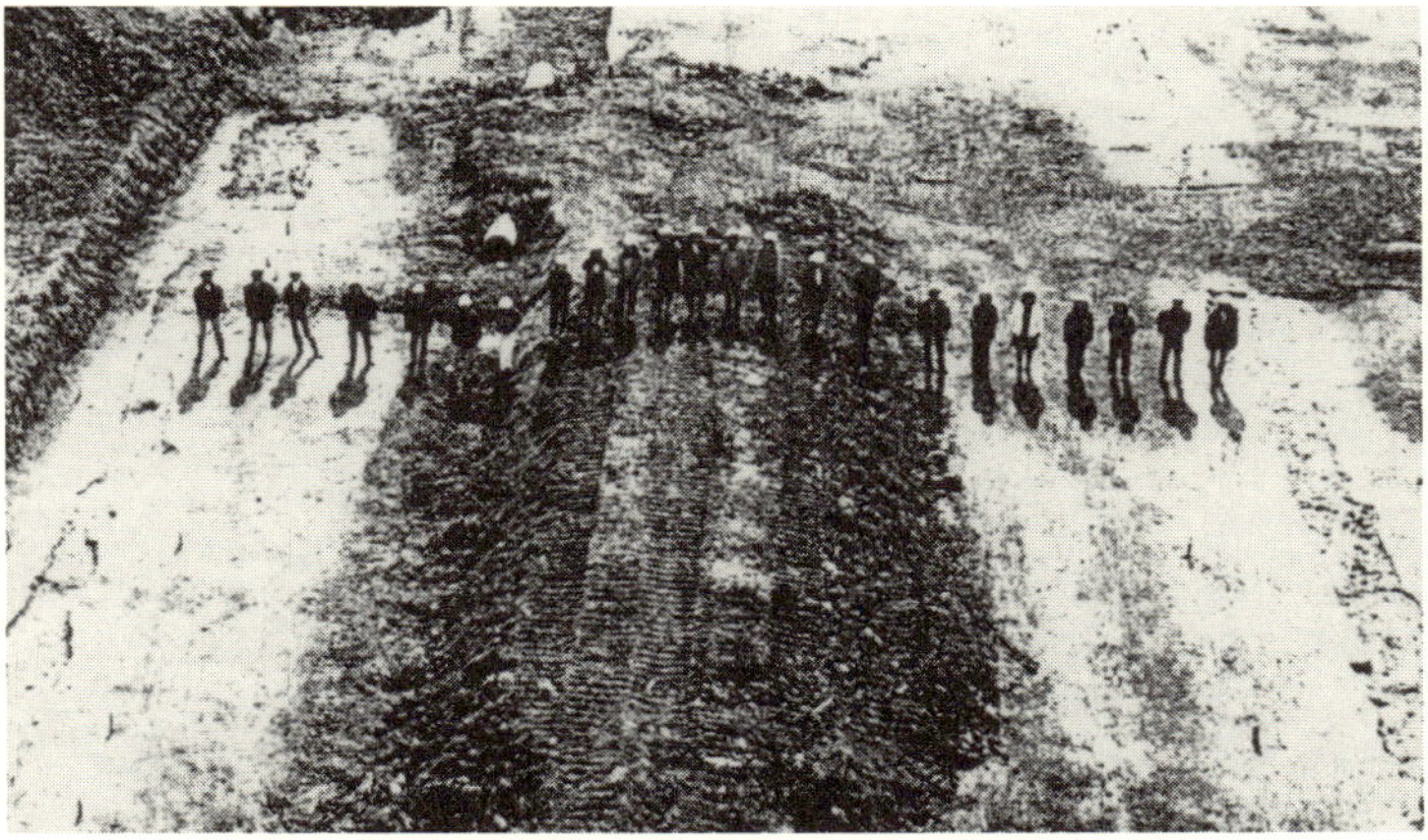
写真 1-19　発掘された難波大道（文献 24）

が残されている。

またこれより北、約一・八キロのところに東西の直線路があり、これが古代の大津道（長尾街道）である。河内の古代の東西路は、シハツ道と合わせると三本あった。

一九八〇年、堺市常磐町の大和川・今池遺跡で、両側の溝の中心間の幅が一八メートルに及ぶ南北の大道の遺構が発掘され、これが難波宮からまっすぐに南に下がったところに位置することから、難波大《なにわたい》道《どう》と称されるようになった。

設置の時期は、発掘報告書[24]では側溝から出土した七世紀中ごろの須恵器一基との関連から、前期難波宮すなわち七世紀中期の孝徳朝のころではないかとの考えを示している。

さらに、一九九一年以降の堺市長曾根遺跡発掘では、東西方向の竹内街道（丹比道）だけでなく、難波大道とのT字型交差点よりすこし西側で、住江津に直接向かう北北西方向の古代道路の遺構が発掘された。これは竹内街道の起点が、仁徳天皇陵付近とは別に、住吉津にもあったことを裏付けた。道路幅は一七メートルで、側溝は幅約一・〇〜一・二メートル、深さ〇・一〜〇・三メートルで、溝内からは六世紀後半代、七世紀後半代の土が検出されている。

また、難波大道に平行して走る南北の長曾根大溝が、発掘によって五世紀後半に成立していた可能性が明らかになり、この調査についての森村健一氏の報告[19]では断定は避けているが、難波大道もこの時期に造られた可能性が出てきたといえるだろう。

丹比道の諸説

さて、東西の竹内街道は、先に示した図1-10では特に東側が直線ではなく、やや南側に傾きながら蛇行している。これは現在にも痕跡を残す街道筋を示したもので、最初は東の応神陵と仁徳陵のそれぞれ南縁を結ぶ東西の直線道であったのではないかという考え方がある。岸俊男氏が最初にその考え方の端緒を示した。[18]

そうすると、この竹内街道と北の長尾街道は平行線となる。足利健亮氏はその間隔が一九〇二メートルあるいは一九〇八メートルで、これは一〇六メートルの倍数（一〇六×一八＝一九〇八）で、古代の令大尺（高麗尺一尺＝三五・三センチ）の長さの一町に相当すると考えた。[22]一町は六〇歩、一歩は五令大尺である。最初の発表は一九七六年のことである。

その後、直木孝次郎氏が判断を保留しつつ紹介しているが[21]、タクシーの運転手をしながら河内古道の研究を行なった安間安人氏が、もっと古い尺度による古代道路設計の可能性を指摘する研究を一九七八年に公表した[25]。安間氏は、岸氏の指摘にヒントを得て、応神、仁徳両陵を結ぶ線を底辺とし、難波宮を頂点として、大小二つの正三角形による幾何学的な対応関係を考え、古道もこれにしたがって造られたとする。そして考古学の森浩一氏の研究[26]にある古墳設計に使用されたという晋尺（中国晋代〔三世紀〕の尺度、一尺＝約二四センチ）で計ると、丹比道（竹内《たけのうち》街道）と大津道（長尾街道）の間隔は、ちょうど八〇〇〇尺になるという。こうしたことから、これら古道の設置も、推古朝まで下がることはなく、五世紀の仁徳天皇の時代であろうと結論づけた。考古学的発掘の裏付けがない段階ではあるが、この解釈は今後とも無視できないように思われる。

一方、足利氏は、定説となっている、大津道＝長尾街道、丹比道＝竹内街道という考え方に疑問を呈した[22]。詳細は略すが、要は地名からの疑問と、秋山日出雄氏の研究[20]にあるように、河内でも直向道路より以前に斜向道路が先行したのではないかということから、古道痕跡を丹念に求めて、別のルートの可能性を示唆したものである。これによれば、丹比道と大津道の位置が逆になり、丹比道は斜めに難波宮の方向に向かい、大津道は埴生坂の西から西南西に延び、大津池に至るというものである。この所説は後述の埴生坂伝承と考え合わせても、説得性のある考え方である。

大和川に沿う渋河路

最後に古大和川に沿う渋河路《しぶかわみち》に触れなければならない。もとは大和川の自然堤防上を通っていたと推定される道で、現在はほぼ国道二五号として使われている道である。渋河路の名は『続日本紀《しょくにほんぎ》』の天平勝宝八（七五六）年四月条に見える。これは孝謙天皇の時代であるが、さかのぼって用明二（五八七）年、蘇我馬子《そがのうまこ》が厩戸皇子《うまやどのみこ》（聖徳太子）らの軍をして物部守屋《もののべのもりや》の一族を討ったのが、この渋河路沿いのことである。

さらにさかのぼり、『書紀』仁徳五八年五月条に、

荒陵《あらはか》の松林の南の道に当たり、たちまち両《ふたつ》の歴木《くぬぎ》を生じ、路を挟みて末は合せり。

とある。

荒陵は四天王寺付近の古墳で、その南の道の両側に生えるクヌギの木が、道の上空で一つになったとの話である。この南の道とは、京中大道であるとの解釈もあれば、渋河路につづく道だとの見解もあると、直木氏は解説している。(21) つまり、渋河路の淵源が仁徳朝にも及ぶ可能性があるということになる。ただ、この道は古大和川沿いなので、氾濫に見舞われやすく、古い時代には安定的な幹線道路にはなりえなかっただろう。

河内地方の個々の道が実際にいつ造られたのか、いまだ明らかにはしがたいが、推古期よりおよそ一〇〇年前の雄略期にはシハツ道の伝承があり、さらに一〇〇年さかのぼる仁徳天皇のころに、河内の土木開発が着手されたのはまちがいない。難波の道も、規模についてはともかく、推古天皇まで下らず、雄略朝にも、さらには五世紀はじめの仁徳朝にも、なにがしかの道路開発はあったに違いないと筆者は考える。

五　都は再び大和に――古墳時代　その三

河内から大和への道

仁徳天皇が高津宮で崩じ、第一皇子の去来穂別尊《いざほわけのみこと》（のちの履中天皇）が即位しようとしたとき、同母弟の住吉仲皇子《すみのえなかつのみこ》が反乱を起こした。去来穂別尊は難を避けるために高津宮を脱出して大和に向かい、途中河内の国の埴生《はにゅう》坂にまで来たとき、ふりかえると遠く難波の宮殿が夜通し燃えさかるのが見えた、と『書紀』は記している。『古事記』には、去来穂別尊の歌に多遅比野《たじひの》（丹比野《たじひの》）の名が見え、さらに

波邇布《はにふ》坂我が立ち見ればかぎろひの　燃ゆる家郡妻《いえむら》が家のあたり

写真 1-20　埴生坂推定地付近の現況

と詠んだと伝えている。

埴生坂は、現大阪府羽曳野市の通称伊賀の五軒家に伝承地がある。いまも地元で竹内街道と呼ばれる道の途中である。東除川《ひがしよけ》を西から東へ渡るとすぐカーブした坂になっている。ここをあがれば、今は家が建て込んでいるが、昔は遠望が利いたであろう。岸俊男氏は、当時は近道と考えられる旧大和川沿いの道はまだなかったのだろうと推定している。つまり、そこまでは、やはり難波大道（あるいはその前身）を通ってきたと考えることになるが、足利氏のいう斜めの推定丹比道があったとすれば、非常にわかりやすくなる。その道を通れば、斜めに埴生坂に至ることができる（「丹比道の諸説」参照）。

そこから去来穂別尊は東に進み、大坂から飛鳥山（穴虫峠）を越えようとすると、土地の少女にそちらには軍勢がいるから回り道して当摩径《たぎまみち》（当麻《たいま》道、竹内峠）を行くよう大声で教えられた。ふたたび去来穂別尊の歌。

大坂に逢ふや少女《おとめ》を道問へば　直《ただ》には告《の》らず当摩径《たぎまみち》を告る

『古事記』では、一行は少女の勧めにしたがって、当麻道をそのまま大和に向かったといい、『書紀』はさらに回って竜田山から越えたという。しかしいずれにせよ、当時の河内と大和を結ぶ道がどのようであったかを知る貴重な挿話である。

ちなみに、去来穂別尊（履中天皇）の母は、鴨神遺跡のときに話題とした葛城襲津彦《かつらぎのそつひこ》の娘である。尊は大和の葛城一族の支援を期待したのであろう。

ここに、河内と大和を結ぶ古代の主要な連絡道として、竜田道、大坂道、当麻道の三本が登場した。竜田道は大和川の北岸に沿って大和へ入る道で、現在は南岸を国道二五号が通っている。河内では大津道と渋河路につながる。

大坂道とは、穴虫峠を越える道で、丹比道とつながる。その南の当麻道は竹内峠を越える竹内《たけのうち》街道である。穴虫峠の道のほうが迂回路になるが、標高が低いので、初期には穴虫峠のほうが主に使われたと言われている。

ここで話はふたたび河内から大和へ戻る。

山辺の道は最古の命名古道

難波から逃れてきた履中天皇は、石上《いそのかみ》神宮に入る。石上神宮の創立は、崇神あるいは仁徳天皇の時代といわれる。ここで石上神宮をその途中に持つ山辺《やまのべ》の道について語らねばならない。

古代史に興味を持って大和の地を訪れる人びとが、一度は必ず訪れるのが、飛鳥の高松塚古墳とこの山辺の道であろう。なお、これは「山の辺の道」とも一般に書かれるが、ここでは歴史学の記述に従って「山辺の道《やまのべ》」と書くこととする。

山辺の道は、三輪山（奈良県桜井市）の西南麓の海柘榴市《つばいち》から、笠置山地の西すそを北上して、奈良山丘陵に至る道である。東海道自然歩道にも指定され、とりわけ三輪山から石上神宮までの南半分は古墳や古社寺も多い。四季それぞれに趣があり、古代を偲ぶにふさわしい雰囲気を持っている。

この道はしばしば「日本最古の歴史上の道」などと呼ばれる。そのことを、筆者は道路史上において、「日本で最初に名前を記録された道」と解釈したい。

まず、道路自体について言えば、これほど著名な道ではあるものの、古代にどこを通っていたのか、厳密にわかっているわけではない。現在の道筋も歴史上の研究成果の上に立ってはいるが、このあたりであろうということにとどまる。ただ文献などから、その道が古代に存在したことだけが確実なのである。(R)

『書紀』には、仁徳系王朝最後の大王である武烈天皇の即位前紀に、山辺の道にまつわる物部影媛《もののべのかげひめ》の歌を載せている。武烈天皇は大臣の子、平郡臣鮪《へぐりのおみしび》と影媛をめぐって争い、鮪《しび》が恋の勝利者となった。武烈は怒って鮪を乃落山《ならやま》（奈良山）で殺害した。影媛は恋人の鮪を偲んで、石上神宮のある布留《ふる》から乃落山まで訪ねて行くときに歌を詠んだ。この中に、山辺の道に沿う途中の六カ所の地名が折り込まれている。景媛が恋人と会ったのは、山辺の道の起点にあたる海柘榴市《つばいち》である。つまり、物語は山辺の道が当時の主要な道筋であったことを物語っている。

　これは伝承としても、山辺の道そのものの名が出てくる記録がある。山辺の道の周辺、とりわけ南の部分には、弥生時代後期から古墳時代前期にかけての古墳が多い。最も古い三世紀末期の箸墓古墳をはじめとして、行灯《あんどん》山古墳（崇神天皇陵）、渋谷向山古墳（景行天皇陵）など著名な大古墳が道の近

写真1-21　山辺の道の風景

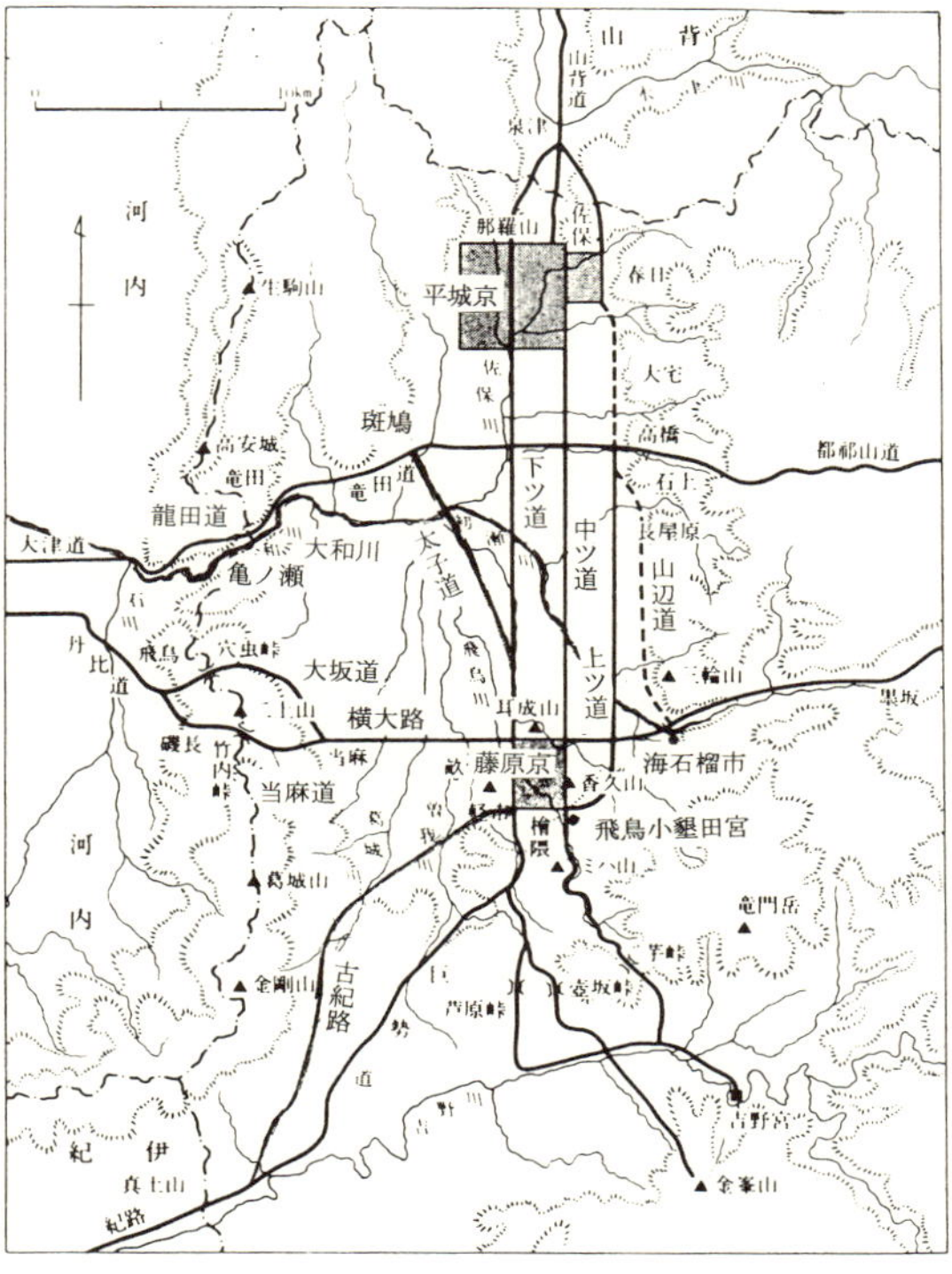

図1-11　大和の古道（文献28の図を加筆修正）

辺に連なる。

『古事記』は崇神天皇について「御陵は山辺の道の勾《まがり》の岡の上にあり」と記し、『書紀』にも「山辺道上陵に葬りまつる」とある。

景行天皇陵についても、『古事記』は「御陵は山辺の道の上にあり」とし、『書紀』は「山辺道上陵に葬りまつる」とする。

つまりここでは、「山辺の道」という道の名前がはっきり記されている。山辺の道の道路史としての意義はここにあると言いたい。しかも「山辺の道」とは、最初は一般的な山すその道ということから発したのであろうが、その後、「大和国山辺郡」という地名も残るなど、固有名詞としての意味も深まった。

崇神あるいは景行天皇の時代とは、おおむね四世紀中ごろと見られ、そのころに四道将軍の伝承があった。そこには西道《にしのみち》(『書紀』)、高志道《こしのみち》(『古事記』)といった名も出てくるが、これは道筋といった意味で、山辺の道のような具体的、個別的な道の名称とは言えないであろう。貭坂道は早くても応神天皇の時代であり、崇神や景行よりはかなり後のこととなり、山辺の道が「最初に名前を記録された道」という意味を持つことはまちがいない。

大和に客のための道を開く

五世紀の終わりごろ、雄略朝の「シハツ道・呉坂」の所伝のあと、七世紀初めまでおよそ一〇〇年あまり、日本の史書は道路のことを伝えていない。

久しぶりに出てくる記事が、六一三（推古二一）年一一月、

難波《なにわ》より京《みやこ》に至るまでに大道《おおち》を置く。

という、さきに記したあの『書紀』の記載である（「難波の都に大道を作る」参照）。この道路建設は、隋《ずい》からの使者が来朝したことと大いに関係がある。

中国との外交関係は、雄略朝の南朝宋との通交以来、約一世紀にわたって途絶えた。それは高句麗《こうくり》に道をふさがれたり、また半島で任那《みまな》の経営にからんで新羅《しらぎ》や百済《くだら》との抗争の応接に追われていたことなどによる。この間、大陸文化は百済を窓口として移入されていた。

六世紀の終わり、中国は隋が覇権を握り、全国を統一した。大和朝廷は南朝以来途絶えていた中国との交流を再開する。

『隋書』倭国伝によると、六〇〇年、倭王は隋の都大興《だいこう》（現在の西安付近）に使者を派遣した。『書紀』にはこの事実は見えないが、六〇七（推古一五）年に小野妹子《おののいもこ》が隋に行き、ときの皇帝煬帝《ようだい》に国書を奉呈することを記す。つまりこれは倭国からの二度目の訪問ということになる。煬帝はこのとき、小野妹子を首都長安ではなく、その手前の陪都洛陽で謁見したらしい(29)。史上有名なエピソードがある。

『隋書』によれば、国書にはこうあった。

日出《ひいず》る処の天子、書を日没《ひぼつ》する処の天子にいたす。恙《つつが》なきや。

無礼な手紙だと煬帝は怒った。倭としては、対等の立場からの外交を志したものだが、中国からすれば蛮夷の国が天子として対等の立場で書いた国書など受け取れぬというわけである。倭がみずからを「日出る国の天子」とし「日没する国の天子」と見下したように言うのも気に入らなかった。もっとも、この問題に対して、興味深い解釈を施す現代中国の学者もいる。王勇氏によれば、日本は当時、中国南朝を呉と呼び習わしており、これをクレと読むのは、日没を意味し、西方を指していた。小野妹子の携えた国書に隋を「日没する処」としたのは、隋帝を依然として呉の君主だと思っていたからで、特別にさげすんだわけではない、との解釈である。(30)

さて、翌六〇八（推古一六）年、煬帝は日本への使者として裴世清《はいせいせい》を送り、使節一行は帰国する小野妹子らとともに来朝した。一行は四月に筑紫に至り、六月に難波に入った。『隋書』によると、途中で周防はじめ十余国を経ているというが、主として瀬戸内海の海路によったものと思われる。

難波では高麗館《こまのむろつみ》のそばに新しい館をつくり、飾り船三〇艘をもって出迎えたと『書紀』にある。八月に隋使は当時の都飛鳥小墾田宮《あすかおはりだのみや》を訪れた。このとき朝廷は飾り馬七五匹を海石榴市《つばいち》に派遣して、これを迎えた。『隋書』も、「今、ことさらに道を清めて館を飾り、もって大使を待つ」とその状況を伝えている。

海柘榴市は現奈良県桜井市金屋で、ときの王宮である小墾田宮《おはりだのみや》（現橿原市和田町あたりと推定される）からすれば東北方にあたり、道路によって来着したのであれば、西方から来るであろうから、このときの経路は難波から大和川（上流は初瀬川）を船によって遡上してきたのであろうとの岸俊男氏(18)の指摘以来、一般にそう考えられている。ただし、大和川の難所である河内・大和国境の亀の瀬では、曳船かあるいは船を乗り換えたのかもしれない。

写真 1-22　現在の大和川海柘榴市付近の景観

裴世清一行を迎えたとき、まだ大和の道は貧弱だったのだろう。だから、それを気に病んだ政府が、道路の整備に本腰を入れたのではないか。道は一国の文化のレベルを表わすシンボルの一つである。裴世清に同行してきた小野妹子は、隋の洛陽で見事に碁盤目に敷かれた大路、小路に目を奪われていたに相違ない。

このときからおよそ一〇〇年あまり前の雄略朝に、難波にシハツ道を造ったのも、外国の客を迎えるためであった。裴世清来朝と同じ七世紀、孝徳天皇の六五三（白雉四）年、百済・新羅が使いを派遣して、朝廷に供物を献上した。そのときにも「処々の大道を修治《つく》る」と『書紀』は記している。外国の客人のために館を築き、道を拓くのは、以来日本の伝統のようになった。

斜向道路から正方位道路へ

大和地域の道路の変遷過程について、中村太一氏は斜向道路について最初に言及した秋山日出雄氏の研究を踏まえて、大和の道の成立過程を三つの時代に区分している(31)。第一期が自然発生的な道路とそれを改良したいくつかの経路である。山辺の道がその代表であり、河内との間を結ぶ竜田道、大坂道、当麻道などがそれである。これらは非直線的な道で、五、六世紀に存在したものと見られる。鴨神で発掘された道(古紀路)もそうであったし、時代的には廐坂道もこの範疇に入る。第二期は、斜向道路の時代である。飛鳥《あすか》を中心に斜めに放射状に走る直線道路が主流であった。すでに述べたように、南西方向に向かう葛上《かつじょう》斜向道路やその東の巨勢路もそれであるが、斑鳩に今もその痕跡を残す太子道も、斜向道路のひとつである。太子道は筋違《すじかい》道とも古くから呼ばれ、その名のとおり、斜めに斑鳩から南南東方向に大和平野を横切って飛鳥を結んでいる。とりわけ磯城《しき》郡三宅町あたりでは、太子道はそのまま現在の生活道路として残されており、そのようすを知ることができる。太子道は北では聖徳太子の住まいした斑鳩宮を経て竜田道につながり、南は飛鳥の推古朝王宮である豊浦宮あるいは小墾田宮に向かっている。聖徳太子のかよった道でもあり、河内からの道の一つでもあった。

このほかにも、何本か斜向道路があった。これらの斜向道路は、六世紀後半から七世紀の始めころまでに造られたものと見られる。

そして第三の時代がいよいよ正方位道路の時代である。山辺の道とともに名高い上《かみ》ツ道、中《なか》ツ道、下《しも》ツ道の南北三本の道路は、のちの藤原京やさらには平城京の基線にもなるきわめて重要な道で、これに直交する東西方向の横大路とともに、日本の道の原点ともいうべき存在である。

その成立年代については、「難波より京に至るまでに大道を置く」の六一三（推古二一）年を契機とするのが通説である。

写真 1-23　太子道の現況（奈良県三宅町）

聖徳太子と道にまつわる説話

聖徳太子とは後に贈られた名前で、正しくは厩戸豊総耳皇子《うまやどのとよとみみのみこ》という。生年は五七四（敏達三）年と伝えられている。用明天皇の皇子で母は穴穂部間人《あなほべのはしひと》皇后である。のちに橘寺が建立される飛鳥の用明天皇の別宮で生まれた。そこで育ち、五九三（推古元）年に皇太子として推古女帝に代わり万機を摂政する。

その四年前のこと、五八九（崇峻二）年七月に、朝廷は東山道、東海道、北陸道の三道に使者を派遣して、諸国の国境を調べさせたことが『書紀』に見える。太子の事跡を記す『聖徳太子伝暦《でんりやく》』は、このことを太子の進言によるものとし、使者が帰って報告をした際、天皇が大いに喜び、「太子の力がなかったら、外国との境を知ることはできなかったな」と述べたと記す。太子一六歳の話である。

六〇五（推古一三）年一〇月、聖徳太子はその居を飛鳥から斑鳩に移す。太子は摂政としてほとんど毎日のように、王宮に通ったと伝えられている。当時、王宮は二年前から小墾田宮《おはりだ》に移っていた。斑鳩から飛鳥の小墾田までは直線距離にしてほぼ一六キロ、太子はこの道のりを騎馬で通ったようだ。一六キロの道のりは、騎馬の並足ならば二時間あまり、速歩《はやあし》を交えるならば一時間半の行程だろうと、聖徳太子に詳しい上原和氏はいう(32)。

『伝暦』によると、五九八（推古六）年四月、太子は広く良馬を求めた。数百騎の中から甲斐の国より献上された黒駒という四本の足が白い馬を選び、寵愛した。『伝暦』は太子がこの馬を御して三日間で信濃まで巡ってきたと、神異譚まで書いている。ときに太子二七歳である。太子が馬で小墾田宮まで通ったことを示す小話が、やはり『伝暦』にある。あるとき小墾田宮で黒駒が踏み誤ったので、太子が少し驚いてそのまま斑鳩まで引き返してしまった。黒駒はひどく落胆して、草も食まず、水も飲まなかったという。いま橘寺境内に黒駒の銅像が立っている。

六一二（推古二〇）年、百済からの渡来人の一人が、体に斑白《まだら》のあるのを嫌われて、島に捨てられようとしたとき、橋の造作もできると訴えたために助けられ、のちに路子工《みちのこのたくみ》と呼ばれたという話が『書紀』にある。これを助けたのが太子であり、翌年の難波から都まで大道を造ったのも太子の命によるものだと、『伝暦』は推古朝の主要な治績はみな太子のこととしている。

太子の歌が『万葉集』にある。

家にあらば妹《いも》が手まかむ草枕　旅に臥《こや》せるこの旅人あはれ（巻三・四一五）

太子が竜田山で旅人の死を見て哀れんだ歌である。似た話が『書紀』にもある。竜田山は竜田道の途中にあり、斑鳩から近く、太子のよく通る道の一つでもあった。

六二二（推古三〇）年二月二二日、聖徳太子は亡くなった。『伝暦』では、斑鳩宮から墓所まで道の左右に百姓が垣根を連ねたように並び、それぞれ香華を捧げたという。太子の墓は、河内の磯長《しなが》にある。そこまで葬列は竜田道を通ったか、それとも大坂道あたりであったか、明らかではない。

計画道路の原点、上ツ道、中ツ道、下ツ道

これ以後は、教科書的にいえば律令制時代に入っているのだが、道の歴史としてはやはり駅制が具体的にはじまる大化の改新あたりからを新しい時代の始まりととらえ、推古朝の歴史はまだ黎明期の時代区分の中に収めることとしたい。

大和平野の中央からやや東寄りに、南北に整然と敷かれた上ツ道、中ツ道、下ツ道の三道は、二つの大きな特徴を持っている。第一はその間隔が計画的な数字を持っていること、第二には後に築かれることとなった藤原京と平城京の基軸線になっていることである。

下ツ道と中ツ道はそれぞれ六九四（持統八）年に造られた藤原京の東縁と西縁に当たっており、さ

写真1-25　下ツ道と横大路の交差点の現況（中央が旧下ツ道）

らに下ツ道は七一〇（和銅三）年造営の平城京の中央道路、朱雀大路の基軸となっている。

これらの道のことは、『書紀』の壬申《じんしん》の乱（六七二年）の記事に見えるから、それ以前にできていたことはまちがいない。『聖徳太子伝暦』では、太子三四歳のとき、大和に上津路、中津路、下津路の南北三道と、横大路の東西一道を造り、太子はつねに中津路を往復したと記している。もっとも太子の使った道は、太子道を主に考えると、下ツ道のほうが自然ではないかと思われる（図1‐11参照）。

さて、南北三道の間隔がそれぞれ高麗《こま》尺の六〇〇〇尺＝四里（約二・一一八キロ）であることに最初に言及したのは岸俊男氏である。古代の測地法の変遷はたいへんわかりにくい。まずここでいう高麗尺とは、七〇一（大宝元）年の大宝律令の雑令（度量衡規制）で明文化された大・小尺の大尺に当たるもので、三五・〇〜三六・〇センチの幅を持ち。おおむね三五・三センチほどである。ここで、高麗尺五尺＝一歩、三〇〇歩＝一里なので、六〇〇〇尺＝一二〇〇歩＝四里となる。岸氏はのちに、この三道が造られたのは、大宝令以前であり、令前の制度では高麗尺六尺を一歩としているので、上・中・下三道の間隔は一〇〇〇歩と称するのが正しいと述べている[1]。

それでは、これら三道の幅員はどれだけあったか。平城京の朱雀大路発掘調査の際、その下層である、もともとの下ツ道と考えられる道路遺構の側溝間の距離に約二三メートルという値が得られている。また一九九八年の調査では、同じ下ツ道で両側溝間距離が約二五メートルとなる遺構が検出されたとのことである。

これに加えて、三道とほぼ同時期に造られたと見られる横大路については、一九九二年の発掘調査では、側溝心心距離約三八メートルと報告されている[33]。ただし、この調査は一カ所における検測ではなく、約一キロメートル離れた二カ所で別々に検出された北側側溝と南側側溝とからの推計であり、その後の推算では、約二四メートルとなるようである。今後の調査に待つところが大きいが、これら大和平野の最初の正方位計画道路は、おおむね二三〜二五メートル程度の側溝間距離を持っていたらしいというのが、最も新しい考古学上の知見である。

なお、この三道の設置は、条里制にもとづくものと考えられ、その条里制と計画道路の関係、またこれまで考察してきた尺度と律令制官道の尺度の違いなどは、次章で改めて取り上げることとしたい。

第二章●古代の道路(一)

一　花開く駅路の時代――律令制時代　その一

山陽道に見る駅制の萌芽

六世紀、欽明天皇の代に仏教が伝来した。大陸との接点である九州と大和の交通もさかんになった。『書紀』には、欽明朝に百済との使者の往復がたびたび伝えられる。五七一（欽明三二）年、天皇崩御に際し、遠くに出ていた皇太子を「駅馬《はいま》」で呼び寄せたとある。ただし、この文章そのものは、中国の『魏志』明帝紀にある明帝崩御の際の記事をそのまま引き写してきたものなので、この当時「駅馬」の制度が機能していた証にはならない。

本居宣長ですら、『古事記伝』の崇神天皇条で、「駅使」とあるのをハユマヅカイと読ませ、「駅の字はただ後の定めによって書いただけで、ただ早馬の使いのことだ」と記している。

つまり、駅馬あるいは駅使とは本来、幹線道路に一定の間隔で駅を置き、そこで馬を乗り継ぎできるきちんとしたシステム――駅制――にもとづくものをいうのであって、ただ馬に乗った使いが道を走るといったたぐいのものではない。駅を置く駅制には、国家が広域にその制度を整えなければならない。

しかし、駅制の萌芽としてこのようなたぐいの連絡は次第に形造られていった。欽明天皇崩御の後

写真 2-1　現在の欽明路峠

も、五九二（崇峻五）年一一月、蘇我馬子が崇峻天皇を殺《あや》めたとき、駅使《はいま》を筑紫（九州）の将軍らに遣わして、「内乱のために対外的な問題を怠らぬように」との連絡が出されている。

下って、六〇三（推古一一）年二月、筑紫にあった将軍来目皇《くめのみ》子《こ》が亡くなったとき、駅使《はいま》によって大和に報告がされている。このような記録はすべて大和と筑紫との間の重要な事件や情報に関する連絡や急ぎ旅に関するものである。

六四二（皇極元）年正月、前帝舒明の崩御を聞いて、百済が弔使を差し遣わし、筑紫に到着したとき、一緒に帰ってきた遣百済使の安曇比羅夫《あずみのひらふ》は、筑紫から飛鳥まで、葬式に間に合うよう駅馬《はいま》に乗って一足早く帰った。弔使は瀬戸内海を海路によったため時間がかかるので、比羅夫は陸路を急行したのである。当然、馬は途中で乗り換えているであろう。いずれにせよ、このころは駅馬も駅使も共にハイマと呼ばれていた。

このように、大和と筑紫を結ぶ山陽道がもっとも早くから開かれ、機能していたのはまちがいない。山口県岩国市には、今でも欽明路《きんめいじ》や欽明路峠の名が残り、古山陽道の道筋といわれている。欽明朝の後半には山陽道が形造られ、その後七世紀にかけて、次第に駅制に類似した制度、設備が山陽道に出現したものと考えられる。

駅制は大化の改新とともに

六四五（皇極四）年六月一二日、中大兄皇子《なかのおおえのおうじ》（のちの天智天皇）は中臣鎌足《なかとみのかまたり》（のちの藤原鎌足）と計って蘇我入鹿《そがのいるか》を暗殺し、つづいてその父蝦夷《えみし》を自殺させ、それまでの豪族蘇我家による支配に終止符を打って、新たな官僚制的な中央集権国家体制を打ち立てることに成功した。大化の改新の始まりである。クーデターのあった飛鳥板葺宮《いたぶきのみや》の跡地（伝承地）に立つと、すぐ目の前に蘇我一家の住まいする甘樫丘《あまかしのおか》がそびえ、これでは天皇一家は毎日、蘇我家に見下ろされて生活していたのかと、改めて蘇我一族の専横に思いが致される。

これを契機に皇極天皇は譲位し、孝徳天皇のもとに中大兄皇子は皇太子となり、実権を握った。翌六四六（大化二）年正月、新政府は四カ条からなる改新の詔を発した。その二に、地方の行政区画を定め、中央集権的な政治体制を造ることをあげている。

『書紀』に収められている改新の詔には、のちの大宝律令（七〇一年施行）の条文や文言が織り込まれているところがあるため、その時点での政策実施を疑問視する見方もあるが、駅制などに関しては、後に記す壬申の乱の駅路や駅鈴についての事実などからも、改新詔の時点から実際に駅制が動き始めていたことはまちがいない。

初めて京師《みさと》を修め、畿内国司《うちつくにのみこともち》・郡司《こおりのみやつこ》・関塞《せきそこ》・斥候《うかみ》・防人《さきもり》・駅馬《はゆま》・伝馬《つたわりうま》を置き、及び鈴《すず》

契《しるし》を造り、山河《やまかわ》を定めよ

この条には、副文がついていて、畿内の範囲や駅馬・伝馬と鈴契の規定がある。畿内の範囲としては、のちの大和、河内、摂津、山背《やましろ》の四カ国を示すのではなくて、東は名墾《なばり》（名張）の横河、南は紀伊の兄山《せのやま》、西は赤石《あかし》（明石）の櫛淵《くしぶち》、北は近江の合坂山《おうさか》（逢坂山）となっていて、都から四方に向かう幹線道路の要地が境界となっている。これは「畿内の四至《しいし》」と呼ばれる。

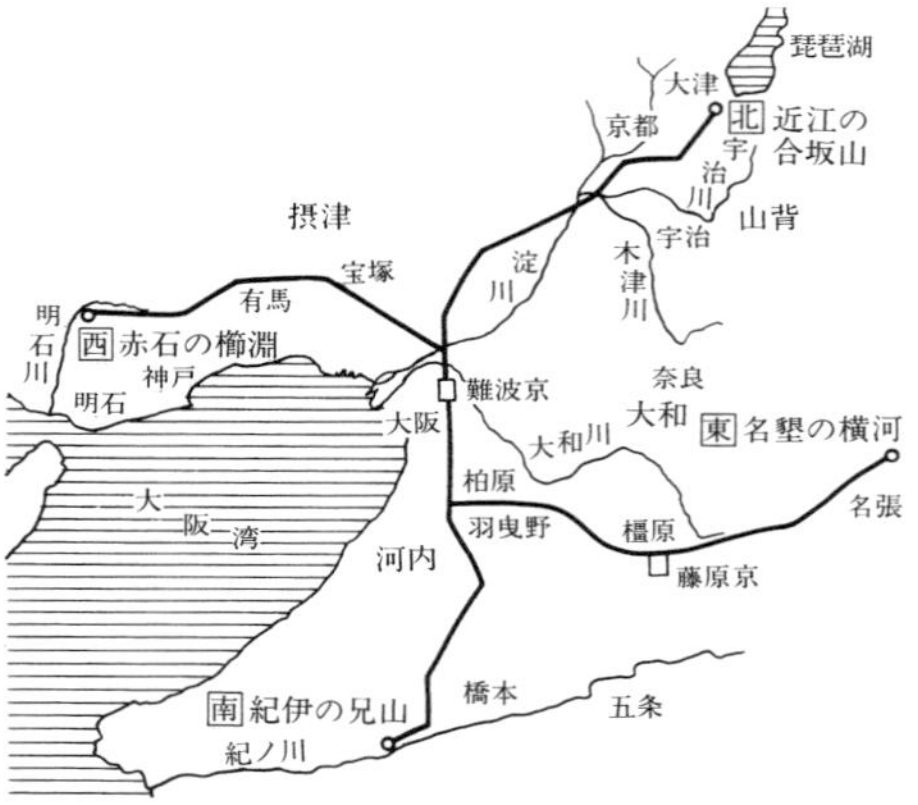

図 2-1　改新紹における畿内の四至と道路（文献 1 の図より調製）

図２－１は木下良氏の研究[1]にもとづく四至の位置およびそこへ至る道路の推定線である。当時は孝徳朝の難波の都が中心で、かつ斜向道路の時代であった。四至の位置について、明石以外は今も名前が残り、特に異論がない。しかし、赤石の櫛淵には諸説がある。木下氏は改新詔の当時の山陽道は後の海岸線沿いでなく、有馬温泉を経由するルートであり、赤石の櫛淵は現在の神戸市西区押部谷町細田の明石川に奇淵《くしぶち》または櫛淵と呼ばれた場所があり、そこに比定している。

駅馬・伝馬については、「駅馬・伝馬を給うことは皆鈴・伝符《つたえのしるし》の剋《きざみ》の数に依れ。諸国および関には鈴契《すずしるし》を給う」とあって、それぞれの国や関所に与えた駅鈴や伝符を持たなければ通行できない定めとなっている。尅《きざみ》とはその数だけの人馬を徴発できるもので、旅する人の位の高さに相応した。「きざみ」とあるので、駅鈴にそのきざみが記されているように思われるが、これまで駅鈴として伝えられているもので表面に刻みのあった例はない。

壬申の乱に現われた古代道路と駅制

壬申の乱については、『日本書紀』が詳しくその経緯を記しており、当時の道路の状況や駅制のようすを具体的に知ることができる。六七一（天智一〇）年一〇月、天智天皇の病状が悪化し、弟の大海人皇子《おおあまの》（のちの天武天皇）は天皇から後事を託されたが、身の危険を感じて出家することを申し出て、吉野宮に向かった。当時、都は琵琶湖畔の大津にあった近江京であった。大海人の一行は莵道《うじ》（京都府宇治市）から飛鳥へ出た。左右大臣らが莵道まで見送ったが、そのとき誰かが「虎に翼をつけて放ったようなものだ」とつぶやいた。天智天皇は同年一二月に亡くなり、天智の子、大友《おおともの》皇子（明治になって弘文天皇を追謚）が政権を掌握する。

この莵道には、六四六（大化二）年に僧道登《どうとう》によって宇治橋が架けられたことが残された断碑やその他の記録でわかっている。大臣らはここまで見送ったのであろう。橋には橋守がいた。六七二（天武元）年五月、近江朝廷側は大海人皇子の舎人《とねり》（近侍の家来）が糧食を運ぶのを、莵道の橋守に命じて阻止したことが報告されている。

同年六月二四日、大海人皇子はいよいよ東国入りを断行した。東国の美濃と尾張は大海人の勢力の強いところである。そのとき大海人皇子は倭古京《やまと》（飛鳥）の近江朝廷の留守司高坂王《たかさか》に、駅馬利用の通行証である駅鈴の交付を申請するが拒否される。これから東国に脱出しようというのに、そんな申請をすれば、大海人側の行動が近江朝廷側に筒抜けになってしまうではないか。なぜそんなことをしたのか。いろいろな解釈があるが、うまく行けばもうけもの、駄目なら駄目で強行しようとの作戦ではなかったかと思われる。大化の改新から二五年、すでに駅制が機能し、どのみち駅鈴なしには駅を穏やかに通過することはできなかったのである。

大海人の一行数十人は、吉野から菟田《うだ》（奈良県榛原町）で伊勢路（当時の東海道筋）に出て、途中で米を運んでいる五〇頭の馬の隊列に会うと、馬の荷を捨てさせ、馬を騎乗用に利用する。その日は大野（奈良県室生村）で日が暮れ、深夜に隠駅家《なばりのうまや》（三重県名張市）を焼いて気勢を挙げた。吉野から名張まで、今の国道で計算しても四〇キロを越す。女子供（妻の鸕野《うの》皇女〔のちの持統天皇〕、幼い草壁《くさかべ》皇子、忍壁《おさかべ》皇子ら）を連れた山坂の旅路は大変な労苦であっただろう。名張が畿内の境界の一つであったことは先に見た。

翌二五日には伊賀の駅家（三重県上野市）も焼いた。これらの駅家は飛鳥から東へ向かう東海道の道筋にあたるが、七九四（延暦一三）年に都が平安京に移ってからは、東海道も東山道と同じく瀬田を経て行くルートも変わり、伊賀国は幹線のルートから外れ、近江国から支線でつながるようになる。

さて、大海人の一行はその後、柘植《つげ》（三重県伊賀町）で近江宮を脱出してきた大海人の長男高市《たけち》皇

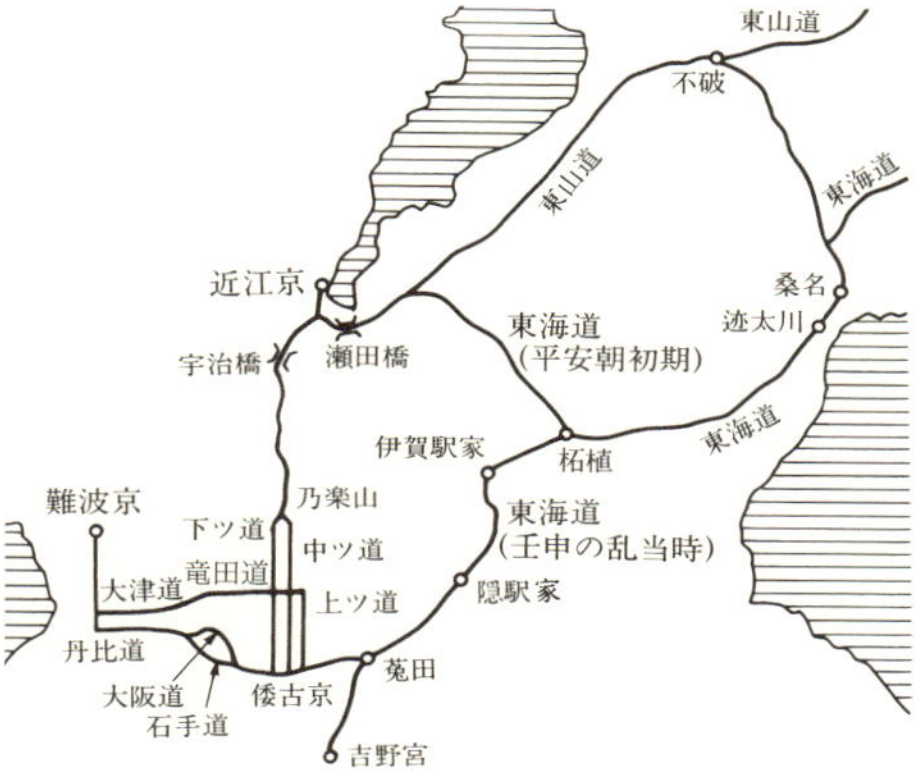

図 2-2　壬申の乱に見る道路と駅

写真 2-2　名張の古代遺跡

写真 2-3　天武天皇迹太(とお)川遥拝所跡

子の一行に出会う。彼らが急いでやってきた道は、JR草津線沿いのルートである。現在の道筋でいえば、大津から滋賀県甲西《こうせい》町までは国道一号で、それから主要地方道草津伊賀線で柘植に至る道である。実はこの道は、都が平安京へ移った初めは古代の東海道ルートだった。その後、八八六（仁和二）年に、東海道は今も国道一号に踏襲されている鈴鹿ルートに新道（阿須波《あすは》道という）が開削されて変わった。壬申の乱の時期に、平安朝初期の東海道となった柘植経由の道が使われていたことは、古くからこのルートが幹線道路であった証拠といえる。

二六日朝には、伊勢の朝明《あさけ》郡（三重県四日市市大矢地《おおやち》町）迹太《とお》川のほとりで、大海人皇子は遠く南の伊勢に祭られる天照大神に向け礼拝した。この場所は、現在も伝承地として残されており、川はほんの小川だが、小高い丘のほとりにある。現国道一号と東名阪自動車道の中間地点である。

同日には桑名に入り、やがてここを根拠に、不破（関ケ原）を経て東山道筋を攻め、瀬田の唐橋の戦いに勝って決定的な勝利を収めるのだが、ここでは大和、河内での道の話をしておこう。

大海人皇子が桑名へ着いた数日後の六月二九日、大海人側の豪族大伴吹負《おおとものふけい》が大和で蜂起し、古京留守司の高坂王を襲って降伏させ、みずからは乃楽《なら》山（奈良市北方）に布陣した。南下してくる大友軍を迎え撃つためである。七月一日、吹負は河内方面から大友軍が倭古京奪回に向かってくるとの情報に、竜田道、大坂道（穴虫峠）、石手道（竹内街道か）をそれぞれ部下に守らせた。

七月三日には大友軍は大津道（長尾街道）と丹比道（竹内街道）を東へ攻めて来た。翌日には、北から襲ってきた大友軍に大伴吹負は乃落山で敗れ、南の倭古京（飛鳥）まで下がる。吹負は自軍を上中下の三道に分けて守らせ、みずからは中ツ道に陣取った。

数日後、河内方面から進軍してきた大友軍との間に当麻で激戦が展開した結果、大海人側の吹負軍が勝ち、さらには北から攻めてきた大友軍とは上ツ道と中ツ道で戦い、これも吹負軍の勝利となって、ようやく大和から大友軍は退くことになった。一方、近江では瀬田橋で七月二二日に大激戦があり、敗れた大友皇子は翌日自殺する。

壬申の乱は、大海人側の舎人の日記が残っていたこともあって、非常に詳しい記録が『書紀』にあり、そこから道路の名前やそのようすがはからずも明らかにされるのである。

駅伝制の基本構造

駅制あるいは駅伝制と呼ばれるものは、古代律令国家における交通・通信制度である。道路の一定の距離ごとに駅馬を備え、通信連絡の使者や旅する官吏の便宜を図るものである。中央の命令は国の長官である国司を通じて人民に伝えられ、地方の状況は国司から政府にたえず報告されていた。律令制国家における広域の支配には、迅速な交通通信制度が不可欠であった。

大化の改新で律令制国家への歩みが始り、七〇一（大宝元）年の大宝律令の施行によって律令制国家は完成したといわれる。律令制国家は全国に国・郡・里の地方行政区を置いて、中央政府の指令にもとづいて行政を行ない、国の長官である国司には貴族が任命され、都から赴任した。中央と地方の

	運用システム	基盤施設
駅制 ———	駅馬 ————	駅路（高速道路）
伝制 ———	伝馬 ————	伝路（一般道路）

図 2-3　駅制（駅伝制）の構造と駅

行政連絡にも、これら官吏の通行にも、交通通信制度の確立が必要であった。このために駅馬が置かれ、伝馬《てんま》が置かれた。駅馬を扱う制度が駅制であり、伝馬を扱う制度が伝制である。かつては伝馬を含めて駅制と称していたが、最近ではこれを総称した場合には駅伝制ということが多い。七世紀後半から八世紀初め、つまり藤原京から平城京に都がおかれた時代は、まさに駅制建設の最盛期であった。

ここで駅伝制の基本的構造を見ておきたい（図２－３参照）。その基本は改新の詔に見るように駅馬と伝馬である。この二者は一般に次のように説明される。

駅馬とは、駅家《うまや》に備えられ、乗用に使用した馬で、中央政府の重要あるいは火急な使者・官人が利用するもの、その利用には駅鈴が必要であった。

伝馬とは、郡家《ぐうけ》に置かれ、急ぎでない官人や地方行政にかかわる人びとが利用するもので、その利用には伝符《でんぷ》が必要であった。郡家とは律令制において国の下の行政組織である郡の役所である。

このように、駅馬・伝馬にはこれを機能させるために、馬を養う駅家など一連の組織と施設が必要である。これを駅伝制の運用システムと呼んでおこう。

これは駅馬と伝馬の二重構造になっている。つまり駅馬が幹線交通の運用システムであり、伝馬はその下層構造としての機構である。細かい点では問題があるが、原則論としてそうである。

次に、駅馬・伝馬が利用する道路が必要である。これを駅伝制の基盤施設と呼んでおこう。この場合にも、基本的には二重構造になっていた。駅馬が走る道が駅路であり、伝馬が進む道が伝路である。駅路はそのために新設された道であり、伝路はおおむね古くからあった道である。駅路の名はハユマジと読まれて古くから使われていた。しかし伝路という名は、最近になって駅路と区別するために、伝馬が使う道という意味で使われ始めたものである。それまでは伝馬路といっていた。

木下良氏は、駅路と伝路の関係を、高速道路と一般道路の関係という説明をされ、現在では歴史学の分野でおおむねそのように理解されている。実態としては、それほど単純ではないとしても、少なくとも駅制あるいは伝制（これも最近の言い方で、以前は伝馬制といった）を理解する土台であることはまちがいない。

以上見たように、駅伝制とは交通輸送システムであり、運用システムと基盤施設の二者から成り立ち、それぞれが駅制と伝制の二重構造を構成している。駅制は駅馬と駅路から成り立ち、伝制は伝馬と伝路によって構成される。運搬用具である馬と交通施設としての道路とで成り立つ交通輸送システムである。交通施設には一定区間ごとに設けられる駅も含まれる。そして道路についていえば、駅路と伝路が高速道路と一般道路に類似しているといわれるのも、もともと高速道路と駅路とは多くの共通点を持っているからである。そのことは後に詳しく語りたい。

歴史の流れとしての駅路と伝路

駅制を支えるためには、駅馬・伝馬と道路の双方が整備されなくてはならない。それではどちらが先にできたか。歴史的な流れでいえば、まず道ありきである。自然的な道を権力者や地元の人びとが改善し、次第に徒歩から馬も通れるようになった段階で、さらに長距離の交通の必要が生じたとき、その途中に馬を養う駅を置いたと考えるべきである。駅（駅家）が「はいま」あるいは「うまや」と呼ばれる所以である。筑紫と大和を結ぶ山陽道の原形がそれといえるだろう。

しかし、駅制という交通通信システムを十分に機能させるためには、やはり道路そのものが駅馬の急速な通行を可能にする形態を持っておらねばならず、そのような機能を備えた道路の建設が必要になってきた。そのようにして七世紀後半に本州、四国、九州とその周辺諸島に官路（幹線道路）がまったく新しく建設された。これが世にいう「七道駅路」である。七道駅路は新たに作られた道であるから、駅もまた新しくできた。道と駅のセットである。だから後に駅制そのものが衰退したとき、駅がまず機能を停止し、それにともなって駅路もまた使われなくなる運命となる。

それでは伝路はどうしたか。一口に言えば、そのほうはおおむね生き残った。伝路はもともと在地の道路を主体にしたものであったし、伝馬が置かれたのも郡家であった。律令制度が衰退し、在地勢力が強くなってくれば、交通も地方主体になってくるので、それまで伝路として利用されてきた道路が、それぞれの地域の基幹道路となっていく。やがてそれらの道は、戦国時代を経て近世の街道に踏襲されていくことになる。

駅路についてみると、それが創設されてから廃絶されるまで、七道それぞれにおいて路線や駅の改廃がいくつもあった。道路そのものの記録はなくても、駅の改廃の記録があるので、それが知られる。伝路の一部が駅路に取り込まれた例もある。

国を支えた駅路のネットワーク

駅制の内容は、大宝令やさらにのちの養老令（七一八＝養老二年制定）で定められ、またその注記書である『令義解《りょうのぎげ》』、とりわけ平安時代九二七（延長五）年に完成した、律令法の施行細則である『延喜式《えんぎしき》』、また『日本書紀』をはじめとする六国史《りっこくし》（律令国家が編纂した史書の総称）、さらには『万葉集』など詩文に見られる記述などで知られる。以下、駅制とそれにともなう道路整備のようすを見てゆこう。

律令制国家は、大宝律令制定当時、本州・四国・九州の五八国三島であったが、九世紀始めには六六国二島に確定した。これらの国々は都の周囲五カ国を畿内として特別の地域としたほか、他の国々は東海・東山《とうさん》・北陸・山陰・山陽・南海・西海《さいかい》の七道に分属し、それと同じ名前の幹線道路で連ねられていた。各道は行政区域であるとともにそれを貫く道路の名でもあった。これが七道駅路である。

七道駅路は都からすべての国府に至る道で、初めは大和の藤原京、平城京から、後には山城の平安京から放射状に各道の領域を通りながら国府を連ねた。国府の場所によっては支線を出してつながれていた。西海道だけは別で、九州の大宰府《だざいふ》を中心に放射環状複合網を形成していた。図2-4はその大略である。ただし、これは『延喜式』に記載された駅名をもとに作成されているので、都は平安京であり、それ以前の、都が大和にあった初期の状態とは若干異なる。

七道駅路が実際にどのようなネットワークであったか、駅はそれぞれどこにあったのか、それを連ねる道路はどんなものだったのか、明治期以来、多くの研究者が取り組んでおり、特に昭和後期から平成に入って、考古学的発掘の成果も重なって研究は大きく進歩した。しかしまだ細かい点では多くの議論もあり、完全な解明には至っていない。

これまでの研究者が最も大きな拠りどころにしたのは、『延喜式、兵部省・諸国駅伝馬』に記載されている各国別の駅名表である。これには駅名とその駅に置かれる駅馬数が記載されている。これを見やすいように整理したのが表2-1である。元の表にも駅が置かれていない国、たとえば畿内の大和国、その他伊賀、伊豆、隠岐、対馬国などは載せられていない。なお、本来『延喜式』には各国で伝馬が置かれる郡名と伝馬数も併せて記載されているが、それは省略した。また、駅名および読み方の振り仮名は、本表の原本である神道体系本『延喜式』(虎尾俊哉校訂)[2]に準拠し、さらに木下良氏の解釈に従って修正および付加した。

本表における各国の駅名の記載順序は、駅馬数の多い駅が最初にきているように、都に近い順に並べるのが原則のようである。しかし、それだけでは地名の配列に矛盾も生じてくるので、研究者はそれぞれ並べ替えを行なったり、いろいろな工夫をして駅の所在地の比定を行なってきた。

図2-4は既往の研究成果に立って筆者が検証しなおし、作成した路線図である。残念ながら路線名上に駅名を記載するだけの余裕がない。詳細については、拙著『完全踏査　古代の道　正・続』(吉川弘文館、二〇〇四、五年) に譲りたい。

各道別の路線の概略

各道別に大略を見てゆこう。まず駅路としての東海道は、それに属する一五カ国すべてを結ぶ。終着地は常陸国府 (現茨城県石岡市) である。しかし、すべての国府にいちいち立ち寄ったのでは、いたずらに回り道になる。そこで少し道に外れる国には支路 (支線) を出してつないだ。東海道でいえば、伊賀国府 (三重県上野市)、志摩国府 (三重県阿児町)、甲斐国府 (山梨県一宮町) に対してはそれぞれ行き止まりの支路が設けられた。上総、安房両国のある房総半島にも安房路が分岐していた。実は、初期には東海道は相模国から海を渡って房総半島にわたり、そこから常陸に向かっていた。そのむかし、日本武尊が渡った道筋である。国の名に上中下が付く場合には、都に近いほうが上である。東海道の場合、半島の先の方が上総で、根元の方が下総なのは、はじめには半島に渡っていたからである。あとで武蔵をへる直通路になって半島は支線になった。

なお初めは、武蔵は東山道に属していた。東海道の通行が便利になってから、所属替えになった。行政区域の区画割りが交通の状況と深くかかわっていた事情の一端を示している。武蔵国府の位置が

図 2-4　七道駅路路線図（『延喜式』による）

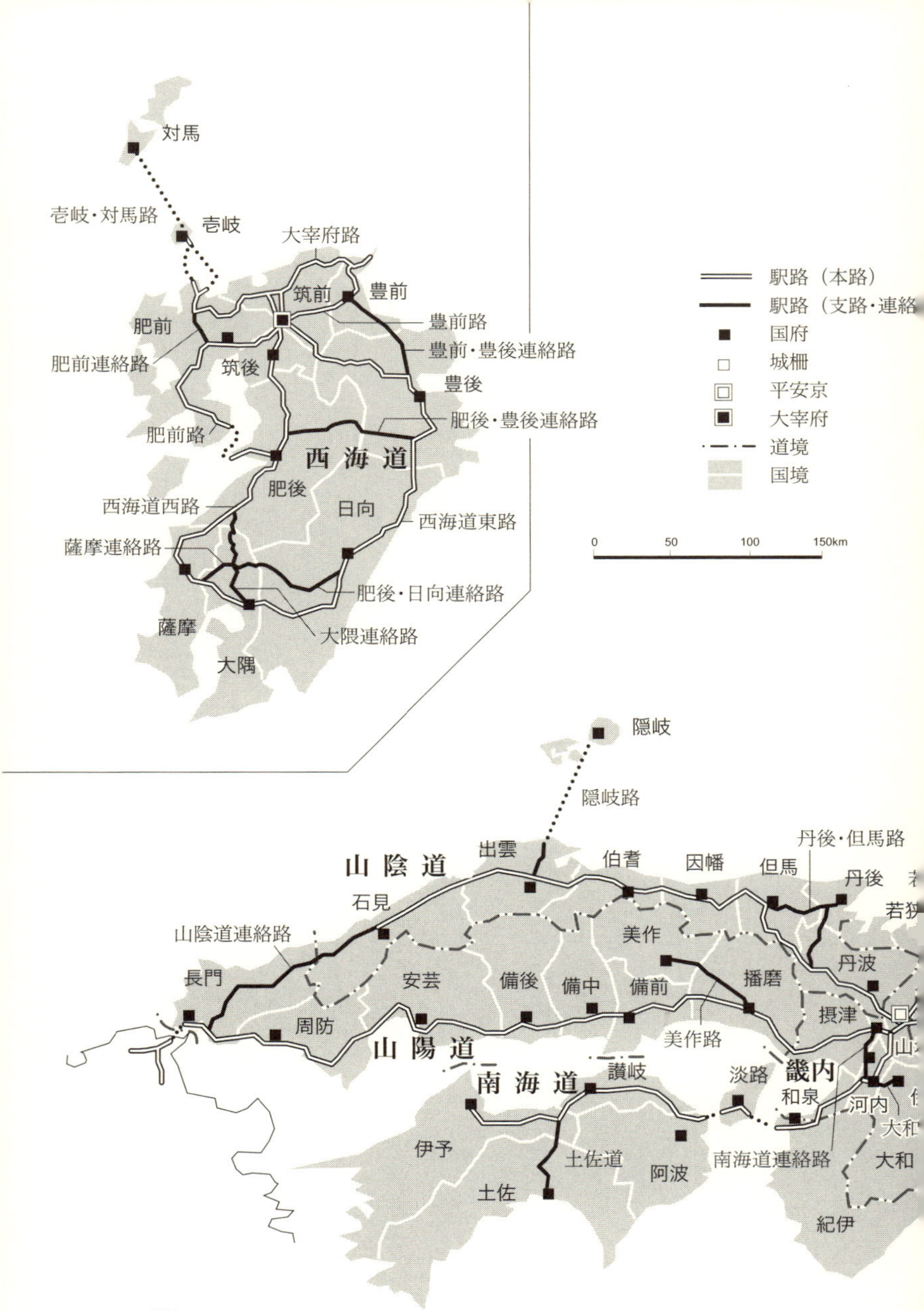
対馬
壱岐・対馬路
壱岐
大宰府路
筑前
豊前
肥前
豊前路
豊前・豊後連絡路
肥前連絡路
筑後
豊後
肥後・豊後連絡路
肥前路
西海道
肥後
日向
西海道西路
西海道東路
薩摩連絡路
肥後・日向連絡路
大隈連絡路
薩摩
大隅
駅路（本路）
駅路（支路・連絡
国府
城柵
平安京
大宰府
道境
国境
0
50
100
150km
隠岐
隠岐路
丹後・但馬路
出雲
伯耆
因幡
但馬
丹後
山陰道
石見
若狭
美作
山陰道連絡路
丹波
長門
安芸
備後
備中
備前
播磨
摂津
周防
美作路
山陽道
讃岐
淡路
畿内
南海道
和泉
河内
大和
伊予
土佐道
阿波
南海道連絡路
大和
土佐
紀伊

表2-1 『延喜式』駅名・駅馬数

畿内	
山城国	山埼《やまさき》二〇疋
河内国	楠葉《くすは》・槻本《つきもと》・津積《つつみ》各七疋
和泉国	日部《くさかべ》・噮《お》唹《お》各七疋
摂津国	草野《すすき》・須磨《すま》各一三疋、葦屋《あしや》各一二疋
東海道	
伊勢国	鈴鹿《すずか》二〇疋、河曲《かわわ》・朝明《あさけ》・榎撫《えなつ》各一〇疋、市村《いちむら》・飯高《いいだか》・度会《わたらい》各八疋
志摩国	鴨部《かもべ》・磯部《いそべ》各四疋
尾張国	馬津《まつ》・新溝《にいみぞ》・両村《ふたむら》各一〇疋
参河国	鳥捕《ととり》・山綱《やまつな》・渡津《わたむつ》各一〇疋
遠江国	猪鼻《いのはな》・栗原《くりはら》・引摩《いんま》・横尾《よこお》・初倉《はつくら》各一〇疋
駿河国	小川《おがわ》・横田《よこた》・息津《おきつ》・蒲原《かんばら》・長倉《ながくら》各一〇疋、横走《よこばしり》二〇疋
甲斐国	水市《みずいち》・河口《かわぐち》・加吉《かき》各五疋
相模国	坂本《さかもと》二二疋、小総《おぶさ》・箕輪《みのわ》・浜田《はまだ》各一二疋

武蔵国	店屋《まちや》・小高《おだか》・大井《おおい》・豊嶋《としま》各一〇疋
安房国	白浜《しらはま》・川上《かわかみ》各五疋
上総国	大前《あまさい》・藤潴《ふじみ》・嶋穴《しまな》・天羽《あまは》各五疋
下総国	井上《いかみ》一〇疋、浮嶋《うきしま》・河曲《かわわ》各五疋、茜津《あかねつ》・於賦《おふ》各一〇疋
常陸国	榛谷《はんだに》五疋、安侯《あこ》二疋、曽禰《そね》五疋、河内《かわち》・田後《たじり》・山田《やまだ》・雄薩《おさか》各二疋
東山道	
近江国	勢多《せた》三〇匹、岡田《おかだ》・甲賀《こうか》各二〇疋、篠原《しのはら》・清水《しみず》・鳥籠《とこ》・横川《よかわ》各一五疋、穴太《あなお》五疋、和爾《わに》・三尾《みお》各七疋、鞆結《ともゆい》九疋
美濃国	不破《ふわ》一三疋、大野《おおの》・方県《かたがた》・各務《かかみ》各六疋、可児《かに》八疋、土岐《とき》・大井《おおい》各一〇疋、坂本《さかもと》三〇疋、武義《むげ》・加茂《かも》各四疋
飛騨国	下留《しもつとまり》・上留《かみつとまり》・石浦《いしうら》各五疋
信濃国	阿知《あち》三〇疋、育良《ゆくら》・賢錐《かたぎり》・宮田《みやた》・深沢《ふかさわ》・

信濃国	覚志《かかし》各一〇疋、錦織《にしごり》・浦野《うらの》各一五疋 日理《わたり》・清水《しみず》各一〇疋、長倉《ながくら》一五疋 麻績《おみ》・日理《わたり》・多古《たこ》・沼辺《ぬのへ》各五疋
上野国	坂本《さかもと》一五疋、野後《のしり》・群馬《くるま》・佐位《さい》・新田《にゅうた》一〇疋
下野国	足利《あしかが》・三鴨《みかほ》・田部《たべ》・衣川《きぬかわ》・新田《にゅうた》・磐上《いわかみ》・黒川《くろかわ》各一〇疋
陸奥国	雄野《おの》・松田《まつだ》・磐瀬《いわせ》・葦屋《あしや》・安達《あだち》・湯日《ゆひ》・岑越《みねこし》・伊達《いたち》・篤借《あつかし》・柴田《しばた》・小野《おの》各一〇疋 名取《なとり》・玉前《たまさい》・栖屋《すねや》・黒川《くろかわ》・色麻《しかま》・玉造《たまつくり》・栗原《くりはら》・磐井《いわい》・白鳥《しろとり》・膽沢《いさわ》・磐基《いわき》各五疋 長有《ながあり》・高野《たかの》各二疋
出羽国	最上《もがみ》一五疋、村山《むらやま》・野後《のしり》各一〇疋 避翼《さるばね》一二疋、佐芸《さき》四疋／船一〇隻 遊佐《ゆさ》一〇疋、蚶方《きさかた》・由理《ゆり》一二疋 白谷《しらたに》七疋、飽海《あくみ》・秋田《あいた》各一〇疋

北陸道	
若狭国	彌美《みみ》・濃飫《のお》各五疋
越前国	松原《まつばら》八疋、鹿蒜《かえる》・淑羅《しらぎ》・丹生《にゅう》・朝津《あさつ》・阿味《あぢま》・足羽《あすは》・三尾《みお》各五疋
加賀国	朝倉《あさくら》・潮津《うしおつ》・安宅《あたか》・比楽《ひらか》・田上《たがみ》・深見《ふかみ》・横山《よこやま》各五疋
能登国	撰才《よき》・越蘇《えそ》各五疋
越中国	坂本《さかもと》・川人《かわひと》・日理《わたり》・白城《しらぎ》・磐瀬《いわせ》・水橋《みずはし》・布勢《ふせ》各五疋、佐味《さみ》八疋
越後国	滄海《あおうみ》八疋、鶉石《うずらし》・名立《なだち》・水門《みと》・佐味《さみ》・三嶋《みしま》・多太《ただ》・大家《おおや》各五疋、伊神《いかみ》二疋 渡戸《わたりべ》船二隻
佐渡国	松埼《まつさき》・三川《みかわ》・雑太《さわだ》各五疋
山陰道	
丹波国	大枝《おおえ》・野口《ののぐち》・小野《おの》・長柄《ながら》・星角《ほしずみ》・佐治《さじ》各八疋、日出《ひづ》・花浪《はななみ》各五疋
丹後国	勾金《まがりかね》五疋

但馬国	粟鹿《あわか》・郡部《こおりべ》・養耆《やき》各八疋、山前《やまさき》五疋 面治《めじ》・射添《いそう》各八疋、春野《かすがの》五疋
因幡国	山埼《やまさき》・佐尉《さい》・敷見《しくみ》・柏尾《かしわお》各八疋
伯耆国	笏賀《くつが》・松原《まつばら》・清水《きよみず》・奈和《なわ》・相見《おうみ》各五疋
出雲国	野城《のき》・黒田《くろだ》・宍道《ししじ》・狭結《さゆう》・多仗《たき》・千酌《ちくみ》 各五疋
石見国	波彌《はね》・託農《たくの》・樟道《くすち》・江東《こうとう》・江西《こうさい》・伊甘《いかみ》各 五疋
山陽道	
播磨国	明石《あかし》三〇疋、賀古《かこ》三〇疋、草上《くさかみ》三〇疋 大市《おうち》・布勢《ふせ》・高田《たかだ》・野磨《やま》各二〇疋 越部《こしべ》・中川《なかつがわ》各五疋
備前国	坂長《さかなが》・珂磨《かま》・高月《たかつき》各二〇疋、津高《つだか》一四疋
備中国	津峴《つさか》・河辺《かわのへ》・小田《おだ》・後月《しちつき》各二〇疋
備後国	安那《やすな》・品治《ほむち》・看度《かみと》各二〇疋
安芸国	真良《しんら》・梨葉《なしは》・都宇《つう》・鹿附《かむつき》・木綿《ゆうつくり》・大山《おおやま》・ 荒山《あらやま》・安芸《あき》・伴部《ともべ》・大町《おおまち》・種箆《うへら》・濃唹《のお》・

周防国	遠管《とおづつ》各二〇疋 石国《いわくに》・野口《のぐち》・周防《すおう》・生屋《いくのや》・平野《ひらの》・勝間《かつま》・ 八千《やち》・賀宝《かほ》各二〇疋
長門国	阿潭《あたみ》・厚狭《あさ》・埴生《はぶ》・宅賀《たか》・臨門《りんと》各二〇疋 阿津《あつ》・鹿野《かの》・意福《いふき》・由宇《ゆう》・三隅《みすみ》・参美《さんみ》・ 垣田《かきた》・阿武《あむ》・宅佐《たかさ》・小川《おかわ》各三疋
南海道	
紀伊国	萩原《はぎはら》・賀太《かだ》各八疋
淡路国	由良《ゆら》・大野《おおの》・福良《ふくら》各五疋
阿波国	石隅《いわのくま》・郡頭《こうず》各五疋
讃岐国	引田《ひけた》・松本《まつもと》・三谿《みたに》・河内《かわち》・甕井《みかい》・柞田《くぬた》・ 各四疋
伊予国	大岡《おおおか》・山背《やましろ》・近井《ちかい》・新居《にいい》・周敷《しゅう》・越智《おち》各 五疋
土佐国	頭駅《とうえき》・吾椅《あがはし》・丹治川《たちかわ》各五疋

西海道	
筑前国	独見《ひとみ》・夜久《やく》・各一五疋、嶋門《しまと》二三疋、津日《つひ》二二疋、席打《むしろうち》・夷守《ひなもり》・美野《よしの》各一五疋、久爾《くに》一〇疋、佐尉《さい》・深江《ふかえ》・比菩《ひぼ》・額田《ぬかた》・石瀬《いわせ》・長丘《ながおか》・把伎《はき》・広瀬《ひろせ》・隈埼《くまさき》・伏見《ふしみ》・綱別《つなわき》各五疋
筑後国	御井《みい》・葛野《かつらの》・狩道《かりじ》各五疋
豊前国	社埼《もにさい》・到津《いたむつ》各一五疋、田河《たがわ》・多米《ため》・刈田《かりた》・築城《ついき》・下毛《しもつみけ》・宇佐《うさ》・安覆《あじむ》各五疋
豊後国	小野《おの》一〇疋、荒田《あらた》・石井《いしい》・直入《なおり》・三重《みえ》・丹生《にゅう》・高坂《こうさか》・長湯《ながゆ》・由布《ゆふ》各五疋
肥前国	基肆《きい》一〇疋、切山《きりやま》・佐嘉《さが》・高来《たかく》・磐氷《いわい》・大村《おおむら》・賀周《かす》・逢鹿《おうか》・登望《とも》・杵嶋《きしま》・塩田《しおた》・新分《にいきた》・船越《ふなこし》・山田《やまだ》・野鳥《のとり》各五疋
肥後国	大水《おおむつ》・江田《えだ》・坂本《さかもと》・二重《ふたえ》・蚊藁《かわら》・高原《たかはら》・蚕養《こかい》・球磨《くま》・長埼《ながさき》・豊向《とよむく》・高屋《たかや》・片野《かたの》・朽網《くたみ》・佐職《さしき》・水俣《みつまた》・仁王《におう》各五疋

大隅国	蒲生《がもう》・大水《おおむつ》各五疋
薩摩国	市来《いちく》・英彌《あくな》・網津《おうつ》・田後《たじり》・櫟野《いちいの》・高来《たかく》各五疋
日向国	長井《ながい》・川辺《かわべ》・刈田《かりた》・美彌《みみ》・去飛《こひ》・児湯《こゆ》・当磨《たぎま》・広田《ひろた》・救麻《くま》・救弐《くに》・亜椰《あや》・野後《のしり》・夷守《ひなもり》・真斫《まさき》・水俣《みにまた》・嶋津《しまづ》各五疋
壱岐国	優通《ゆうつ》・伊周《いす》各五疋

北に寄っているのも、そのような歴史的事情による。本来は、駅路は終点の常陸国府までなのだが、さらにそこから東山道につながる東山道連絡路もあった。こうして相互に連絡するネットワークが形成されるのである。

次に東山道は八カ国を連ねる。近江から中央山地部に位置する美濃・信濃・上野・下野の各国を通って現在の東北地方である陸奥・出羽両国に達していた。両国には多賀城付近で分岐した陸奥路と出羽路の二本に分かれていた。そのころは、蝦夷の勢力が強く、現在の青森県までは駅路は達していなかった。だから最終地も国府ではなく、陸奥は斯波《しわ》城（岩手県盛岡市）、出羽は秋田城（秋田市）とそれぞれ出先の城柵であった。駅馬数からは、出羽路各駅の方が多いが、どちらが本路とも明確には言い難い。東山道でも飛驒国へは飛驒路でつながり、ほかに北陸道連絡路もあった。

北陸道は現在の北陸地方に位置する七カ国をほぼ海岸沿いに連ねる。支路は若狭国府（福井県小浜市）と能登国府（石川県七尾市）とにそれぞれ出ていた。若狭路の場合には、行き止まり線ではなく、迂回路の形をしている。北陸道の最終地は、海を渡った佐渡国府（新潟県佐渡郡真野町）である。

山陰道は北陸道とちょうど反対に西に日本海沿岸の八カ国を行く。最終地は石見国府（島根県浜田市）である。ここでも、丹後・但馬両国府に立ち寄る迂回路の支路と、海を渡って隠岐国府に達する支路があった。

山陽道も文字どおり山陽筋八カ国を貫く。終点は長門国府（山口県下関市）である。この道の場合、すでに見たように山陽道は地域の幹線というだけでなく、九州の大宰府との連絡路としての意味が大きかった。だから厳密には、山陽道の終点は、長門国府近くの港である臨門《りんと》駅である。美作《みまさか》国府（岡山県津山市）への支路のほか、終点近くからぐるっと廻って石見国府に達する山陰道連絡路もあったと考えられている。

南海道は四国への道である。平安京から南下して紀伊国府（和歌山市）をへた後、淡路島から四国に渡る。終点は伊予国府（愛媛県今治市）である。土佐国府（高知県南国市）へは支路の土佐路がでていた。合計六カ国である。

西海道は九州一円を束ねる。これまでの六道とはようすが一変し、属する一一カ国に対してまず大宰府（福岡県太宰府市）を中心として放射状に六本の駅路が発している。このうちの山陽道と連絡する大宰府路と呼ばれる道は別格で、大路の格を持つ山陽道の一部と考えてもよい。このほか、大宰府からは、壱岐・対馬路、肥前路、西海道西路、西海道東路、豊前路の五本が発する。大宰府路をふくめ、あわせて六本の駅路が大宰府からでていることになる。この六本という数字は、奇しくも都から出る六本の駅路に等しい。まさに大宰府は九州のミニ首都である。西海道はこの六本を幹線とし、このほか、これらの幹線路を相互に結ぶさらに六本の支路がある。これらの幹線路と支路により構成される西海道は、すべて閉路のネットワークを形成するという大きな特徴を持っている。壱岐・対馬路の先端部と大宰府路の本土へ接続するわずかの部分を別とすれば、あとはすべて行き止まり線はなく、駅路上のどの地点からも、どこへでも二本のルートで行けるのである。どこかが災害や戦乱で閉鎖されても、必ず別の駅路で行ける。西海道全路線の長さも七道駅路全路線の四分の一近くあって、密度も濃い。これは大和朝廷が九州を防衛拠点と位置づけ、防備を強化していたことにもとづいているといえよう。なお、九州の各道の名はまだ一定したものがない。ここに記したのも、坂本太郎氏が古代交通研究の古典的名著『上代駅制の研究』[3]（昭和三年）の中で付した名称を筆者は若干修正して用いている。

最後に、畿内五国にも大和国を除き駅は設けられた。しかしこれら畿内諸国の場合は、その国の国府へ向かう道であるよりも、他の駅路の途中駅としての性格が強い。太政官符などで全国一率の命令が出る場合は、七道のほか畿内宛も含めて八通が発給されたとのことであるが（後述一五〇ページ）、畿内の各国府だけを独自につなぐ駅路の存在は知られていない。ただ畿内五国の場合、山城、摂津両国には山陽道が、河内、和泉両国には、南海道が通過するので、この二道を主に利用し、必要な場所に連絡路や支路が設けられたと考えるのが妥当であろう。筆者は国府が駅路の近くにない摂津、大和両国府の場合には、摂津国に対しては山陽道から南海道連絡路が、また大和国に対しては南海道から大和路が設けられたと考え、図２－４および表２－２に示した。

このように、七道駅路は一国を統治する幹線交通路として、見事なネットワークを形成しており、律令制時代の政治と社会の基盤となるにふさわしいものであった。

駅路の総延長はおよそ六三〇〇キロ

さてそれでは、七道駅路は全体でどのくらいの長さがあったのであろうか。そのヒントの一つは、駅の総数である。先に見たように『延喜式』には全国で四〇二の駅名を国別に載せている。この駅が当時の三〇里に一カ所ずつ設けられた。そのころの三〇里は現在のほぼ一六キロに当たる。

古代の基本法である大宝令に次の規定がある。

凡そ諸道に駅を置く須《べ》くは、卅《さんじゆう》里毎に置け。若し地勢阻険及び水草無からしむ処は、便に随いて安置せよ。里数を限らざれ。(『令義解』厩牧令《くもくりよう》)

これによると、三〇里に一カ所の駅を置くこととし、地形が急峻な場合や飲み水、牧草がないところでは、状況に応じて里数は適宜定めることとなっている。

当時の一里は三〇〇歩、一歩は令大尺で五尺である。一尺は当時の発掘例が幅を持っているので確定しがたいが、おおむね三五・〇~三六・〇センチの範囲であるので、多数値に近い三五・三センチとすると、一歩は一七六・五センチ、一里は三〇〇歩なので五二九・五メートル、三〇里は一五・八八五キロでほぼ一六キロとなる。

なお、一歩とは左右両足を一回ずつ前へ出した複歩をいう。現在の日本人(男性)の平均歩幅は一五六・五センチで、その平均身長はおおむね一七六センチである。(4) 古代の日本人の身長はこれより低かったと思われるので、古代尺の一歩(一七六・五センチ)と実際上の一歩とは相応しないように見える。日本がお手本にした唐では、当時一里は四五四・三六メートルであったから、(5) 一里三〇〇歩として一歩は一五一・四五センチ（一尺＝三〇・二センチ）で、この場合の一歩はほぼ実態に合うようだ。どうして日本の場合は違うのか。令大尺という基準を使い、これの五尺をもって一歩とするという基準を適用したためと思われるが、測量人それぞれの持つ固有の一歩と、標準の一歩の長さとはかなり違うから、実際の測地ではそれぞれの換算値をきちんときめて測ったのであろうか。

駅間距離三〇里は規定上の目安であって、実態はかなり幅のあるものであった。具体的な数値の明らかな『出雲風土記』によると、出雲国の東境から野城《のき》駅まで二〇里一八〇歩、野城駅から黒田駅まで二一里、黒田駅から千酌《ちくみ》駅まで三四里一四〇歩、黒田駅から分かれて別の道で宍道《しじ》駅まで三八里、宍道駅から狭結《さゆい》駅まで二六里二二九歩であった。中村太一氏は、この間の駅位置とそれを結ぶ駅路のルートを現地で推定し、二万五千分の一地形図の上で計測した(6)。その結果、測定区間約二〇キロに対して誤差は最大〇・四キロほどで、かなりよく合致している。つまり当時の計測値はかなり正しいものであるようだ。それは測量人の算定歩数を標準値に換算することを正しく実施していることも意味しているだろう。それとともに、先に見たように個々の駅間距離は、標準の三〇里に比べるとかなりばらばらであったことがわかる。

地形険阻な場合の例として、東山道の神坂《みさか》峠を越える坂本—阿知《あち》両駅間がよく引き合いに出される。この間は七四里であったと記録されている。約四〇キロに相当する。しかしこの両駅間は、地図上で測ってもせいぜい三〇キロほどで、七四里の数値がどのようにして出てきたのかはわからない。

七道駅路全体としてはどうであったか。青木和夫氏は駅数約四〇〇としてこれに一六キロをかけて機械的に計算して全体の距離を概算六四〇〇キロと提示した。[7] 大筋としては大変よい。筆者は一九八四年に藤岡謙二郎編『古代日本の交通路Ⅰ～Ⅳ』[8] に記載されているこれらの駅の想定地を結ぶ駅路の延長を計測し、その総延長を約六五〇〇キロとした。[9]

これは、四〇万分の一の地形図をベースとして全駅路を図上に落とし、前記『古代日本の交通路』の各執筆者が部分的に五万分の一図で求めていた延長との比によって修正値を求めた結果であった。今回、本書の出版にあたって、あらためて全路線のルートを検証し、駅家の位置も再検討して計測し直した。その結果は表2－2に示すように、全長六二九五キロと、四パーセント近く短くなった。これは当初の多くの研究者が、駅路の路線をかなり紆余曲折したものとの認識に立って計測していたのに対して、今回の筆者の計測は、全路線をすべて五万分の一図に落とし、かつその後の古代路研究の発展によって古代路がきわめて直線的な路線をとっていたことが明らかになったので、そのような基本に立って路線を設定したことによると思われる。ただ、二万五千分の一図を使用すればもう少し正しい値も得られるであろうが、そのことも含めて、駅路の総距離はおおむね六三〇〇キロ程度と考えられる。なお、表2－1の駅路各線の名称はまだ固定的なものはなく、先学の研究を踏まえて、筆者が独自に命名したものである。

では、駅間距離はどうだろうか。表2－2に見るように、全体の駅間平均距離は一四・九キロで、三〇里（一五・九キロ）に比べてやや短いが、これは山陽道筋の駅間距離が他に比して非常に短いことがその理由である。後でも見るように都から大宰府までは大路に格付けされていて、交通量も多い

表 2-2　七道駅路の路線延長と駅間距離

駅路名	路線名	路線延長(km)	駅間距離算定延長(km)*1	駅間距離算定区間数	駅間平均距離(km)	駅数(起終点等を含む)*2	延喜式駅*3
東海道	本路	617.7	619.7	38	16.3	38	36
	伊賀路	20.6	21.4	1	20.6	1	0
	志摩路	93.0	93.3	6	15.5	6	5
	甲斐路	48.5	59.4	3	19.8	3	3
	安房路	107.4	106.4	8	13.3	9	9
	東山道連絡路	120.8	120.8	8	15.1	7	7
	計	1008	1020.6	64	15.7	64	60
東山道	本路	712.5	721.3	59	16.0	45	45
	陸奥路	213.2	213.2	13	16.4	13	11
	出羽路	289.5	289.5	13	22.3	12	12
	飛騨路	112.1	112.1	5	22.4	5	5
	北陸道連絡路	108.3	70.8	4	17.7	5	4
	計	1435.6	1406.9	81	17.4	80	77
北陸道	本路	481.8	494.5	35	14.1	36	36
	若狭路	60.7	62.7	4	15.6	3	3
	能登路	46.3	46.3	3	15.4	3	2
	佐渡路	20.1	30.7	2	15.6	2	3
	計	608.9	617.9	44	14.4	44	44
山陰道	本路	424.2	424.7	31	13.7	31	31
	丹後・但馬路	111.2	119.2	7	18.1	7	5
	隠岐路	23.6	19.3	1	19.3	1	1
	計	559.0	563.2	39	14.6	39	37
山陽道	本路	544.9	545.4	49	10.9	49	48
	南海道連絡路	31.0	53.7	2	26.9	1	0
	美作路	77.5	35.5	2	17.8	3	2
	山陰道連絡路	161.3	104.7	10	10.5	10	10
	計	814.7	739.3	63	11.7	63	60
南海道	本路	318.8	329.3	21	15.7	23	23
	大和路	15.6	18.8	1	18.1	1	0
	土佐路	55.0	55.0	4	13.8	4	4

駅路名	路線名	路線延長（km）	駅間距離算定延長（km）*1	駅間距離算定区間数	駅間平均距離（km）	駅数（起終点等を含む）*2	延喜式駅 *3
西海道	大宰府路	88.4	88.4	10	8.8	11	10
	壱岐・対馬路	101.3	98.0	9	10.9	11	11
	肥前路	181.7	181.7	13	15.1	13	13
	西海道西路	274.9	274.9	20	13.7	19	18
	西海道東路	383.8	387.8	25	15.5	24	24
	豊前路	73.0	76.4	6	12.7	5	5
	肥前連絡路	29.2	30.2	2	15.6	1	1
	豊前・豊後連絡路	75.5	75.5	5	16.7	4	4
	肥後・豊後連絡路	88.8	94.2	5	18.8	4	4
	肥後・日向連絡路	116.2	124.2	7	17.8	6	6
	薩摩連絡路	38.0	38.0	2	19.0	1	1
	大隈連絡路	34.0	35.8	1	35.8	0	0
	計	1484.8	1505.1	105	14.9	99	97
	総計	6300.4	6272.4	422	14.9	417	402

＊1　駅間平均距離算定に用いた路線ごとの距離は，『延喜式』に駅が長距離にわたって記されていない区間を除き，また分岐点が駅でない場合には，近傍の駅から算定しているために，表に示した路線延長とは異なる．

＊2　駅数には，『延喜式』に見られる駅数は402のほか，始終点その他，明らかに駅の代行機関とみなされる国府等を含めた．

＊3　延喜式の駅は，本来各国に属するが，ここでは路線に沿って集計したので，駅路各道の駅数合計値は，本来の各道に所属する合計値とは異なる．

表2-3　七道駅路の駅間距離の分析

区間	駅間距離算定延長　(km)	駅間距離算定区間数	駅間平均距離 (km)
山陽道本路および大宰府路区間	633.8	59	10.7
標準区間延長 *1	5638.6	363	15.5
全体 *2	6272.4	422	14.9

＊1　山陽道本路および大宰府路を除く区間

＊2　表2-1に同じ．

ため か、駅間隔は山陽道本路と西海道の大宰府路を併せて平均駅間距離が一〇・七キロで、その他の区間の一五・五キロに対しておよそ三分の二である（表2－3）。その他の区間（標準区間）の平均駅間距離はほぼ三〇里に近い。

二　律令制を支えた駅伝制——律令制時代　その二

駅路には大中小路の三ランク

養老令に駅馬設置の項がある。

凡《およ》そ諸道に駅馬を置く。大路に廿疋、中路に十疋、小路に五疋。（中略）伝馬は郡毎に各五、皆官馬を用いよ。（『養老令』厩牧令《くもくりよう》）

大路は山陽道だけで、大宰府まで各駅に駅馬二〇疋を置いた。駅制研究の始祖である坂本太郎氏は、京から大宰府まで全体を大宰府路と呼んだ。行政組織でいえば、畿内の一部、山陽道の全域、そして西海道の一部を通っていた。大宰府は外国使節渡来の門戸で、西国統治の中心地でもあったので、京との連絡がもっとも重要視された道であった。

中路は東海道と東山道で各駅一〇疋、その他の道(北陸、山陰、南海、西海各路と大路、中路の本道以外の支路)は、特別な場合を除き原則としてすべて五疋であった。伝馬は郡ごとに五疋で、これは郡家《ぐうけ》に置かれた。駅馬の数はあくまでも原則で、国司の裁量で増減できた。馬は筋骨強壮のものという条件がついていた。

大路の格を持つ、都から大宰府までの山陽道本路と九州の大宰府路を合わせた区間は、他の駅路より常備馬数が多いだけでなく、駅間隔も規定の三〇里(約一六キロ)よりかなり短かった。すでに見たように、平均一〇・七キロと他の区間の平均値の三分の二しかない。ということは、山陽道(大宰府路を含む)では、東海道や東山道など中路の場合に比較しても、駅馬数は二倍、駅間隔は三分の二であるから、全体として駅馬の輸送能力はほぼ三倍あったといってよいであろう。

駅の組織

駅の組織や機能については、わかりやすいので坂本太郎氏の説明(3)に主として拠り、これに新しい知見を加えることにする。まず駅家《うまや》(「やっか」ともいう)は一つの行政区域でもあった。そこに住む公戸(律令制のもとで公田の支給を受け、納税の義務のある家)は駅戸《えきこ》といい、駅戸は一つの集落をなしており、新しく駅路ができ、駅家が設けられたときは、そのために移住させられてきた。駅戸は駅務に従事する義務を持っていた。その代わり駅戸は徭役《ようえき》（人民に課せられた力仕事）の義務を免れた。

各駅戸は駅の仕事のために成年男子の駅子《えきし》を差し出した。駅戸の義務の第一は駅馬を飼うことである。家計の貧しい戸を除いて、余裕のある戸に一匹ずつ割り当てた。このほか、駅馬の継ぎ立て（馬を換えること）、駅使往来のときの随行、駅に備える蓑笠の製作、駅田の耕作があった。駅田とは駅の費用に当てるための稲——駅稲《えきとう》——を育てるところである。大路は四町、中路は三町、小路は二町の規定があった。駅馬の数が多ければ、割り当てられた駅田も広かった。駅稲は駅使に供給する食料や駅馬の補充代金に当てられた。

駅には一人の駅長を置く。駅長の資格は駅戸のなかで家族が多く、才幹のある人が選ばれる。終身の任で、課役は免除された。名誉職ではあるが、駅務を主宰し、駅使を送迎するなど仕事は多かった。駅長にしても駅戸にしても労多くして報いの少ない仕事である。駅戸が重い負担に耐えかねて逃亡すれば、たちまち駅の機能は失われた。中央政府の統制力に陰りが見え始めると、駅制ひいては律令制そのものも、やがて崩壊する運命にあうことになる。

駅の施設

駅の施設として駅舎がある。駅館《えきかん》（または「やっかん」）という。駅使の宿泊施設、厨房、馬をつなぐ厩舎、駅子の休息する屋舎、駅稲や調度備品の保管倉庫などがあったと見られている。いくつかの駅家の発掘事例が出ているが、建物の配置がわかる程度である。中国の江蘇省高郵市に明代の駅が復元されており、ほぼ右に示したような部屋割りも見ることができる。門の横には駅馬の到着を知らせる太鼓を置く鼓楼もあり、馬に乗るための踏み石なども残されている。

山陽道の駅館は、蕃客（外国の客）のために「瓦葺粉壁」で造られていたことが、『日本後紀』の八〇六（大同元）年五月一四日条に記されている。屋根が瓦葺、まわりが白壁の壮麗な建物であった。実際にその瓦が駅家跡と見られる遺跡で数多く見つかっている。この瓦は各国の国分寺に使われた瓦と同じもので、国分寺に使われた後、国府、郡家などの役所や駅館に使われたが、場合によっては国府でも使われていないのに駅館に使われているなど、いかに山陽道の駅館の装いが重視されていたかがわかる。[10]山陽道でこのように駅家が瓦葺きになったのは、八世紀の初頭の神亀年間（七二四〜七二九年）あたりではなかったかと推定されている。[11]

図 2-5　山陽道の駅から発掘された瓦のひとつ（文献 11 より）

駅館は、駅使や高位の官人の送別の宴にも用いられていた。『万葉集』には、大宰府の近くの葦城《あしき》駅（『延喜式』では廃止）や夷守《ひなもり》駅での送別歌がいくつも載せられている。大宰帥《だざいのそち》大伴旅人《おおとものたびと》が七三〇（天平二）年一二月、大宰帥兼任のまま大納言に昇進して帰京するとき、最初の駅である葦城で官人らが送別の宴を張り、別れの歌を贈った。部下の一人、大典麻田連陽春《あさだのむらじやす》の一首を紹介しよう。

大和へに君が立つ日の近づけば　野に立つ鹿も響《とよ》みてそ鳴く（巻四・五七〇）

駅長を慰め返した菅原道真

駅長の有名な挿話がある。学問の神様とあがめられ、各地の天満宮に祭られる菅原道真は、その学識と宇多天皇の庇護によって、従二位にまで昇進したが、九〇一（昌泰四）年正月二五日、突如として大宰権帥《だざいごんのそち》として九州に左遷されることになった。その栄達が藤原一族の妬みを買ったからである。道真が京を旅立ったのは、二月一日である。旅装を整える暇もないほどの急な出立であり、道真を送る使いはわずか二名と定められた。道中の国々も食・馬を給うことなしと命じられた。

平安京を出て山陽道の最初の駅は山埼、道真はここで出家する。それから二日ほどのち、道真の一行は播磨の国の明石の駅に着いた。山埼から数えて四つめの駅である。明石の駅で、道真は旧知の駅長に会う。このときより一五年前、道真は四国の讃岐守に任じられて、四年間任地にいたことがあり、その往復に明石に泊まり、駅長を見知っていた。駅長の名を橘季祐《すえすけ》という。

にわかに落魄した道真を見て、駅長は言葉もない。悲しむ駅長に道真は口詩を与えて逆に慰め返した。

駅長驚くなかれ　時の変改《へんがい》することを
一栄一楽《いつえいいつらく》　是れ春秋

人の世の栄枯盛衰も、春がくれば花が咲き、秋には落葉する自然の姿と同じではないか。道真はこう諦観して、その思いを詩に託した。『大鏡』に載せられている逸話である。

後年、『源氏物語』の須磨の帖には、「駅長に口詩（口ずさんだ詩）を与えた人もいた」と記されている。

駅路を疾駆する使者、飛駅

駅制は中央集権国家がその権力維持のために設けた制度であるから、駅馬を用い、駅路を利用できるのは、緊急の通信のための使者か、重要な公務を帯び、なるべく早く目的地に到着する必要のある使者・官人であった。

写真 2-4　明石市の「菅公路次遺跡」碑

緊急通信の使者を飛駅《ひえき》と呼ぶ。国家の大事、たとえば謀反やその謀議が発覚したとき、盗賊を捕らえるために国や郡が兵を発するとき、大きな災害が発生したときなどに用いられ、飛駅には体力壮健で乗馬に巧みなものが選ばれた。規定では一日一〇駅以上を走らねばならなかった。およそ一六〇キロである。

実例を見ると、飛駅は律令制の初期には、規定されたようなかなりの速度で長距離を駆け抜いている。[12] 七二〇（養老四）年二月、隼人が反乱を起こし、大隅国守を殺害したことの大宰府からの知らせは、それが発せられてから五日目に都（平城京）に届いた。奈良時代に飛駅による連絡で到達日時が推定できる五例のうち、四例が五日で、一例のみが四日である。

実際に一日どれだけの距離を走っているか。いくつかの文献では、江戸期街道や鉄道の距離などから全体距離を想定しているので、筆者が算定した駅路距離表（表２－１）とその基礎となった地図を用いて計算してみた。筆者の距離表では平安京－大宰府間は六三三キロである。しかし、上の例の時代の都は平城京なので、ルートを比較するとほぼ同程度の距離である。そこで平城京－大宰府間を、関門海峡を加えて六四〇キロとして計算する。まる五日とすると一日一二八キロである。四日の場合には一六〇キロである。この場合はちょうど規定のスピードということになる。

東国の場合はどうか。おなじ奈良時代に平城京と陸奥の多賀城との間はおおむね七日ないし八日を要している。やはり筆者の距離表から都の場所の相違などを考慮して求めると、両者の間は約七九五キロとなる。七日の場合で一日一一四キロ、八日では九九キロとなる。東山道は山岳地帯が多く、しかも長距離では速度が落ちるのはやむをえまい。

ちなみに多賀城遺跡には奈良時代に建てられた「多賀城碑」があり、「京を去ること一千五百里」と記されている。これを一里五三三メートルで計算すると八〇〇キロとなり、ほぼ現在の計測値と変わらない値が示されている。

平安時代になると、大宰府と都の連絡は六日から七日、ときには八日と次第に緩慢になり、陸奥と都の間でも八日から一三日と同様に遅くなった。駅制の衰退のようすがここにも現われる。

飛駅には一人で通す場合と途中で交代する場合とがあったが、緊急の場合は通しであった。そのため飛駅には体力強健で乗馬に巧みなものが選ばれた。

日本がお手本とした中国の唐の規定では、駅馬は国家緊急の公用か軍事情報の伝達を目的とし、一日最低六駅（約一八〇里、当時の唐の一里は四五四・三六メートルなので、約八二キロ）以上を走るものとされた(5)。その実例として、六四四（唐の貞観一八）年、安西《あんせい》都督の通信は駅伝で長安まで七三〇〇里を一カ月で到達した。三〇日で計算すると、毎日二四三・三里（一一〇・五キロ）、約八駅を疾駆したことになる。長距離であることを考えれば、日本と中国で大きな差はない。

お見舞いの駅使もあった

駅路を利用し、駅馬の供給を受けるもので、飛駅以外は駅使と呼ばれた。飛駅ほど急速な連絡は必要としないが、重大な公務を帯びて、なるべく早く目的地に到着すべき使者であった。そのひとつに朝集使《ちょうしゅうし》がある。朝集使は地方諸国の国司が年に一度上京して国政の状況と部下の勤務評定を政府に上申するための使いである。

こんな例もある。さきに大伴旅人が大宰府から帰京するときに、駅館で送別の宴が開かれたことを記した。旅人はその年の六月に、脚に瘡ができて苦しみ、床についた。そこで駅使を派遣して朝廷に自分の弟に遺言をしたいと上奏した。朝廷では弟と甥の二人を駅使として派遣したが、幸い旅人の病は癒えた。その駅使が帰るとき、夷守駅《ひなもり》で送別の宴が催されたことが『万葉集』に出ている（巻五・五六七詞書）。それから数カ月後に、旅人自身が帰京することになったのも、この病気と関係があるのだろう。

不急使（つまり飛駅以外の駅使）は一日八駅（約一二八キロ）、帰りは六駅以下（約九六キロ）と規定されていた。駅使は三駅毎に給食を与えられた。山が険しく駅間距離の遠い場合には、駅ごとに給食された。

これら公式の使者のほかに、多くの人民が駅路を通っていたことを忘れてはならない。それは都に中央政府への貢納物である調・庸を背負って運ぶ運脚《うんきやく》と呼ばれる民であり、九州の防人《さきもり》や都の警備をする衛士《えじ》として赴く人びとである。彼らには道の途中で食糧を供給し、宿を提供してくれるものは誰もいない。自分自身の食糧もみずから運ばねばならなかった。その場合、一刻でも早く、また短い距離で到達できる駅路をたどるのは当然のことであった。

駅鈴を携えて

飛駅を含めて駅使は、そのシンボルとしてかならず駅鈴を携行しなければならない。改新詔にも出てくる駅制でもっとも重要な手続きである。大海人皇子が吉野で決起したとき、駅鈴の交付を申請して却下された話を先に記した。

駅使は駅鈴を示して、各駅で馬を換えた。駅鈴には尅《こく》（きざみ）があって、その数だけ駅馬を徴発することができた。何匹使えるかは位の高さによって決められており、六階級あって、もっとも位の高い親王および一位には一〇尅（駅馬数一〇匹）、もっとも位の低い初位以下の場合は二尅であった。ただこれまで発見され、駅鈴として認められている鈴には尅のあったものはなく、実際にはまだ駅鈴の尅は確認されてはいない。鈴の裏側に刻みの逆の突起が設けられたものはあるようだ。

しかし駅使が駅鈴を携えていたことは事実である。『万葉集』に次の歌がある。東国で歌われたいわゆる東歌《あずまうた》の一つである。飛駅に選ばれた若者の歌であろう。

鈴が音《ね》のはゆま駅《うまや》の堤井《つつみい》の　水を賜えな妹《いも》がただ手よ
(巻一四・三四三九)
(駅鈴を響かせる早馬の駅の湧き井戸の水を早くいただきたいものだ。あの女の手みずから)

写真 2-5　駅鈴（隠岐の玉若酢命神社所蔵，重文）

駅鈴の管理は厳重であった。中央では太政官の少納言が保管し、諸国ではあらかじめ一定数が下付されていて、国司が出納した。大宰府は二〇個、関を持つ伊勢・美濃・越前と陸奥の諸国は四個、その他は国の大きさによって三個ないし二個が配置されていた。

もし、駅使のランクによって剋の異なった駅鈴を交付するとなると、それに応ずる多数の駅鈴を用意しなければならないことになるが、各国に下付されている駅鈴の数は普通はせいぜい数個である。木下良氏の研究では、多めの剋数を持つ駅鈴が用意されて、少ない剋数の場合には、不要な剋を封印して渡した事例が記録されているという。

規定によって、駅使には駅馬のほかに駅子一人を給付された。駅子も馬に乗って随行し、帰りには数頭の駅馬を連れて戻った。もともと馬には自分のねぐらに一人で戻る習性がある。時代はあとのことになるが、「おくのほそ道」には、芭蕉が那須での道すがら、放牧の馬を借り、人家のある里までついたとき、馬の鞍壺に駄賃を結びつけて、馬だけ帰す話が出ている。

三　伝制と伝路

伝制の仕組み――駅制との違い

駅伝制でのもう一つのシステムに伝制がある。駅制については、制度にしても実態についても、かなりわかっているのに対して、伝制は非常にわかりにくい。実態はまだ十分解明されていないといってもさしつかえない。

伝制は、大化の改新詔に「駅馬・伝馬を置く」とあり、先に見たように『養老令』厩牧令《くもくりよう》に「伝馬は郡毎に各五、皆官馬を用いよ」とある。郡家《ぐうけ》に五疋ずつ伝馬が置かれた。郡家とは、諸国の下の行政区画である郡の役所である。「官馬を用いよ」とは、駅馬のように自前の駅田を持って養うのではなく、国の官物で支弁するとの意味である。伝馬の世話をするのは伝戸で、そこから出る伝子が実際の仕事をした。駅家のミニ版である。

伝馬を利用できるのは、伝使と呼ばれる公用の旅行者で、かつ伝符を所持して、旅の先ざきで駅使の場合と同じように、その尅の数だけの伝馬が支給された。

伝符の尅数、すなわち支給される伝馬の数は、駅馬よりむしろ多い。駅馬の場合には最高位の人に対して一〇疋であったのが、伝馬では三〇疋、最下位の使いに対しても駅馬二疋に対して伝馬三疋が支給された。これは伝馬を使うものはゆっくりとした旅で、お供の人や荷物が多かったからである。郡家に常時配備された馬はむしろ五疋と少ないのだが、特別の場合には借り上げるなり特別の措置を講じたのであろう。

伝符の発行権限は中央政府と大宰府だけが持っていた。各国の政庁は持っていない。つまり伝制はけっして駅制の下部機構ではない。同じ中央政府がコントロールするシステムである。伝符を交付される伝使の主なる者は、任地に赴く国司や大宰府から都に貢納物を運ぶ使いであり、罪人が配所に送られる場合にも適用された。

伝符が中央（大宰府もミニ中央である）でしか発行できなかったことは、伝使が地方に赴いても、帰路には伝符がないから伝使としての待遇を受けられなかったことを意味する。実際、国司が帰任するときでも、自費で馬を求めるか、歩いて行ったらしい。伝馬は都から地方に行く場合の片道の役割しか持っていないということである。東海道の駅のひとつに伊勢国の榎撫《えなつ》駅がある。木曾川の右岸（西岸）にある。都からきた駅鈴や伝符を携行した駅使や旅行者は、ここから次の馬津駅までは船で木曾川を渡る。もともとここには伝馬が併置されていた。伝馬は郡家に置かれるのが普通だが、駅に併置される場合もある。伊勢国の東海道本路の場合がそうであった。『日本後紀』の弘仁三年（八一二）五月八日の記録として、「榎撫駅から尾張国へは水路で行く。伝馬を置いてあっても無駄だからやめる」と記している。もし伝馬を帰りも使うのであれば、当然必要となるが、行きだけしか使わないならば、そこは船で行くのだから伝馬を使う機会はない。つまりこの記録は伝馬が片道しか使わない制度であることを裏付けている。ずいぶん能率の悪い制度のように見えるが、資料から読み取るとそういうことになる。

駅制の主要な任務は、迅速な通信であった。駅馬は屈強な若者による飛駅で重要な情報を一刻も早く中央に送ることを第一としていた。それに対して伝制の主要な任務は旅する官人の糧食の世話であり、宿舎の提供であった。つまりこの場合は、人の旅行を支えるのが主目的であったといえる。むしろん駅馬によっても人が送られ、伝馬によって情報や物資が運ばれることがあっても、それは主たる目的ではなかった。

このことは、範にとった唐でも同様である。伝馬は「長行馬」とも呼ばれ、主要な用途は長距離旅行で、急がない状況下での公文輸送、使臣・官吏とその家族、旅行荷物の送達であった。伝馬は毎日四駅以上進んではならず、駅道をゆっくり進み、中途で馬を必ずしも換えなくてよいと規定されていた。

伝路の存在とその消長

中国の唐では、上に記したように伝馬は駅道（唐では駅路をそのようにいう）を進んだ。そのことは唐では伝路に相当する別の道を使うことがなかったことを意味しよう。つまり、中国では駅馬と伝馬は、同じ線路の上を急行列車と鈍行列車が混在して走っているような状態だったのである。

しかし日本では、駅制と伝制は一体となった整合的なシステムではなく、本来別個な性格を持った矛盾した制度であり、また伝馬は駅路と別な伝路を使っていたことが、近年多くの研究者によって明らかにされてきた(13)。

大化の改新以前にも、すでに諸国では在地の国主の下に郡があり、地方豪族が郡司として任用されていた。それぞれの地方内では、これら国の内部の諸地域を相互に連絡する道路網があったと考えられる。それを使って、それぞれの地方では独自の交通制度が機能していた。伝制とは、そのような地方豪族が組織していた独自の交通制度を継承したもの、つまり在地の交通機能を律令国家の交通システムのなかに位置づけたものといえる。

しかし、在地の旧来の交通制度から中央政府の駅伝制にくり込まれたのは、中央からの旅行者に対する給付のみであり、したがってそのほかに諸国内部の国府と郡家間の交通やその利用のための食糧供給が独自に残されていた可能性がある。

駅制と伝制の関係、あるいは駅路と伝路の関係は、在来のシステムの一部を取り込んだ関係から、すっきり割り切れるものではない。先に駅制と伝制、あるいは駅路と伝路は二重構造と言ったが、それはけっして二層構造ではない。むしろ並立構造と呼ぶほうが適切である。線的に延びる高速道路と網状に広がる在来道路に似ているといわれるのはこの点にある。

駅伝制の一部としての伝制はやがて廃れてゆき、平安期に入って七九二（延暦一一）年には勅によって伝馬は廃止されてしまう。その後再び復活するものの（八〇五＝延暦二四年ごろ）、そのときは「駅路を帯する郡」だけに設置された。つまり、駅路の通っている郡の郡家だけに伝馬を置くわけであるから、伝路は駅路とほぼ平行な路線だけが生き残ったことになる。

九世紀以降、さらに伝制は駅制の中に吸収されてゆき、使用される道路も平行する駅路と伝路のどちらかが生き残り、それも幅員規模などは縮小されてゆく。

最後に駅制そのものが衰退していったときには、在地の生活とは無縁であった駅路と駅家の多くは消滅し、かえって伝路として使われていた道の多くが生き残ったものと考えられる。

複線的な駅路と伝路

平行した、いわば複線的な駅路と伝路の具体例を見てみよう。原秀三郎氏によって最初に指摘された伝路の例は、(11)静岡市を中心とした駿河国西部の東海道である。

駅路の推定ルートは、『延喜式』に記載されている駅の所在地を確かめ、その間を結んでいくことで大勢が判明する。駅路としての東海道には、遠江《とおとうみ》国で大井川の西、牧之原台地の初倉駅があり、川を渡って駿河国に入ると、現焼津市小川町にあったと認められる小川駅を経て安倍川を渡り、静岡市の横田駅に至る(図2-6参照)。ここから静岡市清水区興津の息津《おきつ》駅まで直線で結ばれていたことは、一九九四年にその線上に大規模な駅路遺構が発見されたことからも確定的である。この遺構についてはあらためて触れる。

この東海道駅路が日本坂を越えることは、ルートからしても明らかなことであり、日本武尊が焼津で難にあった伝承を加え、問題がない。これに対して伝路については、『延喜式』に記載されている伝馬の置かれている郡家を連ねることで推定できる。七三四(天平六)年の駿河国の正税帳《しょうぜいちょう》(国司が管理した稲の収支報告書)に伝使に六カ所の郡家で供給していたことが記されているので、その点からも伝使がまちがいなく郡家伝いに進んだことが明らかになっている。静岡市を中心に見ると、西では現藤枝市に郡《こおり》という町があり、ここが益津《ましづ》郡の郡家の位置である。そこから東に安倍川に至るには、蔦の細道と呼ばれた宇津谷《うつのや》峠を越え、安倍郡、廬原郡を通る。このあたりは明らかに駅路とは別ルートであり、中世から江戸期の街道も、細かい道筋は違うが宇津谷峠のルートを通っており、静岡市の北側のルートは、その後、北街道と呼ばれていた。

標高約三〇〇メートルの日本坂の駅路ルートは早くすたれ、標高約二〇〇メートルの伝路の宇津谷峠ルートは生き残り、現在は国道一号となっている。東名高速道路は日本坂を長大トンネルで抜けており、この地域は駅路と伝路が高速道路と一般道路に相似するといわれる典型的なサンプルである。

『万葉集』に春日蔵首老《かすがのくらのおびとおゆ》という常陸国の国司をしていた人の歌がある。

焼津辺《やきつへ》にわが行きしかば駿河なる　安倍の市道《いちじ》に逢ひし児らはも（巻三・二八四）

老が国司として赴任するときは伝路を利用することになっているから、焼津は通らない。しかし国司は年に一度は朝集使として上京する。つまり駅路を通って都にのぼる。安倍の市は伝路も駅路も通っているようだから、老はこの際に駅路で焼津を通ったのではないか、木下良氏はそのように考えている(16)。

他地域でも、その後いくつかの駅路と伝路の別ルートが明らかになっている。

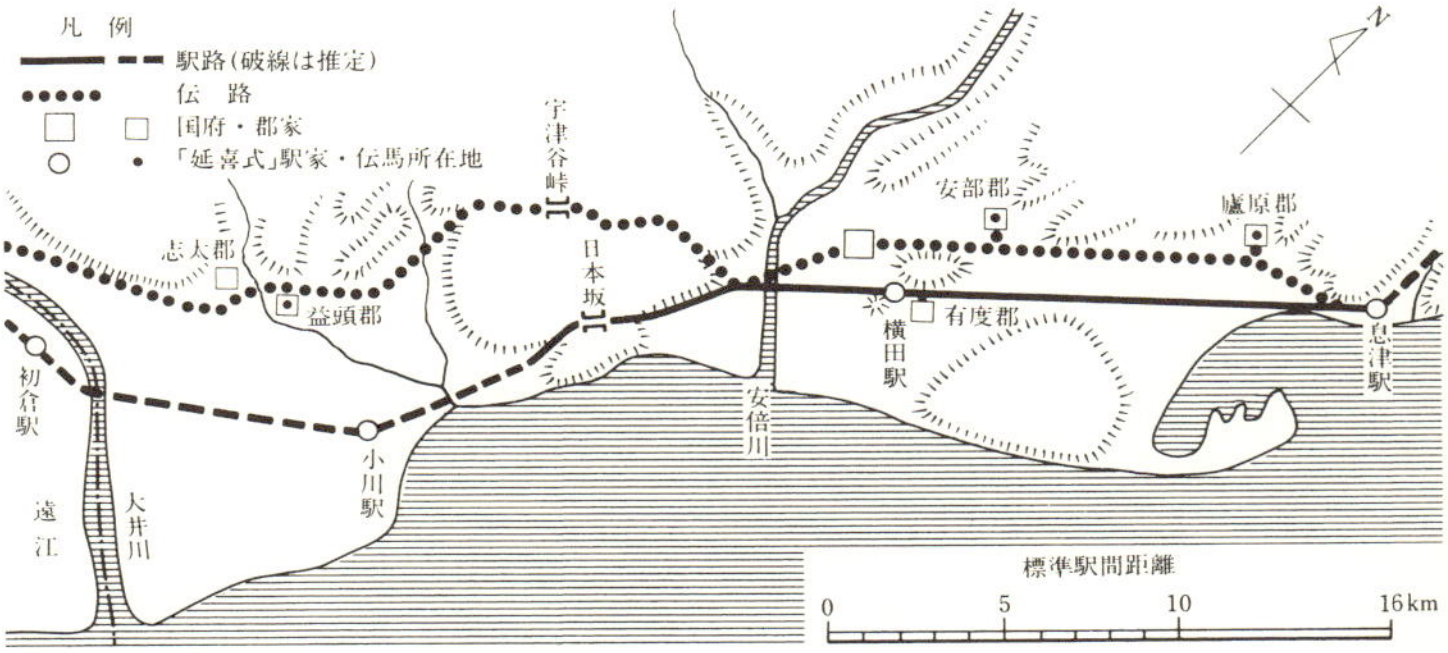

図 2-6　駿河国西部における想定駅路と伝路（文献 15 より）

写真 2-6　日本坂の峠道にある春日蔵首老の歌碑

写真 2-7　宇津谷峠の蔦の細道公園付近

四　計画的な大道だった駅路

古代路は幅一二メートルの直線道路

古代路といえば、ここ十数年前までは歴史学の分野でも、けもの道に毛の生えた程度の、幅は二メートルもあるかといった小路が山肌に沿って紆余曲折しているといったイメージが横行していたものであった。それが両側に側溝を持ち、幅一二メートルもある大道で、直線的に山野を貫いて全国にネットワークを形成していたという実像として広く世間に知られるようになったのは、平成の世になってからであるといってよい。

それは主に昭和後期から続いてきた全国各地での考古学的発掘の成果によっている。発明や発見が一般にそうであるように、一つ問題が明らかになると、連鎖的に新しい発見や関連した問題の解明につながるものである。古代道路の場合も、以前であれば、どこかの発掘で仮に一本の溝が見つかっても、それはただの溝として記録されるだけであった。しかしひとたび、それから一〇メートルも離れた場所を掘ってみれば、もう一本の溝が見つかるかもしれないということがわかれば、発掘者はかならずそれを探す。そうやって各地で続々と古代道路の遺構が発見されてきたのである。

さらに、古代道路遺構の発見はけっして偶然だけの産物ではない。あらかじめここには古代道路が見いだされるであろうとの予想のもとに調査が行なわれることも珍しくなくなった。

古代道路ルートの発見

これまで、古代交通の制度と運用の面に筆をさきすぎたかもしれない。その理解なしには、道路の技術的な面の持つ特性も十分に把握できないと考えたからである。いよいよ道路そのものについて語るときがきた。

駅路のルート、すなわち通過位置は、近年かなり明らかにされてきた。それはおおむね次のような研究経過をたどっている。

まず最初に、『延喜式』などで知られる駅の位置の推定である。これはその名前がその後も継承されて字名として残っている場合や伝承との関連、隣接駅との間隔などから推定される。比較的古くからいろいろな研究者の手によって場所の比定が試みられている。

次にこれらの駅の間に古代の道の痕跡がないかどうかを、地図上で検索する。地図といっても新しいものではなく、明治時代に陸地測量部が作成した五万分の一地形図が基本である。そこに古い直線的な道路の痕跡が見いだされるときがある。詳しいことはさらに五〇〇〇分の一地形図、二五〇〇〇分の一地形図、あるいは航空写真が用いられることもある。それらの図上調査と現地の実地踏査によって、確かめられることとなる。これに加えて、各地の開発にともなう文化財発掘調査で、道路遺構が発見され、初めて確実なものとなる。黒坂周平氏は、「せんどう（山道、仙道など）」という地名が東山道の通過地に多くあることに気づき、そのことから美濃や陸奥の地域で東山道のルートを追うことに成功した(17)。

古代道路がきわめて直線的であることも、ルートやその痕跡発見に有力な手がかりになっている。木下良氏が佐賀平野で約一七キロにわたり一直線に走る道路痕跡を見いだしたきっかけは空中写真からである。そのなかに地割り線や切り通しが直線状に連続するのが認められ、またその線は、条里の界線や町の境界線とも一致していた(18)。

のちに詳しく述べるように、静岡市の曲金北遺跡はあらかじめ想定されていた直線状の駅路ルート上で発掘された。同様な他の例としては、東山道の尼子西遺跡がある。滋賀県の湖東平野で、足利健亮氏は早くから東山道が条里の里界線に沿っており、近世の中山道に踏襲されていることを指摘していた(19)。旧中山道は現在も県道に踏襲されている。犬上川の前後で一〇キロほども直線が続く中で、犬

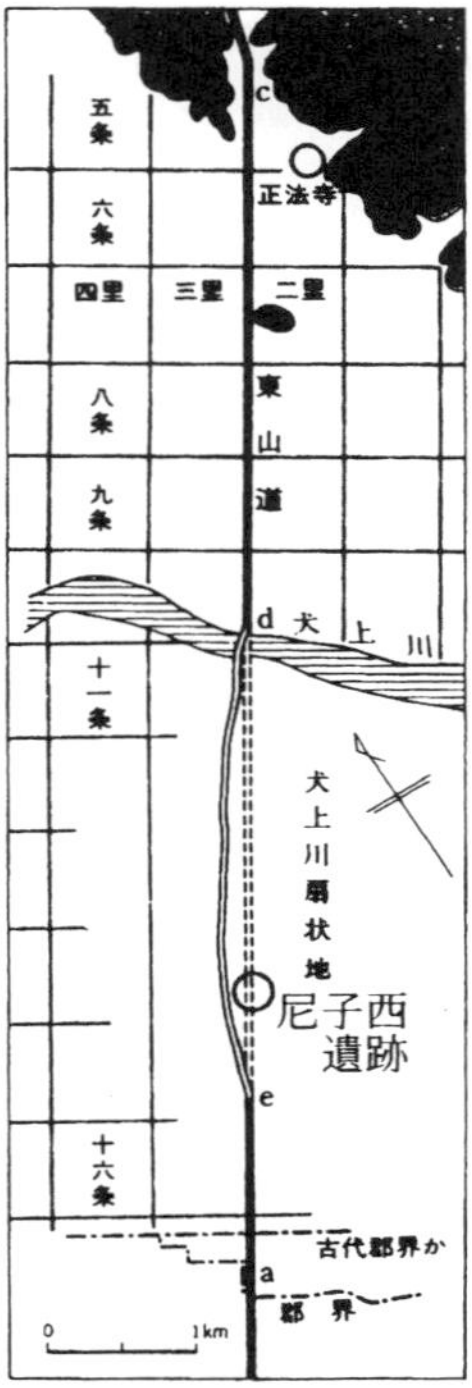

図 2-7　犬上川付近の東山道ルート（文献 20 より）

上川の南の扇状地のところだけ、現道が長さで三キロほどの区間でやや西側に振れて蛇行している部分がある（図2-7）。その前後の直線を結んだ部分は田圃になっているところで、そこに一九九四年に側溝心心間一五メートル（路面幅一二メートル）の東山道遺跡が延長三一八メートルにわたって発見されたのである。まさに予想どおりであった。このような発掘はなくても、直線状の古い道路や境界線から駅路ルートを推定できる場合は少なくない。

こうして、歴史地理学、文献史学、考古学などの研究の総合的成果として、古代道路が明らかにされてゆくのである。

筆者もこれら先人の研究の後を追って全国すべての古代駅路ルートを実地に探査して、みずからの所見も加えてこれを五万分の一図に落とし、支路の位置とその有無、駅家の位置も同様にして推定した。さきの各駅路の路線計測値もその結果にもとづいている。詳細については、拙著『古代の道をたどる』（吉川弘文館、近刊）に譲りたい。

駅路の発見と年代の推定

近年、全国各地で古代道路の遺跡の発掘が進み、新しい発見が相次いでいる。それではこれらの遺跡はどのように発見され、またそれがいつのものであるかはどうやって知られるのだろうか。

すでに重要な埋蔵文化財が包蔵されていることが明らかな場合の学術調査を別とすれば、現在各地で実施されている埋蔵文化財調査は、ほとんどすべて開発行為にかかわるもので、開発事業者の費用で進められている。したがって、それまでの歴史地理学的調査や前後・周辺の埋蔵文化財調査によって、あらかじめそこに道路遺跡があることが予想されている場合もあれば、調査中に偶然発見されることもある。

ここ一〇年ほど、すなわち一九八〇年代の終わりごろから古代道路遺跡の発掘が各所で話題になったのは、各地の調査事例から、考古学調査の道路遺構への関心度が高まったことも大きな一因である。それまでは単に一本の溝があったというだけで終わっていたものが、道路の可能性が予見されてもう一本の溝の発見に目が向けられ、それが道路遺構の発見につながる場合もある。

あらかじめ発見が予想されていた例に、一九九四年に静岡市曲金北遺跡で発見された古代東海道がある。調査自体は付近の開発計画にもとづいたものであるが、この道路の存在は、歴史地理学の金田章裕氏によって、駅路想定ルートとして、一六年も前の一九七八年出版の藤岡謙二郎編『古代日本の交通路Ⅰ』[21]の中に、図によって明記されていた。その的確な指摘は、付近の駅家の位置推定や、条里制地割との関連など総合的な研究の成果にもとづいている。

こうして発見された古代道路遺跡がいつ建造され、またいつ廃絶したかを知ることも考古学の重要な課題である。道路遺跡の年代推定は、たとえば住居などに比べるとはるかに難しい。住居の場合には、同時に出土した土器の推定年代から類推することは難しくない。また、古代の住居自体の持続年限がせいぜい一〇年程度であると考えられるので、年代推定の幅は小さい。

道路では、その使用年代が長く、百年以上にのぼることも少なくないので、出土遺物とその遺構に重なる他の建造物遺構との切り合い関係から推定する。たとえば、ある住居の遺構の上を新たに道路が通っていることがわかり、住居の年代がわかれば、道路はそれ以降に建造されたことになる。また新しい住居がその道路の上に建てられたことがわかれば、それ以前に道路は廃絶したことになる。さらに別の溝や道路との切り合い関係も、年代推定の手がかりとなる。こうして古代道路の場合には、短ければ四半世紀程度から半世紀の範囲で創設・廃絶年代の推定が行なわれることになる。

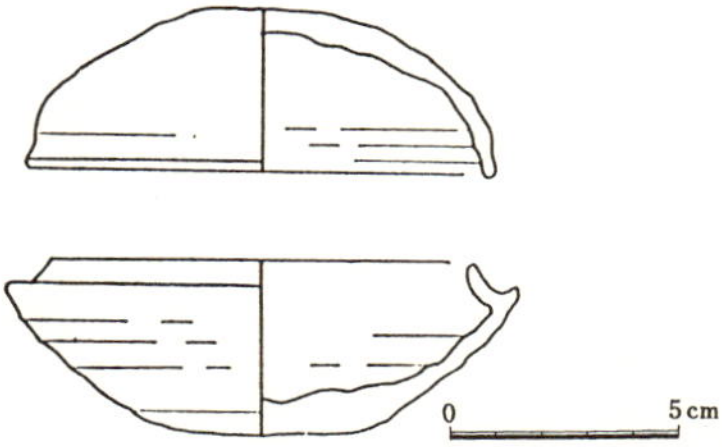

図2-8　所沢市東の上の東山道武蔵路遺跡の側溝から出土した須恵器（文献22より）

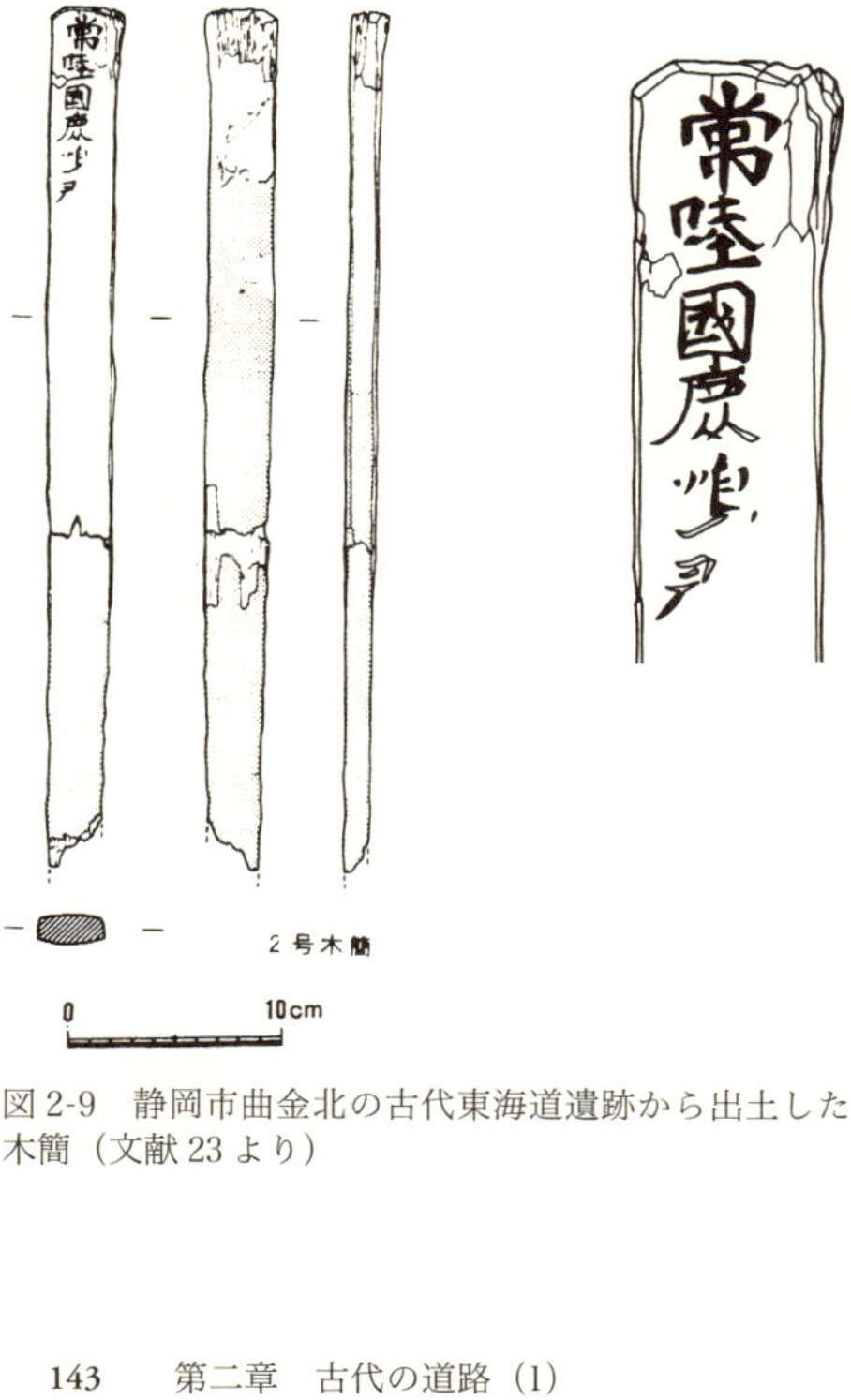

図2-9　静岡市曲金北の古代東海道遺跡から出土した木簡（文献23より）

一九八九年に発掘された埼玉県所沢市東の上《あずまうえ》の東山道武蔵路遺跡では、側溝から出土した人為的に埋められたと考えられる須恵器、同じく路面上に破片状態で出土した須恵器、側溝を切る住居跡などによって、この道路の開設期は七世紀第3四半期で、縮小期が八世紀後半、九世紀に廃道となったことが明らかになった[22]（図2-8）。

上記の静岡市曲金北遺跡の古代東海道の場合は、側溝から出土した土器が、古いものは八世紀第2四半期の須恵器、新しいものには一〇世紀初め頃の灰釉陶器があり、また側溝が埋没し、一部が水路になった遺構から一〇～一一世紀の遺物が出土していることから、この道路は八世紀前半頃から使われ始め、一〇世紀の初め頃に廃絶されたものではないかと推定されている[23]。なお、同じく側溝から「常陸国鹿嶋郡」と墨書された木簡が出土している。常陸国は古代東海道の最末端の国であり、律令制時代の東海道であることの有力な傍証となっている（図2-9）。

条里制に先行した駅路と条里余剰帯

律令制時代の初期、全国に展開された古代駅路は、地方諸国の整備に先がけて造られたものである。地域が計画的に開発されて、そのあとに駅路が敷かれたのではない。それは駅路の路線計画を見るときにはっきりする。

各地で発見されている駅路のルートは、すべてきちんと計画されたものであり、平地ではほとんど

写真2-8　発掘された静岡市曲金北遺跡の古代東海道遺構——南西方向より望む（文献24より）

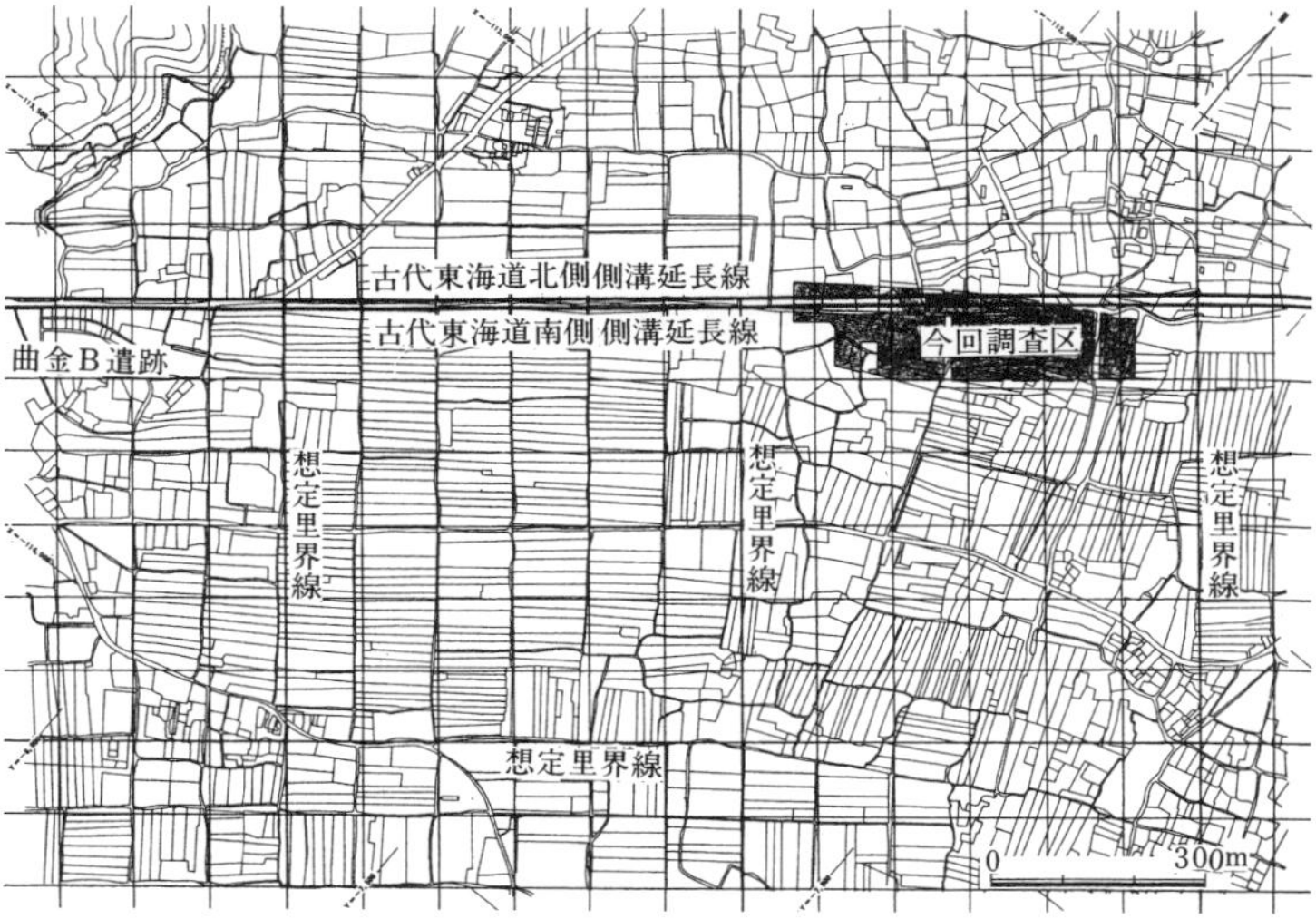

図2-10　発掘調査地域付近の古代東海道推定ラインと周辺の条里区画（文献23より）

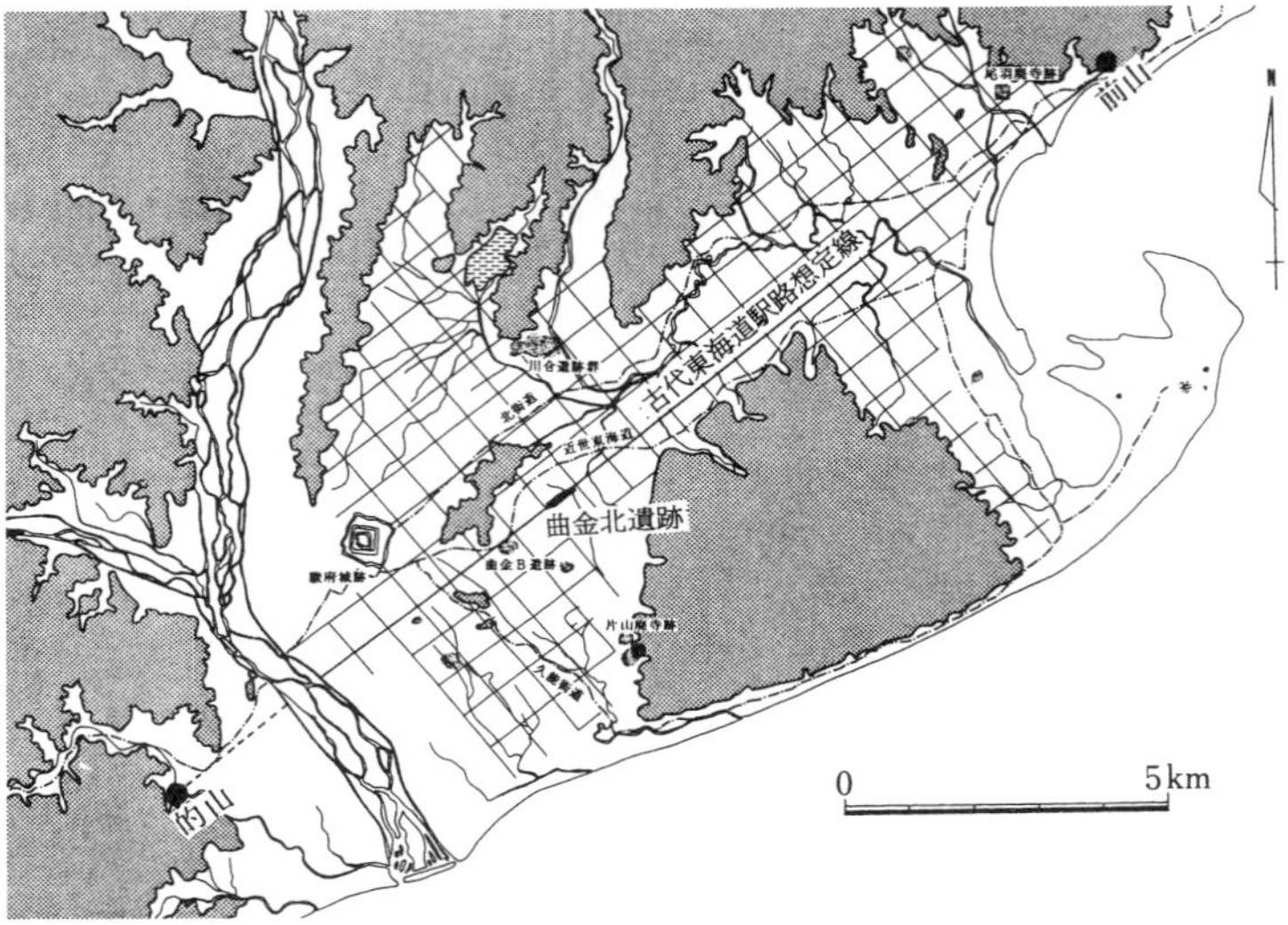

図 2-11　静清平野の古代東海道推定ラインと広域条里（文献 23 の図に加筆）

写真 2-9　清水市興津清見寺町の前山から古代東海道ラインを望む

写真 2-10　群馬県玉村町の東山道遺跡は，まっすぐ浅間山をめざしている

直線である。それは、多くは古代律令制時代の土地管理システムである条里制の地割に沿っている。しかも、すでに設定されていた地割に沿って道路が設けられたのではなく、逆に道路が先に直線的に敷かれ、それを基準線として条里地割が行なわれたとみなされる事例が各所に見られている。

具体的な例のひとつとして、静岡市と清水市にまたがる静清平野における古代東海道をあげてみよう。一九九四年に静岡市曲金北遺跡において、両側に側溝を持つ側溝間心心距離約一二〜一三メートルの道路遺構が延長約三五〇メートルにわたって検出され、八世紀初頭に建設された駅路の東海道であることが確認された（写真2-8）。

この遺構が検出された静清平野には、律令制時代の大規模な条里の存在が知られていた。検出されていた坪界線（条里制の土地区画である坪の境界線）の方向軸は北から東へ約五一度傾いている。道路遺構はまさにこの方向軸に沿っており、それだけでなく、一坪の一辺一〇七メートルの条里制区画に対して、この道路部分だけは十数メートル広くなっている（図2-10）。これは条里余剰帯あるいは道代《みちしろ》と呼ばれるもので、全国にも多くの例がすでに発見されている。

余剰帯といわれるように、これは先に道路があり、それを基準線として条里地割を実施した証左である。それでは静清平野においてどうしてN-51°-Eという方向を持つ線が基準になっているのであろうか。図2-11から明らかなように、古代東海道の路線は静岡市から清水市にかけての静清平野のなかで、もっとも長く見通せるほとんど唯一のライン上にある。東は清水市の興津清見寺町の名刹清見《せいけん》寺《じ》の裏山にあたる前山から、西は安倍川を越えた静岡市丸子の的山《まとやま》まで、ほぼ一八キロを一直線に見通すことができる（写真2−9）。この両地点は矢田勝氏によって指摘された。[25] 静清平野には、谷津山、八幡山など小さな丘陵が随所にあるので、静清平野の端から端を一挙に見通せる場所はきわめて限定されるのである。

東海道を西から来たとき、古代東海道ルートが日本坂を越えていたことは先に述べた（一三五ページ参照）。見通し線の西端の的山は、日本坂峠を越えて平野に出た付近にある。また静清平野の東端に達してからは、さらに東へは由比・蒲原の海岸沿いに行くしか他に道はない。見通し線の東端の前山も、海岸に沿った場所にある。こうしてみると、古代の道路計画者が、静清平野の両側のこの見通し線を道路軸線に選んだことは、まことに理にかなったことといわねばならない。

この軸線の方位がN−51°−Eなのである。その点から、まず道路軸を決定し、そのあとでこの道路を基準線として条里区割りを行なったことは疑う余地がない。事実、発掘によれば、駅路両側の側溝を基準線として南北それぞれに一辺一〇七メートルの方格条里地割が行なわれたことが明らかになっている。

東山道でも、一九九八年に発掘された群馬県玉村町の砂町遺跡では、検出された側溝間心心距離九〜一〇メートル（道路幅六・五〜七・五メートル）の道路遺構は、その先を見通すと、浅間山が鮮やかに望見でき、古代路が見通しのよい地点を結んで路線選定を行なったようすが看取される（写真2−10）。

先に述べたように、条里余剰帯を持つ直線の古代駅路の例は全国にこれまで数多く指摘されている。たとえば、計画的な道路という意味で駅路の先駆ともいえる畿内、大和盆地の基軸道路である下ツ道と横大路は、それぞれ条理地割に対して三〇～四〇メートルの余剰帯を持っているといわれる。[26]駅路では、山陽道（兵庫県内）や南海道（愛媛県、高知県内）に見られ、また余剰帯はなくとも条里に沿って駅路が通る例も少なくない。すべての地域で条里より駅路が先行して設けられたとはいえないが、多くの場合に当てはまると見られる。

七道駅路の築造年代はいつ？

七道駅路をいつ、誰が命令して造り始めたか、歴史の文献資料はいっさい明らかにしていない。しかし全国各地の考古学的発掘の成果によって次第に駅路の築造年代が明らかになりつつあり、最近では七世紀中期から後半にかけて全国的に展開したと考えるのがほぼ通説となっている。[27]

七世紀のものとされる具体的な場所としては、前記の東山道武蔵路の所沢市東の上遺跡が側溝から出土した須恵器などから七世紀第3四半期の築造と見られており、また最近では群馬県玉村町の砂町遺跡で確認されている東山道遺構からは、やはり七世紀後半と見られる土師器《はじき》片が側溝底面や側溝覆土中から出土しており、この地域の東山道が七世紀後半に建造されたものと推定されている。[28]

兵庫県上郡町の落地《おろち》遺跡は古代山陽道の野磨駅家《やまのうまや》に比定されている。幅約一〇メートルの道路遺跡からは特に時代を特定する出土はないが、初期の駅館と目される建物遺構は七世紀後半から八世紀にかけてのものであると報告されている。[29]駅家は駅路と同じかそれ以後に建てられたものであるから、駅路も少なくとも同じ時期のものと考えられる。

畿内については七世紀初頭の推古朝に道路整備がかなり進んだと見られ、その後の大化の改新（六四五年）を経て、律令制政治の基盤となる駅路がこの世紀の後半に全国的に展開されたと見るのは至当である。壬申の乱（六七二年）の際に、反乱を起こした大海人皇子が駅鈴を得ようとして果たせず、当時の東海道に位置する隠《なばり》駅家を焼いたことは、このときすでに少なくとも都の近辺に駅制が敷かれ、機能していたことを明らかにしている。しかも、東山道や東海道の、都からは数百キロも離れた各所でその遺構が七世紀後半のものとして発見されていることは、きわめて短い期間、おそらくは四半世紀に満たない間に建設されたものと考えられる。

鐘江宏之氏は、文献資料から七道制の成立時期を国境確定事業が実施された六八三〜六八五（天武一二〜一四）年と推定している[30]。この間に王を長とした工匠を含む使いを諸国に派遣して諸国の国境が定められた。鐘江氏は、七道制という国家の行政制度について述べており、交通路としての駅路の建設や駅家の設置など、駅路システムの具体的な問題には言及していないが、太政官符などの中央からの命令が、全国一律に施行される場合には、各道ごとに下され、畿内と七道のため合計八通の命令書が作成されて、中央政府からの使者も道《どう》ごとに派遣されたことを指摘している。

七道制はこのように交通路としての七道と密接に結びついており、七道制の確立と同時に駅制としての新しい駅路やそれに付随する駅家など一連のシステムの全国的な設置が始められたと考えてしかるべきであろう。

たしかに天武朝（治世六七二〜六八六年）は七道駅路が造られたとするにふさわしい時代に思える。天武天皇は、近年では天皇の称号をはじめて使用した大王であるとされるなど、律令制の基礎を築いた強力な君主とされている。天武は壬申の乱で、駅制や駅路の意味を痛切に実感したであろう。また、六六三（天智二）年の朝鮮半島における白村江《はくすきのえ》の敗戦によって、国土防衛に強い懸念を持っていたに違いない。天下に号令し、駅路を全国土に展開することを実行するのにもっともふさわしい指導者ではないか。天武の時代に駅路の建設が本格的に始められたと考えるのは、きわめて蓋然性の高い推論であろう。

時代とともに変わったルートと道幅

古代駅路は、おおむね七世紀の後半から一〇世紀ころまで機能した。その間にいくつかの変遷がある。まずはルートの変更である。それには路線そのものの変更があり、また部分的な変更もある。大きな変更でいえば南海道がある。すでに見たように、『延喜式』に記載された駅名から得られるルートは、四国へ渡ってから瀬戸内海側を西に向け伊予国府まで行く本路と途中から土佐国府に南下する支路で構成されるT字型ルートであった。しかし初めはそうでなかった。淡路島から阿波に渡り、讃岐国府から伊予国府までのルートの基本は変わらないが、そのあと引き続き、西海岸を大きく廻って土佐国府に達していた（図2-12）。

しかし、駅路が創設されてからほどない七一八（養老二）年、土佐国から陳情があった。

土佐国言《もう》さく。公私の使、直に土左を指せども、その道、伊予国を経、行程迂遠にして、山谷険難なり。但し阿波国は境土相接して往還甚だ易し。請うらくはこの国に就きて通路《かよいじ》とせんことを。（『続日本紀《しょくにほんぎ》』同年五月七日）

つまり伊予をぐるっと廻っていたのでは遠回りで山や谷が険阻であり、それにくらべて阿波国経由ならば、はなはだ楽だからそちら回りにしてほしい、というものである。この奏請状は許可され、図2-12に見る東回りルートが造られた。ところがその道も、とても「往還はなはだ易し」というものではなかった。八〇年近く経った七九六（延暦一五）年のこと、「南海道の駅路迂遠、使いをして通じ難らしむ。因りて旧路を廃し、新道を通ず」（『日本紀略』同年二月二五日）とあるように、新道が造られた。それが『延喜式』に見られるT字型ルートである。

同様な例では、東海道がこれも駅路の概略説明の際に触れたように、当初は相模国から三浦半島の先端で房総半島へ海を渡り、上総、下総をへて常陸国府に達していた。そのころ武蔵国は東山道に属しており、上野国から支路で武蔵国府につながっていた（図2-13）。この支路は東山道武蔵路と呼ばれており、さきに道路の開設期が七世紀第3四半期であることがわかったという埼玉県所沢市東《あずま》の上《うえ》の遺跡はこのルート上のものである。

『続日本紀』の記録によると、七七一（宝亀二）年に武蔵国が東山道から東海道に所属替えになった。その理由は、①武蔵国はもともと東山道に属しているのに、今では東海道の駅路も同時に通っていて公使の往来が多く、応接が大変だ。②東山道の駅路は上野国の新田駅からまっすぐ下野国へ行くのに、武蔵国の国に立ち寄るため、五駅もわざわざ横道を往復しなければならず不便だ。③東海道ならば、現在は相模国↓武蔵国↓下総国と直行する経路があるので便利だ。④だから武蔵国の所属変更をすれば公私ともに利益があり、人馬も休息できる、というものである。都から通達などを輸送する駅使は、

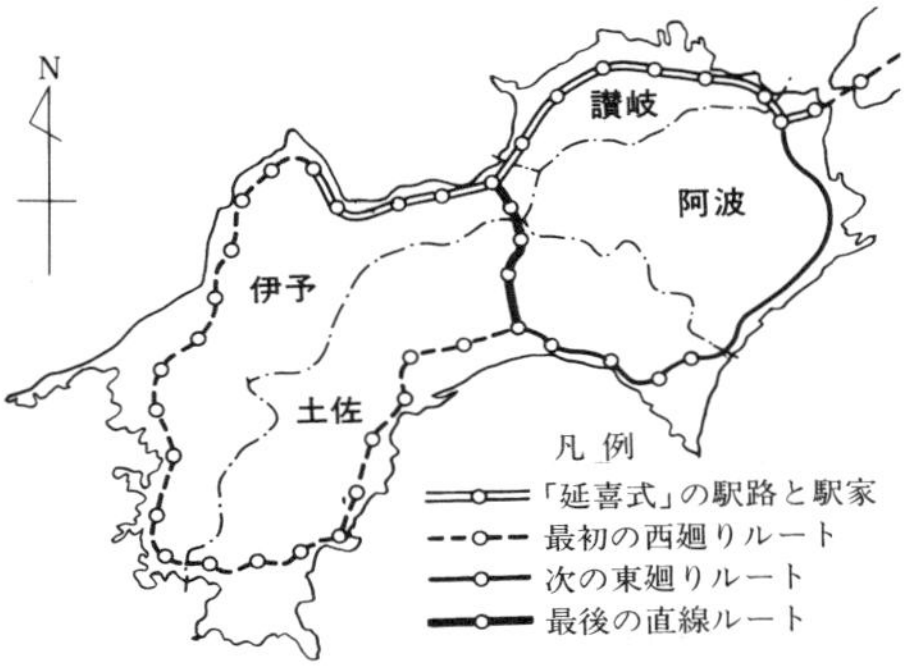

図 2-12　四国の南海道ルートの変遷

図 2-13　武蔵国を中心とした東海道ルートの変遷

いわば郵便配達のように、沿道の国府へひとつひとつ寄らねばならなかった。

これによって、東海道のルートが変更になり、東山道武蔵路も廃止になった。東海道ではこのほか、終点の常陸国府から東山道への連絡路が、初めは太平洋岸沿いに勿来《なこそ》の関をへて多賀城に達していたものが、のちに内陸の白河関付近で東山道に接続するように変えられている。

このような大規模のものではなく、局地的な経路変更のため記録上には残されていないが、発掘などで明らかになった場合もある。その一つが、東山道の上野《かみつけ》国管内である。図2-14の実線が当初の奈良時代のもの、一点鎖線がのちの平安時代の『延喜式』ルートである。もちろんすべてがこの図のように明確にわかっているわけではないが、何カ所でもの発掘から推定されたものである。これによると、奈良時代は南側を通り、上野国府へは短い支路により連絡していたようだ。これに対して平安時代になると、国府に直接連絡するようにルートが変更された。

同様な例は、西海道肥前路の肥前国府の東側にある（図2-15）。ほぼ二キロの間隔で平行に移動している。いずれの例も発掘による遺物などから、変遷が推定されるが、ルート変更の理由は明らかでない。

道幅も全体でいえば最初が広く、時代が下がるにつれやや狭くなった。一二メートル幅というのは、ほとんど奈良時代のもので、九メートルやそれ以下のものは後代のものと見られる。もっとも道幅は地域によってかなり異なり、かなり発掘事例の多い九州では、はっきり一二メートルとされる例はなく、おおむね一〇メートル前後である。駅路には大路、中路、小路の三区分があり、配置駅馬の数が

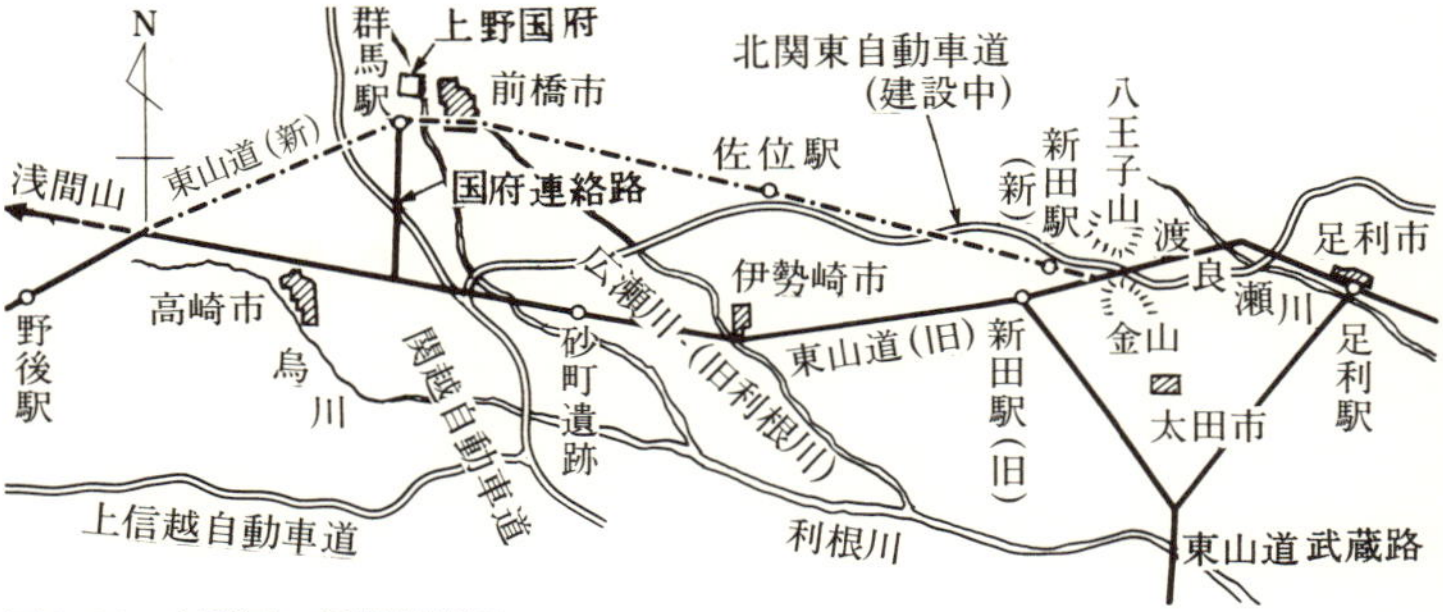

図 2-14　上野国の新旧駅路図

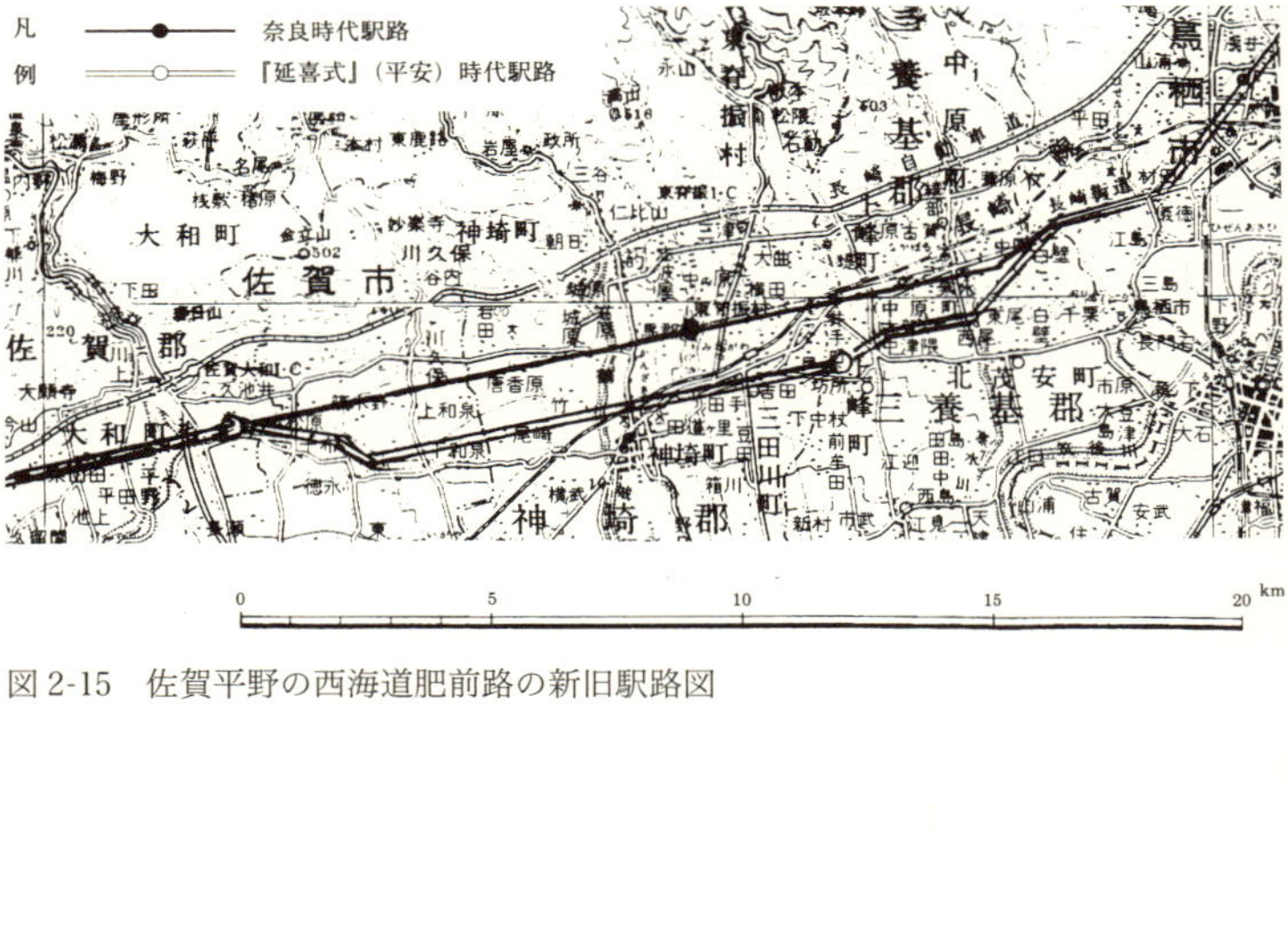

図 2-15　佐賀平野の西海道肥前路の新旧駅路図

異なることはすでに述べたが、道路構造上の基準がそのようなランクと関係づけられることは見いだされていない。しかし、地形との関係はあるようで、山地部では一二メートルあるいはそれに近いような大幅員が発掘などで見いだされた例はまだない。

五　なぞの多い古代駅路の構造

駅路の幅員とその尺度

古代駅路の展開時期を探る一つのキーに、建設時に用いられた尺度の問題がある。律令制時代に用いられた長さを測る尺度には、令大尺と令小尺の二種類がある。とくに土地の測りかたについては、八世紀の初めにそれまでの令大尺使用を令小尺使用に変更した事実があり、それが駅路建設にどう反映されているかという問題がある。

これまで発掘された古代駅路の道幅は、ほぼ一二メートルのものが多く、そのほか九メートルあるいは六メートル、三メートル刻みになっており、これは一丈＝三・〇メートル（一丈＝一〇尺）が単位ではなかったかといわれている。これは一般に両側の側溝の中心間距離（心心距離）で計ったものである。

ここで、この表示尺度の問題をきちんと確かめておかねばならない。上の幅員の算定では、一丈が三・〇メートルつまり一尺が三〇センチということになる。この値はほぼ古代尺の令小尺に当たる。

古代律令制では、まず最初に、土地を測るときは令大尺を使えと規定していた。大宝令を引き継いだ養老令を見ると、雑令《ぞうりょう》に

凡《およ》そ度《ど》は十分を寸とせよ。十寸を尺とせよ。一尺二寸を大尺の一尺とせよ。十尺を丈とせよ

とあり、また

凡そ地を度《はか》るに（中略）大を用いよ。この他は官私ことごとく小を用いよ

とある。

つまり、土地の測量には大尺を用い、その他の場合（建築や衣服、製冠など）には小尺を用い、小尺の一・二尺を大尺の一尺とする、というものである。この大尺は高麗《こま》尺と同じであり、小尺は唐の大尺を意味した。このように、二つの尺度の基準を設けたのは、もともとそのような慣行があったものを制度化したものにほかならない。

それでは実際の値はどうであったか。これは基準尺が残されているわけではないので、これまで都

城における道路や区画、あるいは建築などの実測例から推計されている。筆者は先に（一一五ページ参照）、大尺の実測例はおおむね三五・〇～三六・〇センチの範囲なので、三五・三センチを基準値の一尺として、五尺で一歩、三〇〇歩で一里であるから、一里は五二九・五メートルという値を出し、さらに駅間の基準距離三〇里は一五・八八五キロ、ほぼ一六キロであると説明した。この道路延長の計算は、土地を測るには令大尺を用いるとの大宝令の規定によって、令大尺を基準として計算したものである。

その大宝令制定公布（七〇二年）からほどない七一三（和銅六）年に土地の測量の基準が変わった。「地を度《ど》する（土地を測る）に六尺を以って歩と為《せ》よ」という格《きやく》（施行規則）が出された。これはこれまで五尺で一歩としていたのを六尺で一歩とせよ、とするものである。ただしこれは実長が変わったのではなく、一歩の実長は変えず、言い換えをしただけである。つまり、基準の尺をこれまでの六分の五にするもので、土地についてはこれまで令大尺で測るとしていたのを令小尺で測ることにしたのである。これですべてのものを令小尺で測り、統一化したのであるが、歩以上の土地の測り方の根本が変わり、同じ一里の長さが変わってしまうのでは混乱が生じるので、このような措置としたのであろう。

つまり、一里にしてもこれまでは三〇〇歩×五令大尺＝一五〇〇令大尺であったのを、三〇〇歩×六令小尺＝一八〇〇令小尺と読み替えたのである。したがって駅間距離三〇里も実長は変わらず、ほぼ一六キロのままである。

都城における使用尺度の変遷

しかし、尺で測るものは変わった。道路の幅がそうである。井上和人氏は奈良時代から平安時代までの都城の道幅の研究から、このような尺度の変換が実際にどう行なわれているかを検証した。(31) その結果、六九四（持統八）年に完成した飛鳥の藤原京は令大尺を基準として地割や道路の計画がなされていること、続く奈良の平城京は和銅初年（元年は七〇八年）に始まった地割と道路の大部分は令大尺を基準としているが、小路の一部には大尺では割り切れず小尺では二〇尺と整った数値になるものがあり、これらは小尺で測ることとされた七一三（和銅六）年以降の設定であることを実証した。さらに七八四（延暦三）年遷都の長岡京、七九四（延暦一三）遷都の平安京は、すべて小尺により地割と道路計画がされていると井上氏は結論づけている。令大尺と令小尺での、それぞれの道路の幅員構成の例を図2-16に掲げる（井上氏は、実測から一令大尺〇・三五四〇メートル（三五・四センチ）＝一令小尺〇・二九五〇メートル（二九・五センチ）×一・二その他、各京についていくつかの近似値をあげている）。

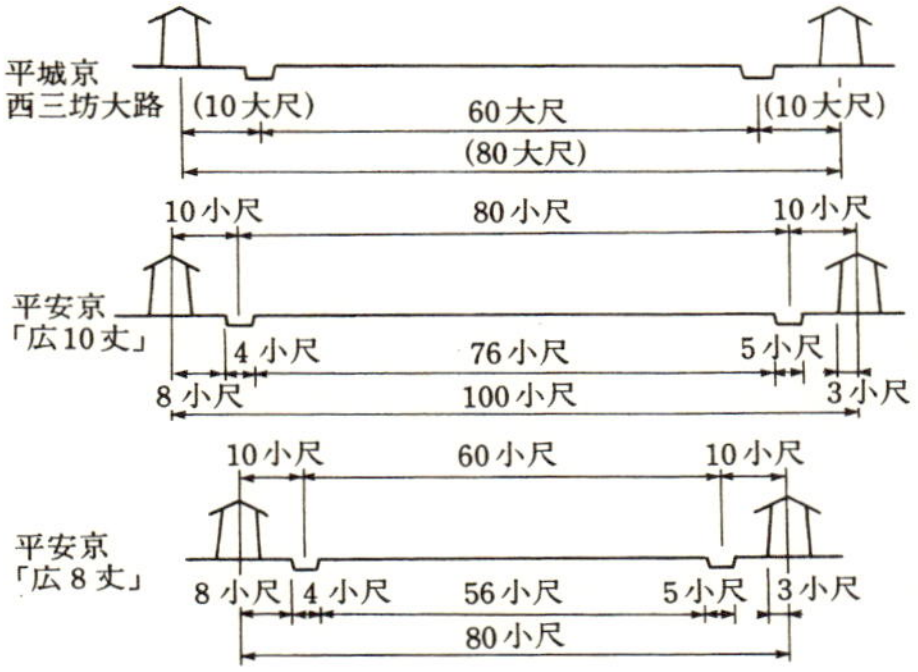

図2-16　大路地割復元図〔平城京と平安京〕
（文献31より）

このように、畿内の都城については、土地を測る尺度については、かなりきちんと年代的区分ができるようである。それでは全国に展開した駅路についてはどうだったのだろうか。

駅路幅員と建設年代にまつわる疑問

先に述べたように、全国で発掘された古代道路はほぼ一二メートル、九メートル、六メートルという三メートルを単位とする幅員を持っているといわれる。これは一尺を約三〇センチとする令小尺でちょうど一〇尺＝一丈となる。細かく計算すれば、たとえば筆者が例示したように、令大尺を三五・三センチとするならば、令小尺はその一・二分の一であるから、二九・四センチとなるが、ここでは簡単に割り切るため、小尺は三〇センチ、大尺はその一・二倍の三六センチとして話を進める。

そうすると、発掘された道路幅は、大尺、小尺でそれぞれ次のような寸法になる。

	一二メートル	九メートル	六メートル
令大尺	三・三三丈	二・五丈	一・六七丈
令小尺	四丈	三丈	二丈

これから明らかなように、令大尺ではわずかに九メートルが二・五丈となって整数値に近いが、あとはすべて割り切れず、令小尺の整数値と好対照をなしており、これらの道路幅としての基準が令小尺であることは、ほとんど疑う余地がない。

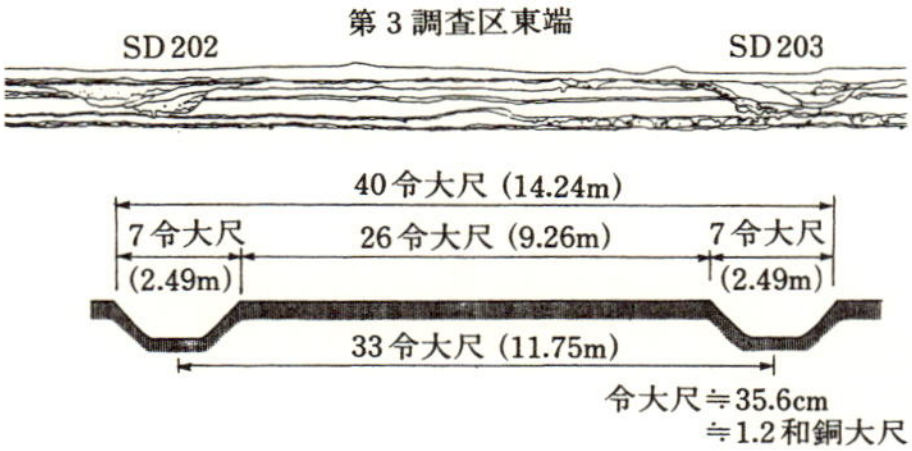

図2-17　静岡市曲金北の古代東海道遺跡の道路断面図とその推定幅員（文献23より）

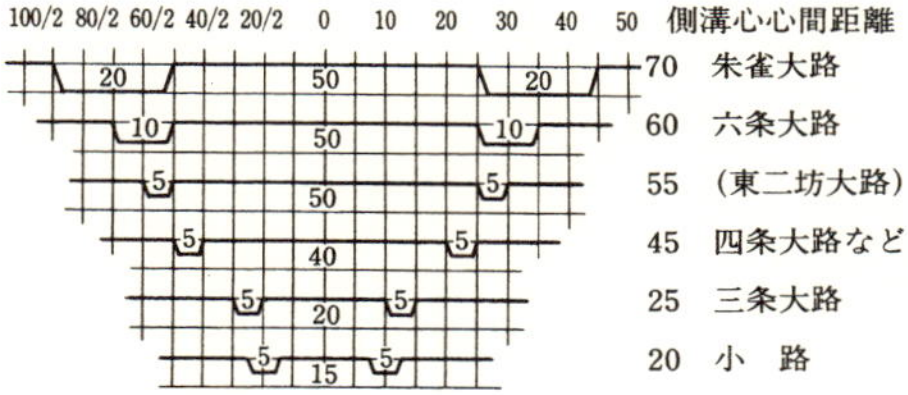

図2-18　藤原京の京内条坊道路設定規模の相関関係想定図〔単位は令大尺〕（文献31より）

しかし、令小尺は井上和人氏の研究にあるように、土地の計測については七一三（和銅六）年を画期として、それ以後に使用された尺度である。となると、これまで発掘された駅路遺構はすべて八世紀のものになり、七世紀のものはないことになる。

それでは七世紀後半に始まったとする駅路の建設をどう考えるべきか。一つには、九メートルや六メートルの幅員は、後述する東山道武蔵路の例にみるように、後代に造り直されたものが多く、それが八世紀初頭以降のものであると考えるならば、比較的問題がない。しかし、一二メートル幅員は、ほとんど初期の建設と見られており、これをどう考えるかが問題となる。

これを発掘遺跡の道路幅の計り方を側溝間の心心距離でなく、総幅や側溝を除いた純路面幅で考え、それに令大尺をあてはめようとする研究者もいる。先に見た静岡の曲金北遺跡の報告書は、同じ道路遺跡の測定例の一つから、総幅を四〇令大尺（一令大尺＝三五・

六センチとして、一四・二四メートル）とする見解を発表し、この道路を八世紀初頭の建設と位置づけている（図2-17）。

前記の井上和人氏は、藤原京の道路幅設定が、側溝心心距離を基準にしたのではなく、まず路面幅と側溝幅を整数値で定めたのではないかと、図2-18のような道路幅員を実測から割り出している。平城京では、むしろ側溝心心距離のほうが基準になっているようであるが、駅路創設を七世紀後半と考えるならば、その幅員設定基準は藤原京造営時（六九四年）と同じく、側溝心心距離でなく、路面幅プラス側溝、あるいは総道路幅による設定と考えてよいかもしれない。

近江俊秀氏が集大成した道路跡一覧（飛鳥～平安）[32]でも、側溝心心距離九メートル以上の約五〇カ所のうちに一二メートル以外に一〇、一〇・五、一一、九・五～一一、一五メートルといった数値がかなりあり、静岡の例と同様に、純路面幅その他の計測方法で、考え直してみる必要もあるのではなかろうか。

いずれにしても七道駅路の建設年代はまだ、解かれぬ課題として横たわっている。しかし、壮大な道路ネットワークが、奈良時代の七世紀後半から八世紀にかけて全国土に張り巡らされたことだけはまちがいのないことである。

古代道路の構造——㈠　台地・平地の場合　162

古代駅路の構造については、発掘実績にもとづいて、研究が進められてきた。台地部あるいは平地部では地山を使った路面があり、低湿地部では盛土工法を取り、丘陵部の傾斜面では切り通しを造っている。多くの場合、両側に側溝を備え、基礎が軟弱な場合は路床を造るなど、基本的には現代の道路工法と変わりがない。路面は礫などを散布して強化する場合や、良質な土で固める場合もある。舗装に類するといえる。その標準的な構造は、山村信榮氏が作った図2-19の模式図[33]がわかりやすい。

まず路床ともいうべき、つまり何も手の入っていない土の表面があり、その上に一般には何層かの盛土がある。砂利の混じることもあるが、それほど多いものではない。自然に砂利の混じった土をたき固めて路面を構築したように見られるものが多い。この路床面にしばしば、「波板状凹凸面」と呼ばれる構造が見られることがある。これは古代道路のかなりの特徴であるとともに、その成因や役割に議論が多く、定見を見ていない。後でもう一度じっくり取り上げることとする。

一〇センチないし二〇センチほどの路面の上は、硬化面と呼ばれる硬くしまった状態が見られる。路面幅全部に見られる場合もあるが、駅路のような少なくとも六メートル以上の幅をもつ場合には、部分的に帯状になっているのが普通である。地業(土ならしあるいは基礎固め)として行なわれる場合もあろうが、広い面に幅一メートルかその前後程度のやや蛇行して線状をしていることが多いことから、一般には通行によって自然硬化したものと見られている。所によっては車のわだち跡と見られるものがあったとされることもあるが、二本のわだちの間隔がはっきり記録された例は見当たらない。

側溝は一般に素掘りであり、のり面はおおむね四五度程度かそれよりやや急な傾斜角度を持つ。静岡の曲金北遺跡では、側溝内にこぶし大の石がかなりの数で確認され、これは路肩保護のために置かれたものが、落ち込んだものと見られる。

具体的な別の例として、東京都国分寺市の東山道武蔵路遺跡を取り上げてみたい。ここは一九九五年に道路遺構が確認され、明瞭な形で約三四〇メートルも連続していることから、現地の保存要望が高まり、一九九七年二月に建設省（現国土交通省）によって新しい住宅団地計画の中に遺構を保存することが決定され、すでに団地内の遊歩道になり、側溝跡がカラー舗装で明示されている。

まず、写真2－11に見られるようにこの地域の道路遺構にはいくつかの特徴がある。第一には側溝が何本も重なっている。これは時代によって、改築されたからである。白く縁取りされているのが第一期に当たる。幅は約一二メートル（両側溝の心心距離は一一・三メートル前後）である(34)。断面図（図2－20）に見るように、第一期の溝は深く、溝の形状からして、最も整備され、計画的に施行された道路である。溝の下部には幅一五センチほどの工具跡も検出された。

その溝は比較的短い時間で埋没した。そう推定される根拠は、溝壁や溝肩の崩れが少なく、オーバーハングした部分も崩落していないからである。この溝の上部のいくぶん窪んだ溝あとを人が歩いていた形跡として硬化面が残されていた。これが第二期である。第三期は、道路が幅九メートルとして造り直されている。左側の溝はほぼ第一期のものと同じ位置にあるが、右側の側溝は第一期のものの内側にある。さらに後になり、ゆるやかに北東方面に折れ、坂を切り通しで下りてゆく第四期と呼ばれる遺構がある。

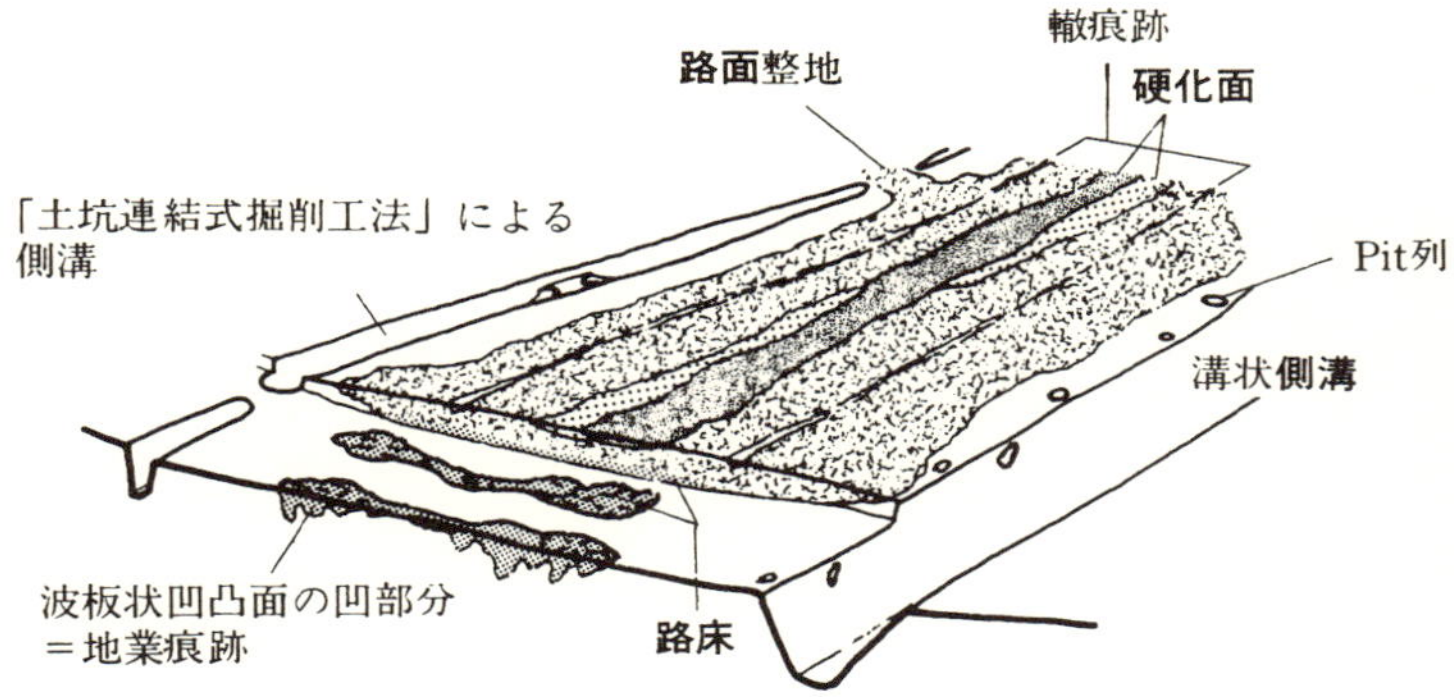

図 2-19　古代日本の計画道路のモデル的構造図（文献 33 より）

写真 2-11　東京都国分寺市の東山道武蔵路遺跡

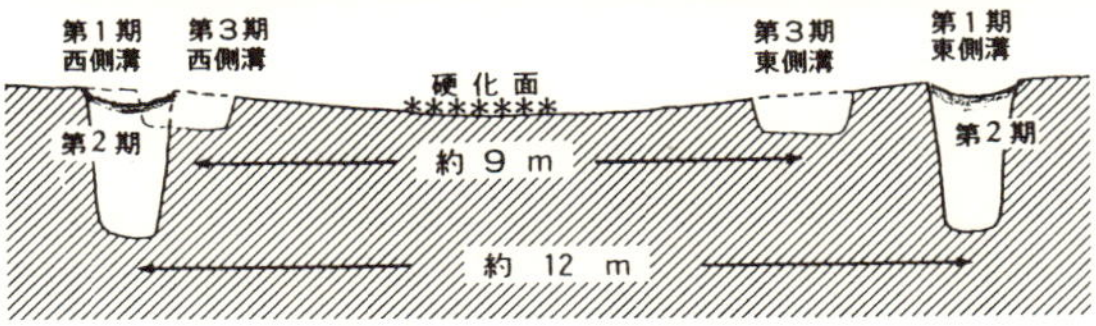

図 2-20　国分寺市東山道武蔵路遺構断面模式図（文献 34 の図に一部加筆）

古代道路の構造――(二)　側溝の役割

　ここでもう一度、国分寺遺跡の俯瞰写真を見ていただきたい。おもしろいことに、特に第一期の両側の側溝が途切れ途切れになっている。これは「土坑連結式掘削工法」と呼ばれている。このやりかたでは、この溝は水がたまるだけで排水の役には立たない。この付近は台地上にあり、道路の排水を意図する必要はあまりない場所である。このことは、この側溝が排水用ではなくて、道路敷の範囲を明示する境界柵の役割を担っていることを示している。律令政府は、交通機能のほかに、このようにして駅路の境界を示し、全国にみずからの権威を示したのである。

　ここでも、硬化面を見てみよう。この遺構の硬化面は道幅全面にあるのではなく、ややくぼんだ路面の中央付近に幅三メートルの帯状をなし、やや蛇行しながら続いている。その現場に立ってみると、古代道路は定められた基準の下に一定幅が確保されているが、その内側のわずかな幅だけが実際に使用されていたことがうかがえ、道路幅が必要性からではなく、権威のために造られていたことが実感される。

　ただ、この幅がまったく実用性にもとづいていないと考えるのは早計である。古代駅路は有事の際に大量の軍隊を輸送できるような軍用的性格を持っていたことも考慮されねばならない。その点については、後に改めて論じることとしたい（二〇七ページ参照）。

　この国分寺遺跡の道路の建造年代は、直接には明らかになっていない。しかし、この路線の北部で発掘され、七世紀第３四半期の築造とみなされている東山道武蔵路東《あずま》の上《うえ》遺跡に直線的につながるものであることからほぼ同時期に造られた道であることはまちがいなく、また第四期の道路遺構から一〇世紀中ごろの須恵器が検出されていることから、そのころまでは道路として機能していたと考えられている。

古代路が同一地区で幅員が狭められた例は他にも見られ、大阪府高槻市嶋上《しまかみ》郡衙周辺遺跡では、七世紀後半から八世紀初頭の幅員は一一〜一三メートルであったが、九世紀後半に行なわれたと考えられる大規模な整備によって、五〜六メートルに狭められていることが明らかになっている[35]。

古代道路の構造――(三)　低湿地の版築構造

これまで紹介した道路構造は比較的しっかりした地盤上のものが多かったが、軟弱地盤上の構造も紹介しよう。場所は先に見た国分寺市の東山道武蔵路の北端にほぼ接している。南北の直線路であるこの道路遺跡をさらに北に進むと、地形はやや下りとなり、ＪＲ中央本線を横断するとさらに下って窪地に至る。ここは恋ケ窪と呼ばれる沢である。両側の台地に比べておよそ一〇メートルほどの低地である。ここに出土した道路遺構が湿地帯に置かれた版築構造である[36]。一九九七年一一月から九八年一月にかけて調査された。

短い湿地帯を横断する部分における二本のトレンチにおいて発見されたものであるが、南側のトレンチでは、砂礫層上面に葦や木の枝など植物の茎を東西方向（道路の横断方向）に敷き、その上に径一〇～二〇センチの礫を敷き詰め、さらにその上を版築によって積み上げている（図2－21）。版築とは、五～一〇センチの厚さに土層を突き固めて盛土する工法で、万里の長城や前方後円墳など古くから使われている。

版築中の黒色土は、武蔵国分寺跡周辺で検出された竪穴式住居に堆積している黒色土によく似ている。版築の片側からは礫を押えるために設置されたと考えられる丸太（径二・五センチのブナ科コナラ）一本と丸太を固定するための木杭二本が検出された。礫の下に敷いた植物の茎や枝なども見られた。出土遺物が少ないので、遺構の築造時期は明らかでないが、東山道武蔵路の一環であることはまちがいない。しかし、北側トレンチでは道路遺構がはっきり確認されていないので、あるいは橋梁の基礎部分である可能性もあると報告されている。

この遺構は、武蔵野を流れる野川の源流である恋ケ窪の旧河床に丸太と杭で補強し、その内側に植物の茎を敷き、その上に礫を敷き詰め、さらに版築で盛土を築いたもので、たえず水に浸かった状態のなかで道路が崩壊しないように考えられており、七～八世紀の道路技術の実情が見られる。

近江俊秀氏は、これ以前に発掘された版築によって盛土した全国各地の例を報告している。(2) 兵庫県の小犬丸遺跡は山陽道の布勢駅家《ふせうまや》に比定されている遺跡であるが、尾根斜面を切り崩し、谷間の湿地部分に盛土して幅五～七メートルの路面を造り出したもので、山側に側溝を伴っている。断面図によると路面の五〇センチ以下は比較的丁寧な互層積みを行なっている。

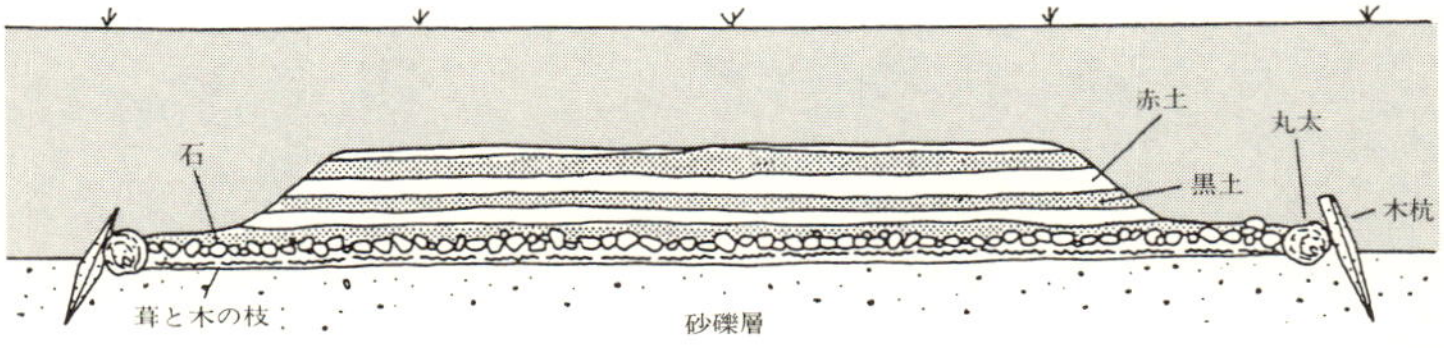

図2-21　東山道武蔵路恋ヶ窪遺跡の湿地帯道路遺構（文献36より）

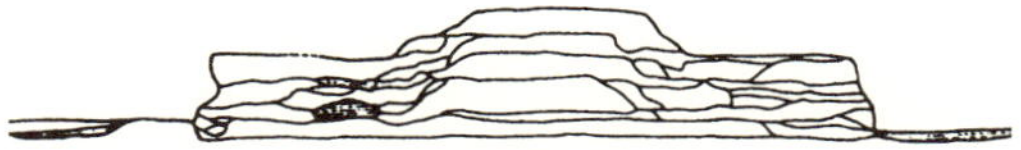

京都市　長岡京市久我畷

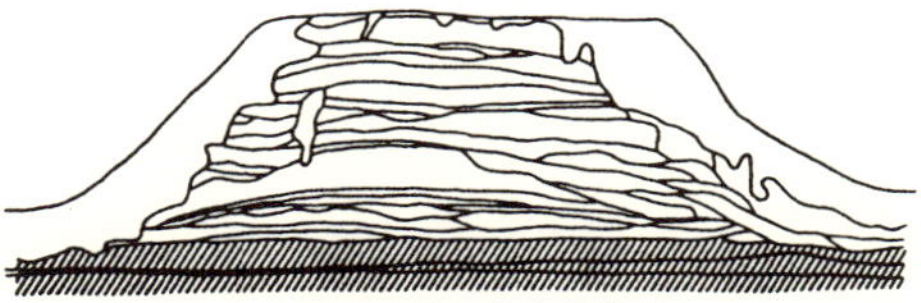

千葉県八街町御成街道

図2-22　版築盛土工法の例（文献35より）

平安初期の築造とみられる京都府長岡京市の久我畷《くがなわて》の古代道路では、版築を繰り返した構造がみられ、この工法は時代が下ってもしばしば採用されており、徳川幕府の将軍のお成道として造られた千葉県八街《やちまた》市の御成《おなり》街道にも同様な工法が見られる（図2-22）。

二〇〇二年三月に、埼玉県吉見町の西吉見条里II遺跡で、大規模な低湿地での古代道路が発掘された(37)。幅は八〜一一メートルで、別の場所での状況から、少なくとも一キロは続く直線状の道路である。しかしこれまで知られている東山道武蔵路とは別なもののようである。出土遺物から、七世紀末から約二〇〇年ほど使用されたと見られる。旧河道を横断する部分では路盤の下に広葉樹の皮を一定方向に揃えて敷いた粗朶《そだ》によって古層の地盤改良が行なわれている。路盤としては台地のローム層下にあった砂利を最大四〇センチ厚に敷き詰め、その上に若干の土を被覆した構造で、断面形態は上面のほぼフラットな台形をなしている。道路の中央に荷車の圧痕ではないかと見られる深さ五センチ程度の細長いくぼみが平行して数本認められる。途中には木柱・木杭が見られ、橋脚の一部ではないかと思われる。これまで単区間の低湿地盛土は知られていたが、これほどの規模の低湿地通過の例は見られず、今後の調査が期待される。

古代道路の構造――㈣　波板状凹凸面

古代道路の構造の特異性のひとつに波板《なみいた》状凹凸面がある。これは道路の路面に現われた痕跡の一形態である。一般に古代道路の場合、路面と見られる平面の一部に、硬化面と呼ばれる歩行などによって硬く締まった部分が見られる。これらは長い間の歩行などによる使用によって、路面が削り取られ、固まったものである。

波板状凹凸面は、このような一連の硬化面の中心に存在する場合が多い。波板状凹凸面は、通常は版築構造のような盛土の路面には現われず、切土部やあまり工作を施されていない台地や平地の路面にしばしば発見される。近江俊秀氏は一九九五年に波板状凹凸面を持つ道路構造の一覧として、古墳から古代を経て中世、さらには近世まで含めて四五遺跡から六〇の検出例を発表したが[38]、その後も古代道路でこの種の遺構の発見が相次いでいる。

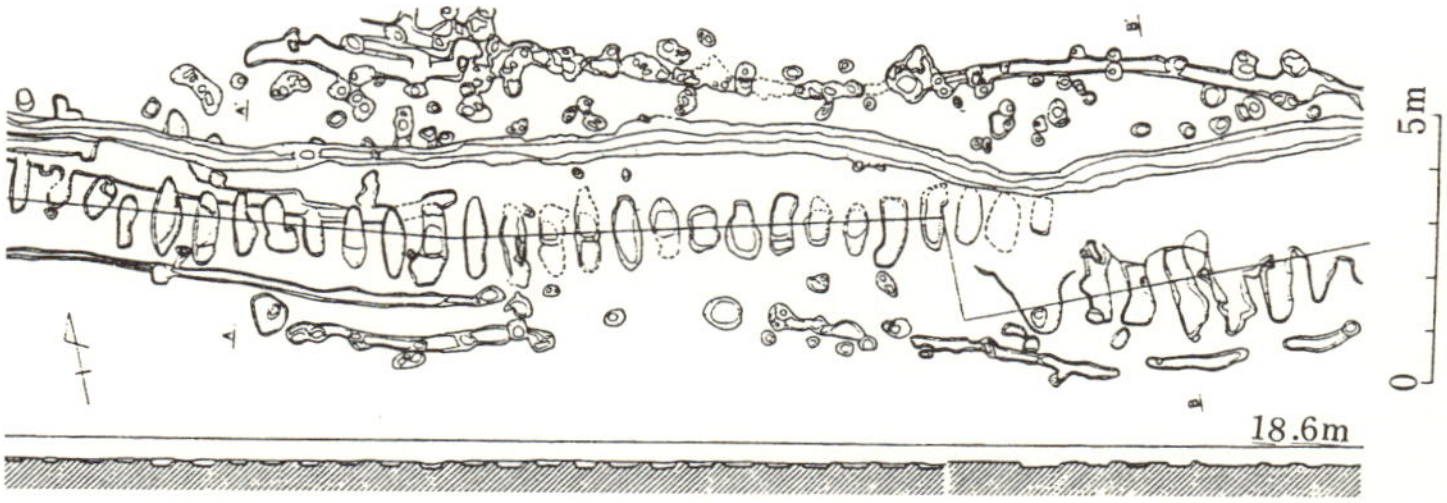

図 2-23　福岡県小郡市薬師堂東遺跡の波板状凹凸面（文献 38 より）

写真 2-12　国分寺市の東山道武蔵路遺跡の波板状凹凸面（文献 34 より）

図 2-24　東山道武蔵路東の上遺跡の波板状凹凸面（文献 40 より）

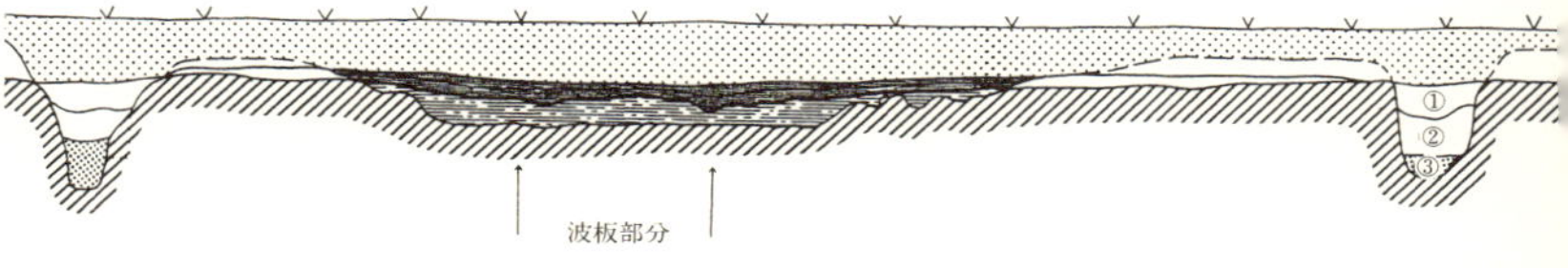

(a) 道路跡横断面

表土層　路床部分（黒色土・黒色土とロームブロック混入土）　舗装部分（黒色土）
①黒色土　②黒色土（ローム小ブロックを少量含）　③褐色土層（ロームブック，粒子の単一層）

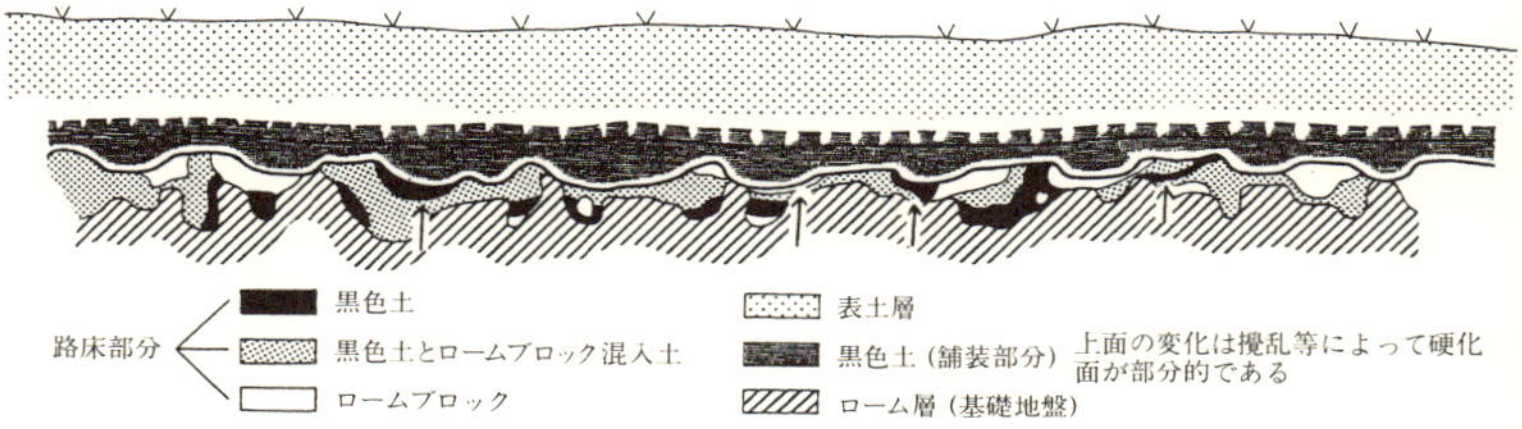

(b) 波板部縦断面図

波板状凹凸面にはいろいろな形状があるが、一般的なものの例として福岡県小郡市の薬師堂東遺跡の例を見ると[38]、平均長一・二メートル、幅〇・四メートル、深さ〇・一メートルほどのもので、報告にはないが図面から計測するとピッチは六六センチほどである(図2-23)。

国分寺市の東山道武蔵路遺跡で見られた波板状凹凸面(写真2-12)は、硬化面とともに蛇行し、建設時にあらかじめ人工的に造られたものとは見えない。調査を担当した早川泉氏は、この痕跡は、重量物運搬の際に用いられた枕木などの圧痕であると解釈した[39]。

写真2-13　杉村遺跡(栃木県)の東山道遺構全景

しかし、東山道武蔵路東の上遺跡では、波板状凹凸面の上部に舗装とみなされる黒色土の層があることからして(図2-9)、調査担当者の飯田充晴氏によって、交通利用時における圧痕ではなく道路築造の路床として凹凸をつけて丸太棒で加圧した、路床の構築の一部であるという解釈が提出されていた[40]。

その後も各地の古代道路遺構発掘において波板状凹凸面が見いだされているが、多くは人工的な造作の痕跡が見られるという。筆者が実見した栃木県上三川町の東山道杉村遺跡では、かなり深くえぐられており(写真2-13)、滑り止めのために土を入れ替えた跡に思われた。

山村信榮氏は総合的な分析の結論として、枕木圧痕の存在も否定できないが、路床作成のための造作も認められるという両説存在の立場をとった。(33) 今後もなおその解明が続くと思われるが、これらの調査・研究はすべて考古学的立場からのみ行なわれており、土木工学的な視点が入っていないことが惜しまれる。今後の土木工学あるいは土木史学からの積極的な関与が望まれる。

第三章●古代の道路㈡

一　高速道路に似る古代駅路

高速道路と七道駅路

七道駅路がいろいろな面で現代の高速道路にきわめてよく似ていることは、筆者が一九八五年に論文として発表し(1)、その考え方は古代交通史の方面でおおむね認められてきた。本来、高速道路のほうがはるかに後に造られたのであるから、もし問題を探るなら高速道路を語るときにするのが妥当であるように思えるが、実はけっしてそうではない。なぜならば、高速道路が古代駅路を模範として計画されたのならば、高速道路の中に古代駅路を見ることに意味があるのだが、実際には高速道路の計画者は、古代駅路のことなどほとんど知らないままに計画し、建設してきたのである。

したがって両者の相似性を見ることは、むしろ古代駅路の姿を正しく認識するのに役立つのである。たとえばすでに触れたように、駅路と伝路の関係を高速道路と一般道路の関係に擬することによってその性質が明瞭に説明できることも、そのひとつの証といえるだろう。むろん古代路と高速道路の関係の解明は古代路の研究に役立つだけでなく、今後高速道路を新たに計画する場合にもなんらかの教訓をもたらすかもしれない。

高速道路の古代回帰

筆者がはじめて高速道路の古代駅路との相似性を発表した時期は、まだ日本の高速道路建設計画は総延長七六〇〇キロであり、その後一万四〇〇〇キロの高規格幹線道路網計画に拡大されたが、その基本は変わっていない。高速道路と古代七道駅路の相似性について、筆者は次の四点を挙げた。

① 路線延長の一致――高速道路計画延長七六〇〇キロのうち、北海道地域の計画延長一一〇〇キロを除くと約六五〇〇キロになるが、これは七道駅路六五〇〇キロとほとんど等しい。

② 路線構成の一致――高速道路計画の路線のマクロな配置形態が、古代駅路のそれと相似している。特に近畿地域と九州地域において特徴的である。

③ 路線通過位置の一致――高速道路のそれぞれの地域における路線通過位置が、古代駅路のそれに近似している。古代駅路より後の時代の近世街道よりその路線通過位置が近接している場合が少なくない。

④ 駅とインターチェンジの一致――古代駅路にはほぼ一六キロ間隔に駅が置かれていた。高速道路には、一〇～一五キロメートルの間隔でインターチェンジが設けられている。両者の路線が近接している場合で、駅とインターチェンジの設置位置がよく一致している例が各所に見られる。両者の名称がほぼ同一のことも少なくない。

以下にこれらの事例とその理由について述べてみたい。

路線延長の一致

戦後の一九六六年に政府が策定した高速道路の当初計画の総延長は、全国で七六〇〇キロであった。そのうち古代駅路のなかった北海道における高速道路の計画延長一一〇〇キロを除くと六五〇〇キロとなる。筆者がはじめて七道駅路の総延長を求めたとき、その長さがやはり六五〇〇キロとなり、両者はほとんどまったく等しいことに気づいたとき、その不思議な暗合に驚いたものであった。今回、あらためて新しい知見にもとづいて七道駅路の全延長を算定しなおしたところ、前章(一一七ページ)に記したように六三〇〇キロとやや少なめの数字となったけれども、大筋では古代駅路と現代の高速道路の総延長がほぼ等しいという基本は変わっていない。

ここで各時代の幹線道路の延長と比較してみよう。日本の幹線道路網の時代区分は大きく分けて、①古代駅路、②江戸期街道、③明治期以降国道、④昭和期高速道路の四期に区分できる。各期の幹線道路の詳細はいずれ後章で述べることとし、ここでは説明は省略するが、各時代ごとの幹線道路延長は、次のようになる。

①	古代駅路	約六三〇〇キロ
②	江戸期街道	約五一〇〇〜一万一九〇〇キロ
③	明治期以降国道	約七八〇〇〜五万キロ
④	高速道路	約五五〇〇〜一万四〇〇〇キロ

表 3-1　高速道路と古代駅路の地域別延長比較

	駅路（A）	高速道路（B）	比率（A/B）
北海道	0km	1,061km	－
東北	679	1,035	0.66
関東甲信越	1,079	1,699	0.64
東海北陸	901	1,010	0.89
近畿	915	650	1.52
中国	987	1,000	0.99
四国	236	378	0.62
九州	1,485	711	2.09
合計	6,282	7,544	0.82
計（北海道を除く）	6,282	6,483	0.97

また、鉄道新幹線の長期計画構想が七二〇〇キロないし九〇〇〇キロであることも考え合わせると、日本の陸上交通の骨格線の延長は、ほぼ一万キロといえるであろう。その点から考えると北海道もその版図に入っていない時代に、古代駅路は実にその基本を踏まえた大計画を実行したというべきである。

なお、古代路六三〇〇キロが日本の当初の高速道路計画延長によく近似しているといっても、地域的に見ると近畿と九州では密で、北へ行くほど疎になっているのは、当時の国土経営の実態が反映しているといえる。

表３－１に地域別に古代路と高速道路計画（第一期）を比較する。前述のように北海道を除くと総延長はほぼ等しいが、地域別に見ると近畿と九州においてその延長は古代路が上回っている。特に九州では古代路の延長は一五〇〇キロ近くあって、高速道路計画延長の実に二倍である。総延長が一万四〇〇〇キロとなった高速道路計画第二期の地域別延長では、九州は一五〇〇キロ強であり、ようやくほぼ等しい延長となった。

このように、九州地区で古代路（西海道）延長が突出して高いのは、当時の日本が大陸との関係が密で、白村江《はくすきのえ》の敗戦（六六三年）後、唐・新羅連合軍の日本侵攻に対処して軍事的防御に留意していたことと無関係ではあるまい。

路線構成の一致

古代駅路は七道駅路の名のとおり七本の路線を持ち、西海道を除く六本が都から放射状に発している。これは高速道路の名神高速道路（東海道）、中央自動車道（東山道）、北陸自動車道（北陸道）、中国自動車道（山陰道）、山陽自動車道（山陽道）、阪和自動車道（南海道）の六本にそれぞれ対応する（図3-1）。古代駅路の山陰道に対するものが中国自動車道であるのは、路線が異なるように見えるが、僧行基が描いたとされる道路図（図3-2）には現代の中国道に相当するルートも描かれており、現代の高速道路ルートはけっして新しいものではない。

九州地区で古代駅路の西海道の延長が高速道路第二期の延長にほぼ匹敵することは前述したが、その形も、よく似ている。他の地域では駅路の路線形が開放型であるのに対して、ここでは大宰府を中心として放射状に路線が発し、また九州全土を一周する閉路とこれを東西に結ぶ横断路三本がある。これは九州地区の高速道路第二期計画の形ときわめてよく似通っている（図3-3）。

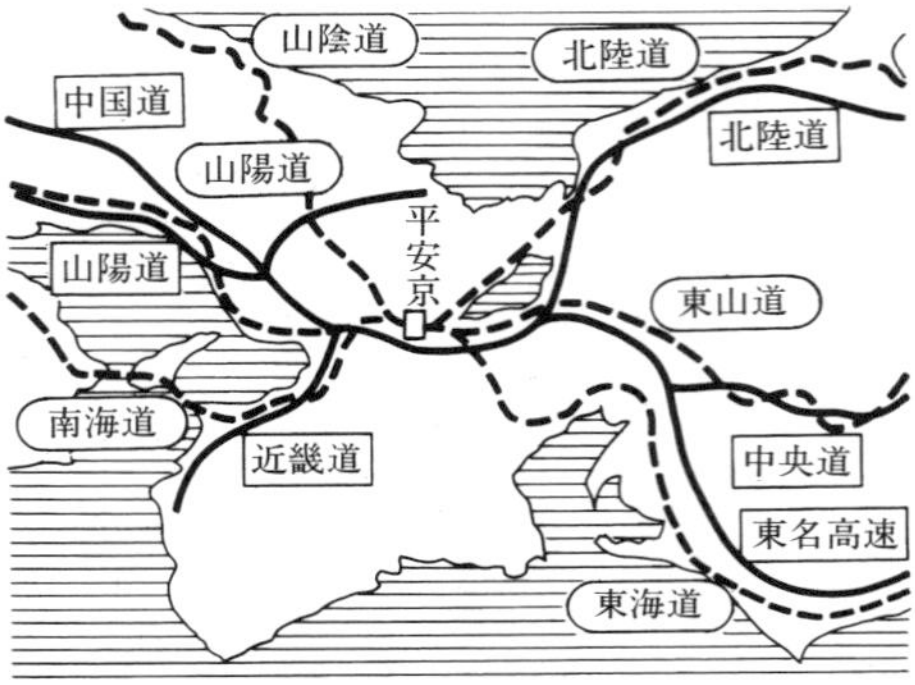

図 3-1　近畿地方の古代駅路と高速道路

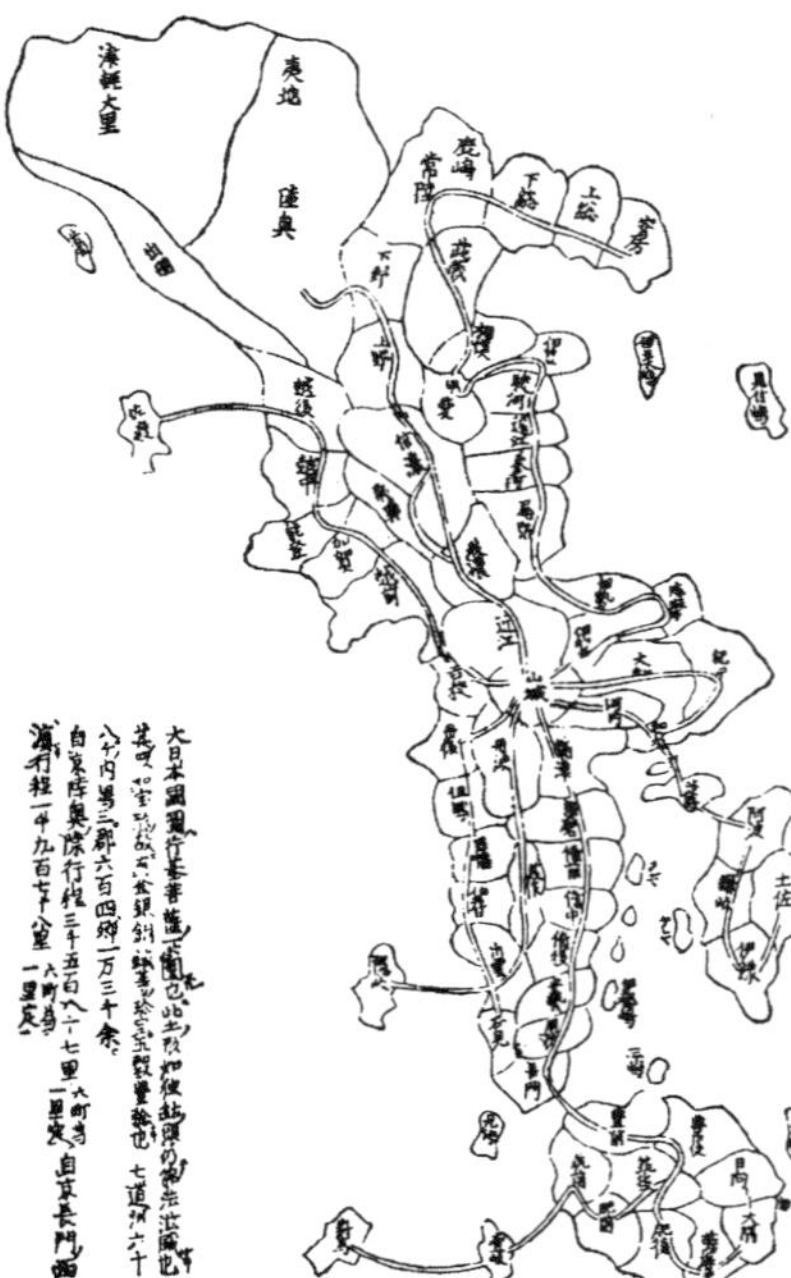

図 3-2　僧行基の道路図

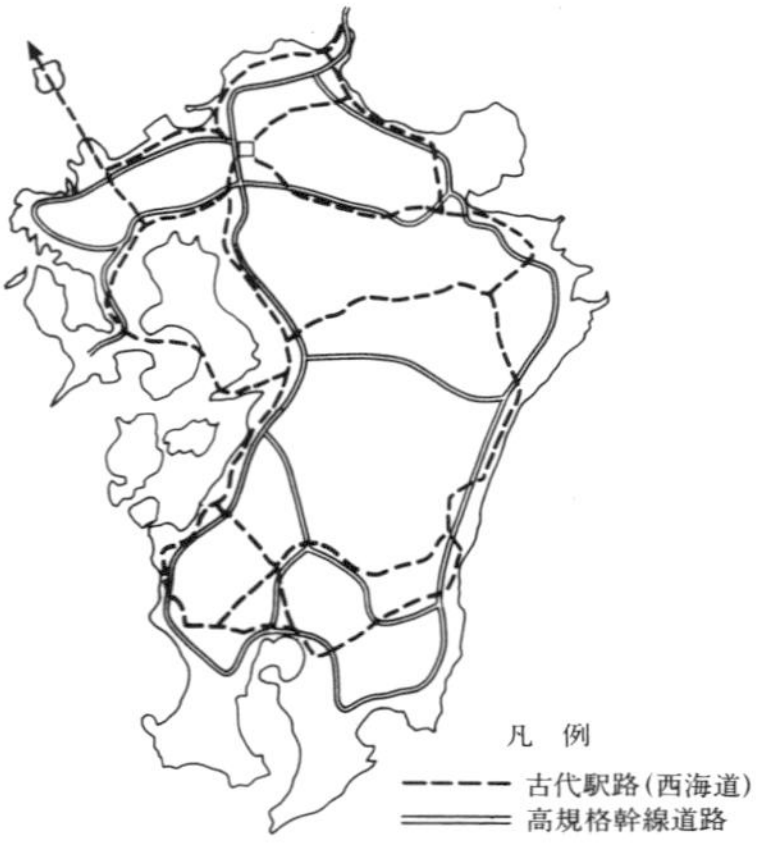

図 3-3　九州地区の高速道路計画と西海道

路線通過位置の一致

道路の路線位置は、その道路の設置目的、通行形態（利用交通）、その時代の技術レベルなどに制約され、決定される。路線位置とは、いわゆる道筋であって、通過する谷筋、尾根筋、峠、河川横過地点、その他の地形的コントロールポイントを結ぶ路線通過地帯をいう。

古代駅路は都から本州、四国、九州の各国府および出城との間を結び、緊急の通信のための使者や、重要な公務を帯び、なるべく早く目的地に着く必要のある官吏の通行が主目的であった。またそのために新たに計画的に造られた道路であるから、地方の既存の集落にいちいち立ち寄ることなく、できるだけ直達的に路線が敷かれた。

これに対して近世街道やそれを継承した明治期国道は、在地道路を主体にした伝路を引き継いだものであり、平地の都市集落を経由するのが普通だし、一般庶民の旅行が主体になってくると、直通の厳しい坂道より、歩きやすい蛇行した道筋のほうが好まれてくる。

古代駅路と高速道路は計画性と遠距離直達性という共通の基本的性格を持っており、またアクセスコントロールのため市街地を通過せず逆に中心部を避けるなど、古代駅路と同じような特徴を持っていて、両者が路線位置を同じくするのは、むしろ理の当然の結果ともいえる。具体例のいくつかを示そう。駅路と高速道路が同じルートをたどり、近世街道と国道が別のルートを行く例を主とする。

西海道肥前路（図３－４）

古代駅路の西海道肥前路は、大宰府を出発したのち、最初の基肄《きい》駅で西海道西路と分かれて、脊振《せぶり》山地の南麓の平地を西進する。高速道路の九州横断道（供用後の通称名は長崎自動車道）の鳥栖ＪＣＴ（ジャンクション）から武雄北方ＩＣ（インターチェンジ）までは、古代駅路の一～二キロ北を平行して脊振山地の丘を東西に走っている。

一方、江戸期の街道は逆に五～六キロ南の現佐賀市を通過して西進する。この三路線の関係は、道路の目的と地域の地勢的変遷とによって関係づけられる。図３－４に見られるように、佐賀平野は海退の状況がいちじるしい。佐賀平野の有明海の海岸線は、弥生期にはまだ現佐賀市の中心市域には達していなかった。

古代駅路創設時には、人びとは脊振山麓近くの平地に住み、肥前国府もそのあたりにあった。したがって、駅路がこの山麓を直線的に走ったのはむしろ当然のことである。ここでは一六キロにもわたる直線路の痕跡が発見され、弥生時代の吉野ケ里遺跡の北端を通過している。

高速道路が脊振山地の南縁丘陵を通っているのは、さらに遠方に達する必要のあることと、平野部は既開発地で通過が困難になったことによるもので、期せずして古代駅路と似たコースを取った。しかし、この丘陵地は古墳が多く、その措置に苦労したのも事実である。なお後で述べるが、この区間はインターチェンジと古代路駅の相似も顕著である。

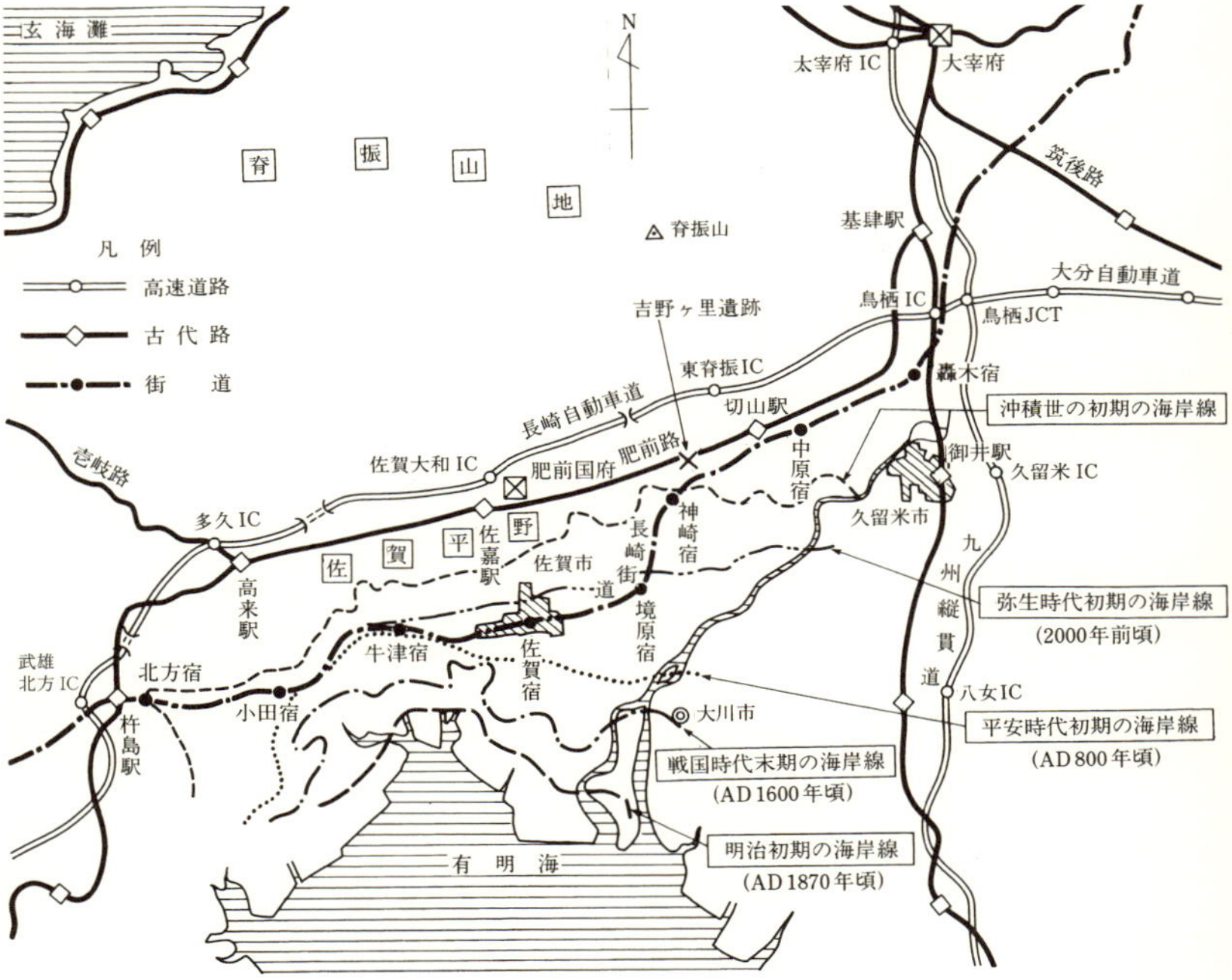

図 3-4　佐賀平野の幹線道路と海岸線の推移

西海道西路（図３－５）

西海道西路の熊本市周辺も両者の一致をみている。まず駅路の大水《おおむつ》駅－高原駅間は、高速道路もほぼ同一ルートを走る。一方、近世の薩摩街道は、迂回して現山鹿市または玉名市を通る。この付近では、これらの道路を横断するように菊池川が走り、これが近世の水上交通路であった。そのため、その結節点である都市を通ったものである。これに対して、古代路も高速道路も直達性を重んじ、直通ルートを選んだために、同じコースを取ることとなった。

その南では、近世薩摩街道は現熊本市を直通しているのに、古代路と高速道路はいずれも市外部をやや迂回している。これは熊本平野の発達が比較的遅く、肥後国府も熊本市東部で水害のため何度か移転をしているように、低湿地を避けたためである。その後発展した沖積平野に集落が発展して、中心都市となり、さらに時代を経て高速道路が敷かれる時は、ふたたび都市地域を避けて東を迂回した。佐賀平野とよく似たケースである。

東海道・駿河国（図３－６）

東海道で駅路と高速道路がルートを同じくし、かつ江戸期街道は別ルートを通っている顕著な例は三カ所ある。第一は静岡県の焼津－静岡間の峠越えである。駅路と伝路の説明で触れたように（一三五ページ）、この地域の古代道路（東海道）は、牧の原台地から東進して大井川を渡り、現焼津市を通って日本坂を越え、静岡平野に達した。現代の東名高速道路も、ほぼ同様なルートによって日本坂を

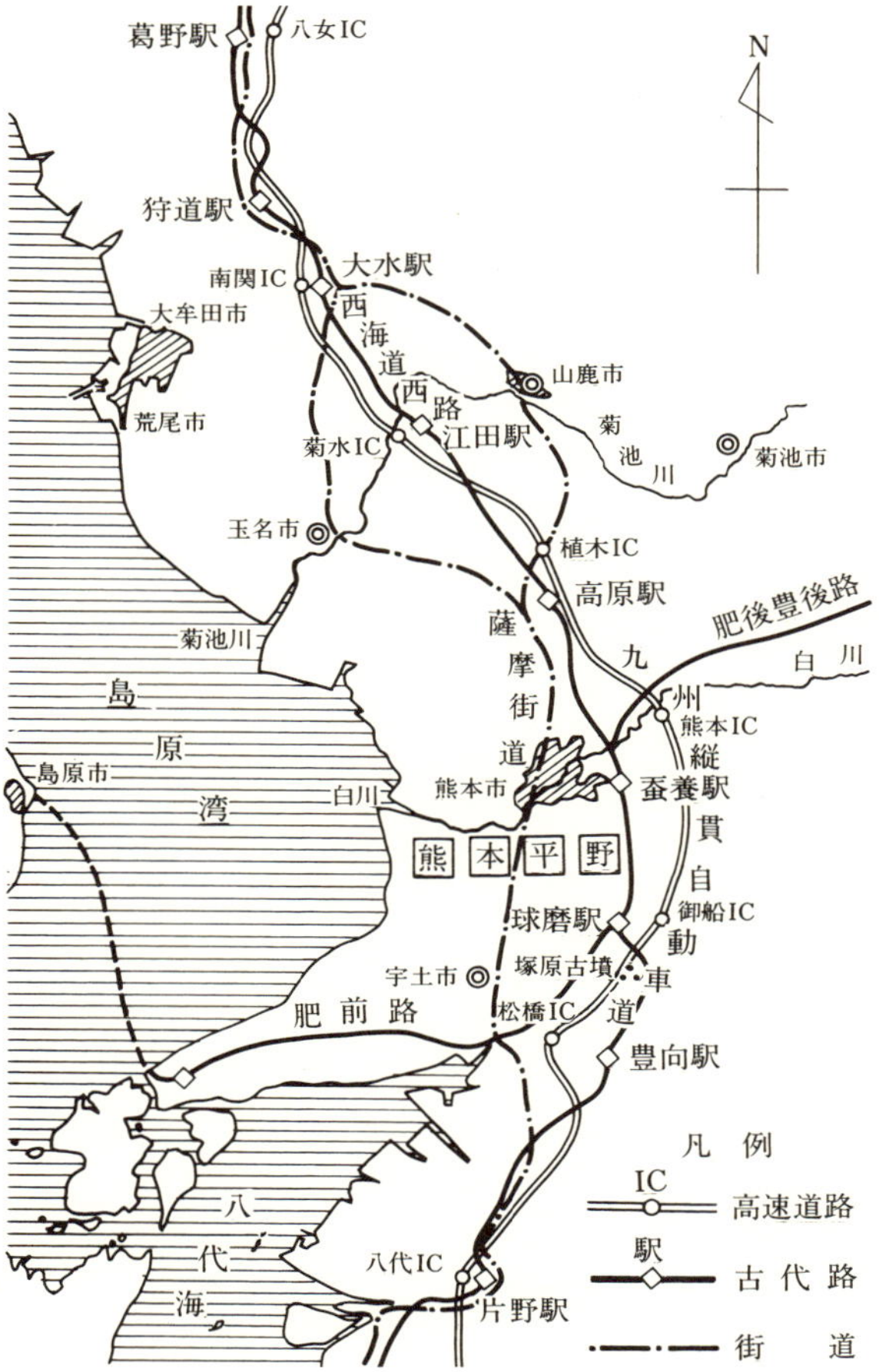

図 3-5　西海道西路と高速道路

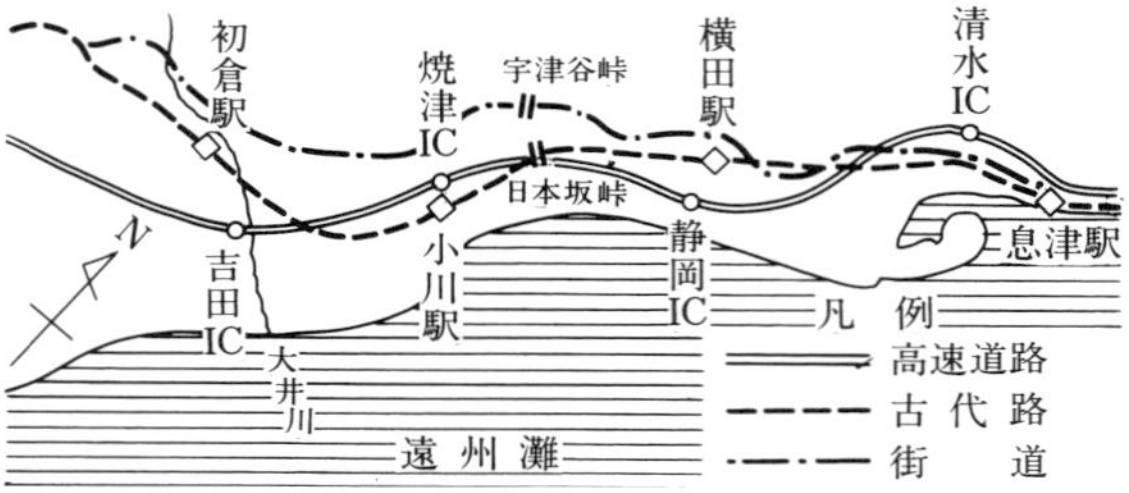

図3-6 東海道と高速道路(1)

長大なトンネルで抜けて静岡平野に達する。

これに対して、近世街道は大井川の渡河地点も古代路よりやや北側で、山稜越えも宇津谷《うつのや》峠越えである。正確にいうと、蔦の細道と呼ばれる峠道である。国道一号も宇津谷トンネルで峠下を抜ける。しかもこの宇津谷のルートは古代駅路時代には伝路であったとされている（一三五ページ参照）。焼津―静岡間の道路ルートは、片や日本坂の古代駅路と高速道路、片や宇津谷峠の伝路と近世街道および国道一号という見事な対応を見せる。日本坂のルートは直線的で峠の標高も三〇〇メートルであるのに対して、宇津谷峠はやや迂回して標高二〇〇メートルである。日本坂と宇津谷峠は、道の歴史を語る典型的な場所といえよう。

東海道・相模、武蔵国（図3-7）

第二と第三の相似ルートは、今日的にいえば沼津から東京までの途中にある。場合によっては第二と第三の間も全面的に高速道路と同一ルートを走っていた可能性もあるので、全体を通して見ておきたい。

第二の相似点は沼津から小田原にかけての山岳通過ルートである。古代駅路は、沼津からいったん北に向かい、国道二四六号およびＪＲ御殿場線

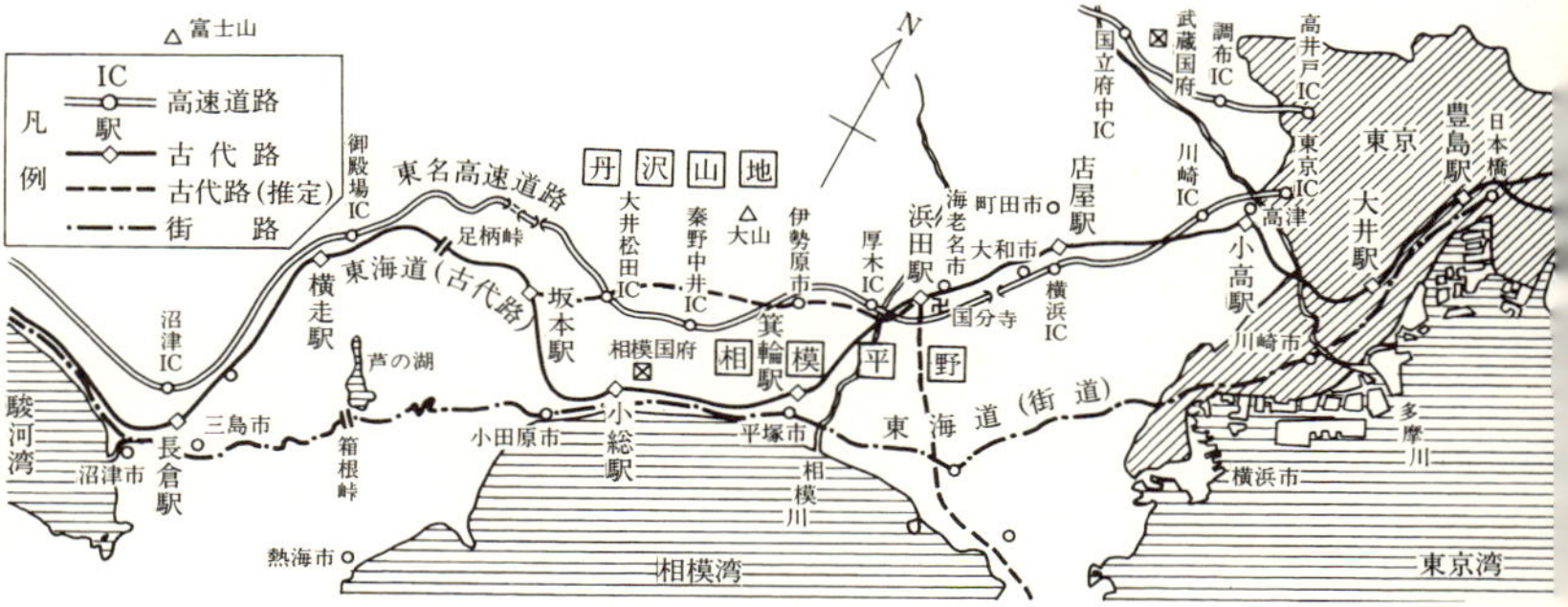

図 3-7　東海道と高速道路 (2)

に沿って御殿場に至り、足柄峠を越えて小田原市東端の国府津で海岸に達する。東名高速道路も沼津・御殿場間はほぼ同じルートをたどり、御殿場からは海岸には出ず、秦野盆地南部を経て東京に向かう。

近世街道は、三島から小田原までつづら折れの部分もあるが、ほぼ直行するように箱根山中を抜ける。これを踏襲する国道一号も若干経路を異にする部分もあるものの、同じく直行して箱根峠を越える。

古代路の最高標高は足柄峠の七五〇メートルで、これに対して箱根峠は八五〇メートルである。距離についていえば、古代路は御殿場を廻ることで、近世街道に比べてほぼ一〇キロ長い。ここでは、古代路は直線的に急峻な山嶺を越え、近世街道はゆるく迂回して低い峠を越えるという、これまで見た一般図式とまったく逆になっている。

次の第三地点は、相模川を越えてから多摩川を渡るまでの間である。ほぼ現在の厚木街道に沿っている。東名高速道路もほぼこれに沿っている。ここだけでなぜ古代道と高速道路のルートが近接しているかの理由を説明するのは難しい。筆者はこれを東名高速道路のルートと合わせて考えてみたい。

現代の道路においては、起点の東京（日本橋）を基準としてみると、沼津まで東名高速のルートにほぼ等しい国道二四六号と近世東海道に近い国道一号とを、沼津まで比べた場合、二四六号のほうが二〇キロ近く短い。これは東京から沼津までを考えたときに、丹沢山地の裾野を経由する路線のほうが、海岸廻りよりショートカットであることによっており、そのルートを通る高速道路の路線選定の合理性を物語っている。

駅路の東海道は、沼津から御殿場に至り、足柄峠を抜けて、相模湾の海岸に出た。平安期にはその付近に相模国府があったとされる。さらに平塚市南部を経て海老名市にあった相模国分寺付近を通り、そこからふたたび東名高速道路と並行する形で、川崎市高津区へ向かう。いわば大きなS字形ルートである。これがもし、足柄峠を下りたところから、東名高速道路に並行するように秦野盆地を過ぎて海老名に至れば、それが最短路となる。ここに古代路のあった可能性も指摘されており、もしそれを経るならば、古代路がなぜ短路である箱根路を通らなかったかの説明もつく。筆者は少なくとも奈良時代はこのルートが駅路であったと考える。(2)

東山道（図3-8）

東山道では伊那谷と木曾谷が典型的な対比地域である。東山道は美濃国では土岐市から土岐川沿いにさかのぼり、坂本駅（岐阜県中津川市）から神坂《みさか》峠を越えて伊那盆地に入り、天竜川右岸の河岸段丘を北上し、塩尻市、松本市へと続く。高速道路の中央自動車道は小牧市で東名高速道路と分かれ、土岐市から伊那盆地北部の辰野町あたりまで、九〇キロあまりを東山道とほぼ同じルートをたどる。この間、近世街道とこれを踏襲する国道一九号は、土岐から中津川までは同じルートであるが、中津川から塩尻までは木曾谷を経由する。

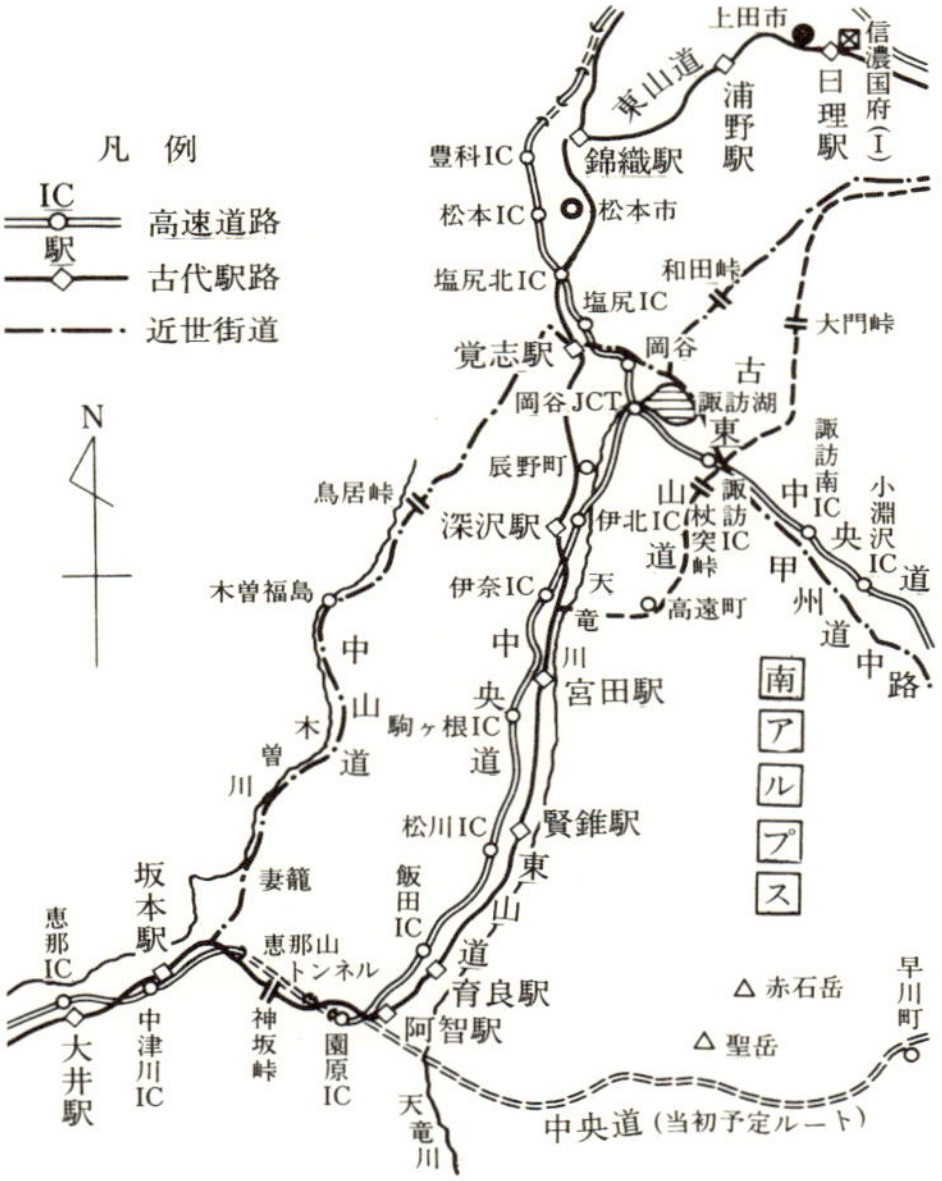

図 3-8　東山道と高速道路

木曾谷ルートにも一時的には古代路が開削されことがあるけれども長くは続かなかった。古代路として伊那谷ルートが選ばれたのは、木曾谷の渓谷が厳しく、桟道を設けねばならない個所もあるなど、増水など気象の変化に不安定であり、また谷あいの狭隘な地形が続き駅家を置く余地も乏しかったのに対して、伊那谷ルートは神坂越えが一五九五メートルの高さながら、木曾谷に比べれば安定的で、農耕地も広いことがあげられよう。さらに古東山道といわれる律令制以前の道路が諏訪から霧ケ峰を越えて佐久平に進んでおり、その点で伊那谷が捷径路であったことも理由の一つであろう。

高速道路が伊那谷を通るのは、最初の計画線が山梨県の河口湖町から身延を経て赤石山系をトンネルで通過するものであったところ、当時の技術水準からも困難視され、諏訪廻りに変更されたとき、捷径路として採択されたものと見られる。

東山道では、信濃国府は初め現上田市にあったが、後に松本市に移された。それにともない、駅路もまた松本経由となった。その時点では伊那谷経由と木曾谷経由とでは、現在の道路（伊那谷は中央道、木曾谷は国道一九号）で比較すると木曾谷のほうが約二七キロメートルほど短い。しかし、駅路は伊那谷経由を継続したものと見られる。本道が木曾谷に移るのは、鎌倉時代に入ってからのことである。伊那谷は、単に伊那谷を通るというだけでなく、阿智・育良・賢錐の三駅間およそ二五キロの間は、古代路と高速道路がほぼ重なるように通っていると見られる。また、神坂峠の前後は、のちに述べるように、長区間にわたって駅とインターチェンジの関連性もきわめて深い。

その他の区間

以上に紹介したのは、比較的早く建設された高速道路の例である。しかし、その後も新たに建設が終わったり、工事中の部分で、続々と同種の事例が見つかっている。たとえば、常磐自動車道の千代田石岡ＩＣから水戸ＩＣまでのほぼ二七キロの区間では、その間をほぼ直線的な駅路東海道をぐるぐ

図 3-9　兵庫県北部の古代山陰道と自動車道

ると巻くような形で高速道路が走っている。近世水戸街道と国道六号は別のところにある。

建設中の北関東自動車道の伊勢崎ＩＣから太田ＩＣの間は、前章の図２‐14に示したように、約一五キロも東山道（『延喜式』ルート）とほぼ同じルートを通っており、その東で両路線とも渡良瀬川南の小山に挟まれた地峡を通るとみなされていたので、いずれ高速道路の調査期間中に駅路遺構が見いだされるのではないかと思われていたところ、はたして二〇〇二年一一月にその付近で東山道遺構が発見された。ここは数百メートルにわたって高速道路ルートと東山道ルートがほぼ重なっていると見られ、さらに駅路遺構の発見が期待される。

山陰道では、兵庫県北部の星角《ほしずみ》駅から佐治《さじ》、粟《あわ》鹿《か》両駅をへて郡部《こおりべ》駅まで約四〇キロの間は、北近畿豊岡自動車道の建設中路線と重なると見られる

（図3－9）。とりわけ、粟鹿駅から郡部駅までの間は、近世の山陰道が円山川沿いに通っているのに対して、古代山陰道は新しい自動車道と同じく大河谷を避けて一筋南西側の小さな河谷沿いにいくつかの峠を越しながら直通的に越えていると考えられ、近世街道が別で古代道と高速道路が同一ルートという典型の一つといえる。

このほか、山陽道美作路、南海道、西海道東路などで新しい高速道路との重なりが随所に見られ、駅路と高速道路の共通性は、より多く実証されるところとなっている。

駅とインターチェンジの一致

七道駅路と高速道路の路線が近接しているところでは、駅家《うまや》とインターチェンジの位置もまた、しばしば近接する。駅路の間隔は規定では三〇里であるから約一六キロとなるが、実際には多少の増減があり、全国的な平均は一四・九キロであった。これに対して高速道路のインターチェンジの平均間隔は、最近ではだんだん短くなって約一一キロである。しかし、両路線の近接している区間では、駅もインターチェンジもほとんど同じような間隔で置かれ、場所も近接している例が、東山道と西海道に見られる（表3－2参照）。

古代駅路の駅家はこれまでの集落とは別に、新たに造られたものであるといわれているが、それが新たな集落として、地域の核になって発展していった場合も少なくないと見られる。

表 3-2　高速道路インターチェンジと古代路駅の位置の対比

IC	駅	IC	駅	IC	駅	IC	駅
中央道	東山道	九州道	西海道 西　路	大分道	西海道 東　路	長崎道	西海道 肥前路
土岐	—	鳥栖	基肆《きい》	朝倉	広瀬	鳥栖	基肆《きい》
瑞浪	土岐	久留米*	御井《みい》	把木	把伎	東脊振	切山
恵那	大井	広川	—	日田	石井	佐賀大和	佐嘉
中津川	坂本	八女	蔦野	天瀬	—	多久	高来《たかく》
園原*	阿智	—	狩道	玖珠	荒田	武雄北方	杵島《きしま》
飯田	育良《ゆくら》	南関	大水《おおむつ》	九重	—		
松川	賢錐《かたぎり》	菊水	江田	湯布院	湯布		
駒ケ根	宮田	植木	高原	別府	長湯		
伊那	—	熊本	蚕養《こかい》	大分	高坂		
伊北	深沢	御船	球磨				
		松橋	豊向				
		八代	片野				

＊：供用後の追加 IC

表 3-3　インターチェンジ，駅，宿場の対比

IC	駅	宿場	IC	駅	宿場
東名 高速道路	東海道 (古代路)	東海道 (街道)	北陸道 (高速道路)	北陸道 (古代路)	北国路 (街道)
沼津	長倉	沼津	上越	水門《みと》	直江津
—	—	原	—	—	長浜
富士	蒲原	吉原	—	—	有馬川
—	—	蒲原	名立谷浜	名立	名立
—	—	由比	—	—	筒石
—	息津《おきつ》	興津	能生	鶉石《うずらし》	能生
清水	—	江尻	—	—	梶屋敷
静岡	横田	府中	糸魚川	—	糸魚川
—	—	丸子	親不知	滄海《あおうみ》	青海
焼津	小川	岡部	—	—	市振
			朝日	佐味	泊
			—	—	入善
			黒部	布勢	三日市
			魚津	—	魚津

近世街道の宿場は、その平均間隔も古代駅路に比べると短く、五街道での統計では八・五キロである。(1) 古代駅路、近世街道、そして高速道路の三者が比較的近くを競合して通るような個所では、インターチェンジの設置間隔は近世街道よりむしろ古代駅路のほうに近い。東海道と北陸道にその例が見られるが(表3－3参照)、これは中世から近世になって街道筋の集落の発展が見られた場合も、中核になったのが古代駅路が置かれた地点であったことを物語っている。

二　駅路の整備に貢献した人びと

吉蘇路を開いた人びと

全国に展開した七道駅路の建設は、誰が実際に担当したのだろうか。中央から派遣された官吏や技術者がいたのだろうか。それとも国司など在地の人びとが主体になってその築造が進められたものだろうか。命令者が分かっていないように、その全貌もまた明らかではない。しかし断片的にはいくつかの事実が記録されている。

律令制の基本を決めた大宝律令が施行された七〇二(大宝二)年一二月一〇日、『続日本紀《しょくにほんぎ》』に「始めて美濃の国に岐蘇《きそ》の山道を開く」とある。東山道の一環である。

東山道のこのあたりのルートは、美濃の国に属す坂本駅（現岐阜県中津川市）から標高一五九五メートルの神坂《みさか》峠を越えて信濃国に入り、阿知駅（現長野県阿智村）まで七四里（約四〇キロ）といわれる険阻な山嶺を越えて伊那谷に至るコースを取る。

その一一年後の七一三（和銅六）年七月七日、同じく『続日本紀』に「美濃信濃二国の堺、径道険《けいどうけん》隘《あい》にして往還艱難《かんなん》なり。仍《よっ》て吉蘇路《きそじ》を通す」とある。

そしてその翌年閏二月、この工事の論功行賞が行なわれた。工事責任者の美濃守笠朝臣麻呂《かさのあそみまろ》には封

写真 3-1　現在の木曾路と「木曾の桟跡」

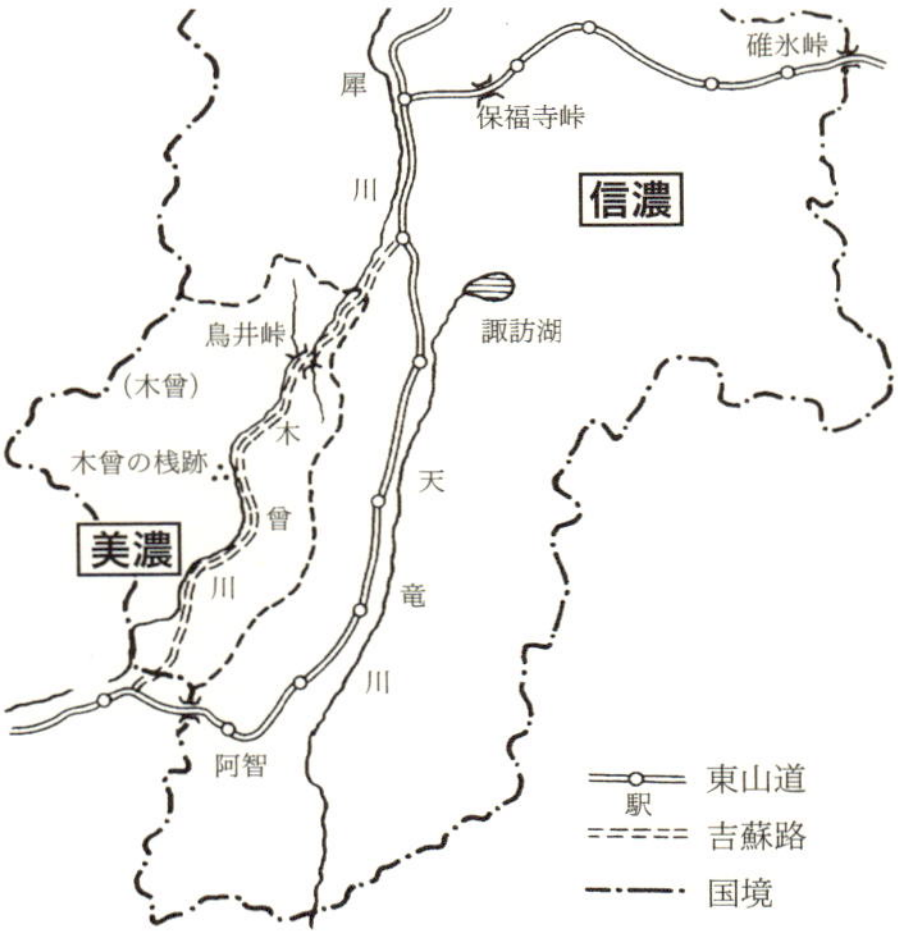

図 3-10　東山道と吉蘇路

七〇戸と田六町を与え、門部連御立《かどべのむらじおたて》と山口忌寸兄人《いみきえひと》にはそれぞれ位階を進め、工事担当者である匠《たくみ》の伊福部君荒当《いほきべのきみあらまさ》には田二町を賜った。当時、木曾は美濃国に属しており、この仕事の責任者も美濃守であった。

この岐蘇の山道、あるいは吉蘇路をどう解釈するかは昔から議論のあるところである。現在では、東山道の本ルートはそれまでにすでに使われており、新たに木曾谷を経由する別ルートが一一年間の工事の結果、開かれたとする考え方が支配的である。

笠朝臣麻呂が賜った封七〇戸は、当時の法令の「考課令」に「殊功」の例としてあげられているほど特別なものであった。吉蘇路は、のちに「木曾の桟《かけはし》」が造られたことで知られる険しい渓谷沿いの道である。尾根を伝う山越えのルートよりはるかに困難な工事であっただろう。

しかしこの工事のあと、東山道が木曾谷ルートに変わったのではないことは、その後に撰せられた『延喜式』では駅名は伊那谷ルートしか載せられておらず、木曾谷に沿う駅名は一度も現われないことからも知られる。このことから、木曾谷ルートを本路である伊那谷ルートに対する積雪時などの一時的なバイパスとする見方もある。しかし筆者の見解としては、神坂峠の険路を避けるために木曾川沿いの新道を開発してはみたものの、技術的には木曾谷は渓谷が厳しく、桟道を設けねばならない個所もあり、増水など気象の変化に不安定で、絶えず修復の必要があり、それに加えて木曾谷には集落や駅田を開くに必要な土地が十分でなく、駅家の維持が困難であったと見る。それに対して神坂越えのほうが全体としては安定的で、農耕地にも恵まれていたので、結局また伊那谷ルートに戻らざるをえなかったのではなかろうか（図3－10）。

作路司の登場と渡来人の貢献

これ以外に道路建設に名を残した人を見ると、七八四（延暦三）年、越後国蒲原郡の人三宅連笠《みやけのむらじ》雄麻呂は凍えた者には衣を与え、飢えた者には食を与え、「兼ねて以て道橋を修造し、艱難を通し利《たす》く。行を積み年を経たり」と申請があり、従八位上が授けられた（『日本後紀』）。

八〇六（大同元）年、朝廷は正五位上の大野朝臣真雄、従五位の百済王《くだらのこきし》教俊および従六位の三名（氏名不詳）を作路司に任命し、左右京域と五畿内および近江・丹波などから人夫五〇〇〇人を徴発して道路修築に当たらせた（『日本逸史』）。ここに作路司という官職名が出てくるのは注目してよい。あきらかに道路を造る専門の部署とその責任者が存在している。五人も任命されているところから見ると、指揮官のほか、技術者も含まれていたことであろう。これは畿内の場合であるが、地方の駅路の場合でも同様であったであろうし、これまで見てきたように道路の路線の引き方や幅員の取り方などに共通性のあることは、中央政府から派遣されたものが少なからずいたであろうことを推測させる。

さらに下って八三二（天長九）年、越前坂井郡の秦《はたの》乙麻呂がこの国の荒道（愛発《あらち》）の山道を開いたことによって正税三〇〇束を給付された（『日本逸史』）。

先の吉蘇路を開いた功労者の一人、山口忌寸兄人は渡来系の倭漢《やまとのあや》氏の一氏族に属しており、道橋を修造したなどの善行によって叙位を得た越後の三宅連笠雄麻呂は、屯倉《みやけ》の管掌にあたった渡来系氏族に属すると見られる。作路司の一人、百済王教俊は百済王という姓を持つ渡来系氏族に属し、後に鎮守将軍兼陸奥介・出羽守を歴任している。先に名をあげた越前の秦乙麻呂の秦氏も秦の始皇帝をその祖に持つという渡来系であり、このように道路修築に関する功労者には、渡来系氏族の名が非常にめだち、その技術もまた伝来のものであることをうかがわせる。道路の築造に渡来人の寄与が高いことは、大島延次郎氏がつとに指摘しているし、(3)これより古く、古墳時代にも道路構築に渡来人の技術が使われたことは、奈良県御所《ごせ》市の鴨神遺跡に見たとおりである(四八ページ参照)。

普照、駅路に果樹を植えることを奏上する

古代の旅は、下層のものにとってはほとんど生死を賭けるようなものであった。奈良時代、諸国から都に赴き、あるいは国に帰る役夫（雇役の民）や運脚（庸調など貢納品を運ぶ人夫）を助けるように命ずる詔勅が何度も出されている。もともとこれらの人びとの食料は自弁であった。そのため帰路には糧食が尽きて死ぬものも出た。途中で逃亡するものも出た。

これらの窮状を救うための朝廷からの詔勅がたびたび発せられている。七一二（和銅五）年一〇月二九日に出た詔勅には、これらのもののため米を蓄えておき、代価を支払って与えることを命じている。つづく七二〇（養老四）年六月四日には、都から帰るときに糧食を与えることや、途中逃亡した

ものでも、ある程度時間がたって悔い改めて帰ってきたものにはまたもとの仕事に復するのを認めている。七五七（天平宝字元）年一〇月六日の詔勅も、相変わらず庸調の脚夫が帰路に糧食が尽きている事実を指摘し、都の官吏や諸国の国司に糧食や医薬の確保と給付に務め、違背があれば罪とする旨を示達している（以上、いずれも『続日本紀』）。

この年から二年後の七五九（天平宝字三）年、東大寺の僧、普照《ふしょう》法師はひとつの奏請状を朝廷に差し出した。

道路、百姓《ひゃくせい》の来去絶えず。樹その傍らにあれば疲乏を息《いこ》ふに足る。夏は即ち蔭に就《つき》て熱を避け、飢《う》れば即ち子を摘み、之を噉《くら》ふ。伏し願わくば、城外の道路の両辺に菓子の樹木を栽種せられんことを。（『類聚三代格《るいじゅうさんだいきゃく》』）

この奏請にもとづき、朝廷は太政官符として、同年六月二二日、畿内と七道駅路の両側に果樹を植えるべき旨の布令を出した。日本での道路植樹についての初めての記録であり、普照は日本の街路樹の創始者として記憶されるべき人である。

普照は七三三（天平五）年、第九次遣唐船で戒師を招く使命を持って唐に赴き、七五四（天平勝宝六）年に、揚州大明寺の鑑真《がんじん》和上の来日を実現して同行帰国した。普照が在唐中の七四〇（唐の開元二八）年、勅令によって長安・洛陽を結ぶ両京路や城中の御苑内に果樹が植えられた。普照はそれらを実地に見聞していたであろうから、その経験にもとづいて奏請状を出したものであろう。

都と駅路の植樹とその管理

都大路には、すでに藤原京の時代（六九四〜七一〇年）に街路樹があった。『万葉集』に三方沙彌《みかたのさみ》の歌がある。

橘の蔭履《ふ》む路《みち》の八衢《やちまた》に　物をぞ思ふ妹《いも》に逢はずして（巻二・一二五）

三方沙彌については知られていないが、この歌が藤原京時代の歌の部類に入れられていることから、当時のものと推定される。橘は街の四辻や市に街路樹として植えられたと考えられる。当時の橘は現在の柑子《こうじ》みかんに類するもので、その実は小ぶりである。

さらに下って平城京時代には、同じく『万葉集』に門部王《かどべのおおきみ》の歌がある。

東《ひむがし》の市《いち》の植木の木垂《こだ》るまで　逢はず久しみうべ恋ひにけり（巻三・三一〇）

門部王はのちに七三九（天平一一）年に大原真人の氏を与えられているから、普照とほぼ同時代の

写真3-2　復元された平城京朱雀門付近と柳

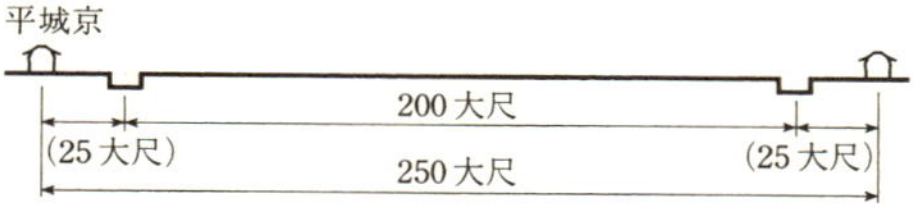

図3-11　朱雀大路の寸法（文献4より）

人である。

さらに下って同じ平城京時代の七五〇（天平勝宝二）年三月二日、大伴家持《おおとものやかもち》が任地の越前の国府にあって都を懐かしんで詠った歌がある。

春の日に張れる柳を取り持ちて　見れば都の大路《おおじ》思ほゆ（巻一九・四一四二）

平城京の中央通りである朱雀大路は、両側の築地塀の間が二五〇令大尺（約九〇メートル）、路面敷は二〇〇令大尺（約七〇メートル）で、築地塀と側溝の間も心心で二五令大尺（約九メートル）もあったから（図3-11参照）、樹木を植えるには十分だった。今、その一部が復元されている。

このように、七世紀末から八世紀には藤原京と平城京に街路樹のあったことは確かである。

七九四（延暦一三）年、都が平安京に移ると、都大路の街路樹は柳が主流となり、槐《えんじゅ》も植えられていたことが、当時の詩文によって知られている。

都の街路樹の管理に誰が当たっていたかは明らかでないが、八六二（貞観四）年三月八日に、朱雀大路を兵士に夜間に巡察させ、治安の維持と柳樹の枝折れの防止を意図する太政官符が出されており、当時の街路樹への配慮がわかる。

さて、普照の招請にもとづく太政官符によって、都から外の駅路に並木が実際に植えられたのであろうか。はっきりしたことはわからないが、約六〇年後の八二一（弘仁一二）年四月二一日、「路辺の樹木を切り損することを禁ずる」旨の太政官府が出され、「道辺の木は夏は木蔭を作り休息するところとなり、秋は実が結んで食べられるのであるから、やたらに伐採してはいけない」としている（『類聚三代格』）。これから見ると、七道駅路でもある程度の植樹の実績があったものと見られる。

これより後の一〇世紀に撰せられた『延喜式』にも、「凡そ諸国駅路の辺に菓樹を植え、往還の人の休息を得さしむべし。もし水のなき処には便を量りて井を掘れ」とあり、それを裏付けている。

三　駅路の軍事的性格と車の使用

大野東人、出羽路を開く

七三七（天平九）年正月、鎮守府将軍であり、陸奥按察使《あぜち》でもあった大野東人《おおののあずまひと》は、陸奥国多賀柵《たがのき》（宮城県多賀城市）から出羽柵《でわのき》（秋田市）まで行くのに、道が遠回りなので男勝《おかち》（雄勝とも書く。秋田県雄勝郡および湯沢市）を征伐して「直路」を開きたいと奏上し、裁可を得た。その四年前、七三三（天平五）年に出羽柵が秋田村高清水（現秋田市）の岡に移し置かれた。それまで最北の拠点として最上川河口付近（現山形県酒田市）に置かれていた出羽国府から前進基地として別に設けられたものである。東山道の陸奥の拠点である多賀柵からでは、出羽国府から海岸沿いのルートでは遠回りなので、内陸の

写真 3-3　銀山越えの推定古道跡の現況

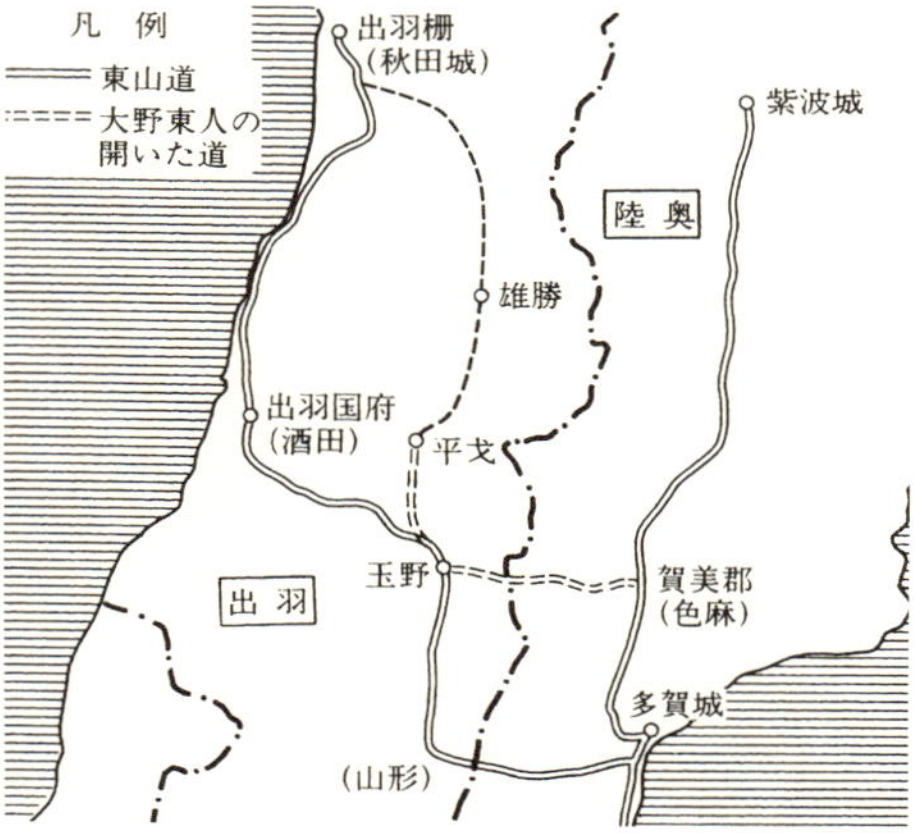

図 3-12　出羽国古代道路図

雄勝を経由する道を新たに開くことにしたのである。もっとも『続日本紀』の原文には疑問の点があって、どう読み解くかに議論があり、最も新しい解釈として、今泉隆雄氏は、道が遠回りなのではなくて、雄勝経由には自然発生的な道はあったけれども、道筋が曲がりくねっていたので、直線道路を通すことを奏上した、としている。(5) この道の目的は、出羽柵に緊急事態が発生したとき、出羽柵から多賀柵の陸奥按察使《あぜち》に急報し、陸奥国の軍を出羽柵に送り込むことである。

この年四月、東人は俘虜を含め六〇〇〇名近くの兵を従えてみずから出陣し、道路の開削に成功した。

将軍東人《あずまひと》廻《めぐ》りて多賀柵《たがのき》に至る。自ら導きて新たに開通する道惣《すべ》て一百六十里、或は石を剋《きざ》み樹を伐り、或は澗《たに》を塡《う》め、峯を疏《けず》る。賀美《かみ》郡より出羽国最上郡玉野に至るの八十里は地勢険阻なりといえども人馬の往還大いなる艱難なし。玉野より賊地比羅保許《ひらほこ》山に至るの八十里は、地勢平坦にして危険あることなし。(『続日本紀』)

この一文は、道路工事の具体的な状況を示している日本最初の文章とされる。岩を刻み木を伐り、谷を埋め峯を削った難工事の結果、賀美郡(宮城県色麻《しかま》町)から西に玉野(山形県尾花沢市)に至る八〇里(約四二キロ)の間は、奥羽山脈を横断して険しいけれども、新道が開通して人馬の往復の便がよくなった、と述べている。

この賀美郡から玉野までの道筋は、現在は国道三四七号が通っている山越えの道で、ただし峠は国道の通る鍋越峠ではなく、近世に最上街道と呼ばれ、軽井沢番所が置かれていた銀山越えのルートであったと見られている。しかしまだ古代道路遺構がはっきり検出されたわけではなく、具体的な構造はわかっていない。

なお、あとの八〇里は現在は国道一三号が通っている道筋を秋田県境の雄勝峠方向へ向かうものである。しかし、大野東人は雄勝城までは攻めきれず、引き返した。それから二二年後の七五九（天平宝字三）年に出羽国内に六駅が置かれた記録があり、そのうち平戈、雄勝、助河など四駅はこの道（出羽山道ともいう）に置かれたと見られるので、この時期には雄勝廻りで秋田柵に達する道が駅路として開かれていたと考えられる。(6)

駅路は軍用道路でもあった

この大野東人が切り開いた道は、明らかに軍事用道路であったが、これはその後、駅路としても使われた。このように七道駅路は、情報通信や使臣の通行だけでなく軍用道路としての性格も持っていたのではないかと、木下良氏は指摘している。(7)その理由として木下氏は、①道路幅が一〇メートル以上もあったこと、②峠越えで見通しのよい尾根筋を通るなど軍事的配慮の見られるもののあること、③西日本に多く見られる「車路《くるまじ》」の地名が残る道路遺跡が山城を通過していることから、輜重《しちょう》車両の通行も考慮されていた可能性のあること、を挙げている。

駅路は、辺境の防備のために、急速に軍隊やその兵糧を送るために欠かすことのできない存在である。大野東人が出羽の別路を開いた東山道は、陸奥路も含めてとりわけその役割が大きかった。道路を延ばしてその前線に城柵を置き、そこを基地として夷狄を制圧することを繰り返した。東人の後も、数千人の出動が何度か記録されている。七八八（延暦七）年三月三日には、「東海・東山・坂東諸国は歩騎五万二千八百余人を調発し、来年三月を限りて、陸奥多賀城に会せ」と勅が下る（『続日本紀』）。同時ではないにせよ、かなりの人数の部隊が東山道を北上したことであろう。さらに『日本後紀』弘仁二（八一一）年五月一九日条には、時をさかのぼって回顧する形なので概数ではあるが、「去《さ》んぬる延暦一三年の例は、征軍十万」とも記されている。延暦七年ころは、阿弓流為《あてるい》という名の蝦夷《えみし》の巨頭が登場し、政府軍を大いに悩ませた時代であり、延暦一三年ころは、坂上《さかのうえ》田村麻呂が征夷副将軍として阿弓流為に対決すべく陣容を整え、かなりの戦果をあげていた。このような大規模な戦乱において、大軍を送るためには相当の幅の道路が必要であったことは明らかである。

先に表2-1に掲げた『延喜式』での駅名表が、『兵部省駅伝』の項目に載せられているのも、駅路が軍事を優先させる意味があったものと理解することができる。

古代ローマの道はきわめて軍事的な性格の強いものであったし、中国でも秦の始皇帝（治世、西暦前二二一～二一〇年）が造った、馳道と名づけられたみずからの視察道路網は、全長約三万里（一万二五〇〇キロ）で、その幅は五〇歩（約七〇メートル）と記録されている。始皇帝はさらに首都咸陽（現在の西安市付近）近くから北方の九原（現内モンゴル自治区内）まで、匈奴からの侵攻に対処するため一八〇〇里（約七五〇キロ）の軍用道路の直道《ちょくどう》を将軍蒙恬《もうてん》をして造らしめたが、これまでにその幅およそ一〇〇メートルとする台形の築堤幅が発見されている。

古代駅路の場合も、一二メートルというような道路幅は平地部のもので、山地部にはそれほど広い道路幅の出土例はないが、それでも北陸道の倶利伽羅峠では幅六〜七メートルの切土部が発見されており、(8) その道が平地に下りた部分の道幅は発掘によると六メートルであるから、山地部だからといって必ず幅が狭くなるわけではない。

ただ、これらの道路幅は軍事的にはあるいは必要だとしても、東山道武蔵路の遺構で、両側の側溝の埋め戻しのあとに歩行の後が見えるように、日常的な交通ではこれだけの必要がなかったことは明らかであり、その点では駅路が単なる実用のためだけではなく、特に地方部では中央政府の権威を示すことに大いに役立っていたことは確かであろう。

第二の峠越えのルート選定について、木下氏は東山道の碓氷峠越え、北陸道の倶利伽羅峠越え、西海道西路の笹原峠越えがいずれも後世の街道がより低い峠を越えているのに、古代路が標高は高いが見通しのよい尾根筋ルートを選んでいるのは軍事的性格によるものとしている。これは駅路の軍事的性格を物語るもっとも明瞭な指摘だと思われる。

第三の車路については、木下氏は九州に多く見られる車路地名のいくつかは山城と関係するなど、駅路の軍事的色彩の例証のひとつとしている。車路については次項に改めて述べるが、九州の駅路が唐からの侵攻に備える性格を色濃く持っていたことと無関係ではあるまい。

本来、七道駅路が中央政府の地方支配の道具であることを考えれば、軍事的側面を持つことは否定できないものであるだけでなく、ましてやその成立時期が、六六三年の白村江の戦で敗れ、唐からの侵攻に備えて西日本の各所に山城など防衛施設を築いた直後の時代であることを考えれば、むしろ当然とすべきであろう。

駅路に車は使われていたか

日本では有史以来、車は都大路で皇族や貴族が牛車として使用した以外には、乗用としては用いられなかったというのがこれまでの定説である。ただ伝承としては、車に関していくつかの事例がある。『日本書紀』には、五世紀の在世とされる履中天皇の時代に車持君《くるまもちきみ》がいて、筑紫の国には車持君に管理される部民である車持部《くるまもちべ》もいたことが記されている。九世紀に作られた『新撰姓氏録《しんせんしょうじろく》』に、雄略天皇（在位五世紀）の時代に乗輿を供進したものに車持君の名を賜ったとある。そのほか、車持氏の名は大和・摂津などの畿内地方、伊賀・近江などの周辺地域、越前・越中など北陸道地方、豊前・筑紫などの西海道地方、さらには上総・上野など東国に広く分布しているが、実際にどこまで車に関係していたかは不明である。

『養老令』には「儀制令」に「車駕」とは行幸のときに称するとあり、車駕の巡幸時での歓送迎のやり方なども記されているから、車による地方行幸のこともあったのであろう。「職員令」には左右兵衛府の任務に車駕の出入りのときに前後を守ることが挙げられている。

この車駕は何によって曳かれたか。神事の際には馬に曳かれた例もあるようだが、これは特殊な場合で、普通は牛に曳かれた。平安時代に貴族の乗用として牛車《ぎっしゃ》と呼ばれて広く使われたことは、『源氏物語』の車争いなどによってよく知られている。

乗用の牛車は主に都を中心として使われたものであるけれども、平安中期に書かれた『更級日記《さらしなにっき》』には、一〇二〇（寛仁四）年九月三日、上総の国府から帰任する父菅原孝標《すがわらのたかすえ》に従った作者（女《むすめ》、当時一三歳）が、出立の際に車に乗ること、また太井川《ふとい》（現在の江戸川）を渡るとき、車を舟に乗せて運ぶようすを描写しており、都から遠い東国でも車が使える道のあったことを示している。

「公式令《くしきりょう》」には「凡そ行程は馬は日に七十里、歩《かち》は五十里、車は三十里」とあり、駅路など地方の道路の場合の一日の行程の標準値を示しているものと見られる。一里は約五三三メートルであるから、馬ならば三七キロ、徒歩は二七キロ、車は一六キロである。全体にかなり遅いし、車は徒歩よりも遅い。これは車が牛に曳かれていたこと、またその行程の目安が貨物運搬用であったことを示している。

車がそれぞれの土地で使われた証拠のひとつに地名がある。木下良氏によれば、「車路」または「車地」の地名は西日本、とりわけ九州に多い。(9) 熊本市内にあった肥後国府とその北々東にあたる古代の山城である鞠池《きくち》城とを結ぶ道の中間の熊本県菊池郡泗水《しすい》町吉富に残る車路地名は古代の軍事道路の名残りであり、この道全体が車路と呼ばれていた。

このほか、福岡県久留米市の筑後国府付近に車路あるいは車地の名前が連続して七カ所、同県の旧筑前・豊前区域にもさらに九カ所の車路・車地が古い地名として記録されており、それらがいずれも古代駅路の推定地に重なっているという。このほか「車帰」「車返」地名が駅路想定地の急坂下や渡河点に認められるなど、古代駅路にかなり車が使用されていたことを推察させる。

加藤友康氏によれば、奈良時代に車が荷車として使われた例として、正倉院に残された文書からは、都（平城京）の東西市、都の役所である節部省、京周辺の川から陸揚げするための泉津といった、京内や周辺地域で利用されていることがわかる。(10)

運ばれたものは、木材、薪、炭、草、藁のように重いものや容積の大きいものであった。建物を造るときの木材などが代表的なものであった。

車使用の考古学的考察

このように文献的には古代におけるいくつかの車使用の状況を見ることができるが、考古学的な発掘例としては、まだそれほど多い実績を持っているとはいえない。

古代の運搬用具としては、古墳・飛鳥時代の修羅《しゅら》がある。一九七八年に大阪府藤井寺市の三ツ塚古墳から出土した修羅は大小二個、大きいほうの大修羅は長さ八・七五メートルで、両脚が鋏状に開いている。(11) 材料はアカガシ製である。この修羅は古墳時代の五世紀中葉のものと推定されている。一九七八年に実施された復元「修羅」での実験によれば、一四トンの石材を曳き綱一二本、テコ棒四本、

写真 3-4　大阪府藤井寺市三ツ塚古墳出土の修羅（文献 11 より引用）

写真 3-5　神戸市南吉田遺跡出土の車輪（文献 11 より引用）

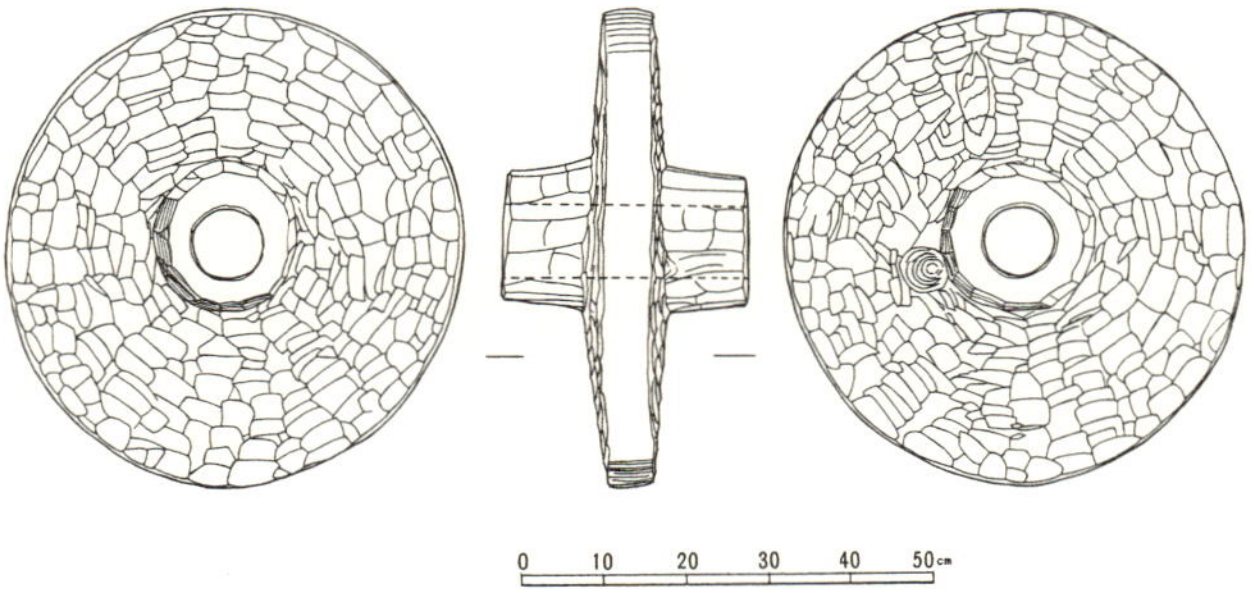

図 3-13　神戸市吉田南遺跡出土の車輪（文献 12 より引用）

図 3-15　牛車「扇面古写経」（文献 12 より引用）

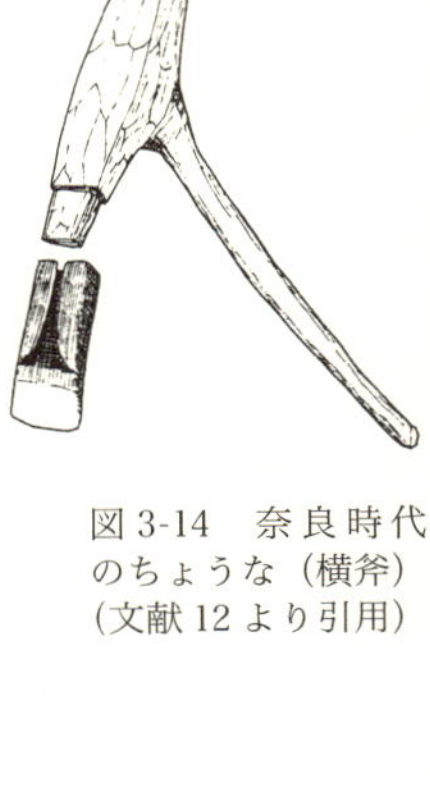

図 3-14　奈良時代のちょうな（横斧）（文献 12 より引用）

曳き手三〇〇人で、一分間に二・二メートル動いたという。このほか、修羅については、この三ツ塚古墳を含めて、すでに五例の出土があるという。

これに比べると、むしろ後代に使用された車のほうが考古学的な事例が少ない。一九六五年に長岡京で発掘された溝状のわだち跡はかなり明瞭なものであった。このわだちの間隔（左右の車輪の間隔）は、およそ一・三メートル、土に沈んでいる車輪の幅は一〇センチほどである。左右のわだちの間に四〇センチくらいのくぼみがあり、これは牛が踏みつけた跡と見られる。横には牛を曳く人の踏み跡もあった(12)。畿内以外では、その後、前述の静岡市の曲金北遺跡の東海道、埼玉県吉見町の西吉見条里II遺跡、その他に茨城県友部町の五万堀遺跡の東海道など、いくつかのわだち跡が見いだされたとされている。

車自体の出土事例としては、車輪の例がわずかにある。一九七六〜八〇年にかけて調査された神戸市の吉田南遺跡から出土した一個の車輪は、丸い木を輪切りにしたものでスポークのあるものではない（写真3-5、図3-13）。車輪の幅（厚み）は一〇センチ程度、輪の部分は釿《ちような》（図3-14）で削ってある。軸受けの部分は太く、厚みが三〇センチほどもある。丸く穴があけられ、内面に摩擦の跡があるので、実際に車軸が通り、車が回転して内側が消耗したものと見られる(11)。

このほか、奈良の平城京では、八世紀の車輪の一部と見られる木材の破片が出土している。図3-15に見られるような車の一部であろう。今後、さらに全国での車輪や車両の出土事例、あるいはわだち跡の報告が待たれるところである（参考文献第三章末尾の注参照）。

なお、平安時代に貴人が乗る車が牛車《ぎっしゃ》と呼ばれていたとはよく知られているが、江戸時代には、運搬用の車は牛車《ぎゅうしゃ》と呼ばれた。古代には運搬用には運車の表現が見られる。

四　古代の橋

古代の橋のはじまり

日本の歴史の上で橋が登場するのは、弥生時代といってもよかろう。その前の縄文時代については、湿潤地を渡るのに、木道と呼ばれている木を組んだ構造物があったことは先に記したが（二六～二七ページ参照）、これはまだ、桁を空中に支えるまでには至っていないようである。

今のところ、橋と呼んでよい構造をもつ最も古いものは、富山県江上《えがみ》A遺跡で出土した弥生時代後期（ほぼ一～三世紀）の木組み構造である。長さ三メートル、幅〇・三メートルの板を三枚合わせて渡した板橋である。(13) 三枚の板のうち二枚に紐とじ穴があり、つなぎ合わせて架けられていた。板橋は溝を渡るためのものである（写真3－6）。

さらに下って古墳時代のものとして、一九八一年に群馬県三ツ寺I遺跡の豪族居館から二つの橋が検出されている。ここでは四列の橋脚の柱が検出されている。桁の長さは一〇メートル前後があった

写真 3-6　江上 A 遺跡の弥生時代の橋（文献 13 より）

と見られ、桁や梁と思われる木材も近辺に散乱していた。古墳時代といえば、伝承ではあるが、日本最古の橋として難波の猪甘津《いかいのつ》の橋の建造が記録されている（五七ページ参照）。

　奈良時代になると、平城京やその中の平城宮で溝を渡る橋が二〇カ所近くも検出され、日本の橋も本格的な築造時代に入ったことを思わせる。

古代の三大橋――一　宇治橋

　古代の飛鳥・奈良時代の架橋記録として著名なのは、宇治橋、勢多橋、山崎橋の三橋である。この三橋は、都が平安京に移ってからも、戦乱の舞台として登場するなど、都の周辺の大河を渡る戦略上の重要拠点であった。

　平安末期に編まれた『伊呂波字類抄《いろはじるいしょう》』に三大橋として、山太、近二、宇三とあり、これは山城国の木津川に架かる山崎橋を太郎、近江国の勢多川に架かる勢多橋を二郎、山城の宇治川の宇治橋を三郎と俗に呼ばれたことを記しているものである。鎌倉時代の百科事典ともいうべき『拾芥抄《しゅうかいしょう》』にも、大橋としてこの三橋を載せる。時代が下って山崎橋が断絶した後は、淀橋を加えてやはり三大橋と称したという。

まず橋の創建者について古くから論議のある宇治橋から始めよう。この橋については、六七二年の壬申の乱のときに、この橋に橋守のいたことを先に記した（九五ページ参照）。橋は当時都のあった近江と大和の飛鳥を結ぶ幹線が宇治川を渡るところに位置していた。

この橋は、それより前の六四六（大化二）年に僧道登《どうとう》によって初めて架けられたとされている。これは宇治橋断碑と呼ばれる石碑に書かれていたことがその根拠になっている。

この断碑は、現在の宇治橋の東詰から岸に近い道のすぐ上流側にある橋寺（放生院）の本堂前庭の覆舎の中に立っている（写真3‐7）。一七九一（寛政三）年四月、

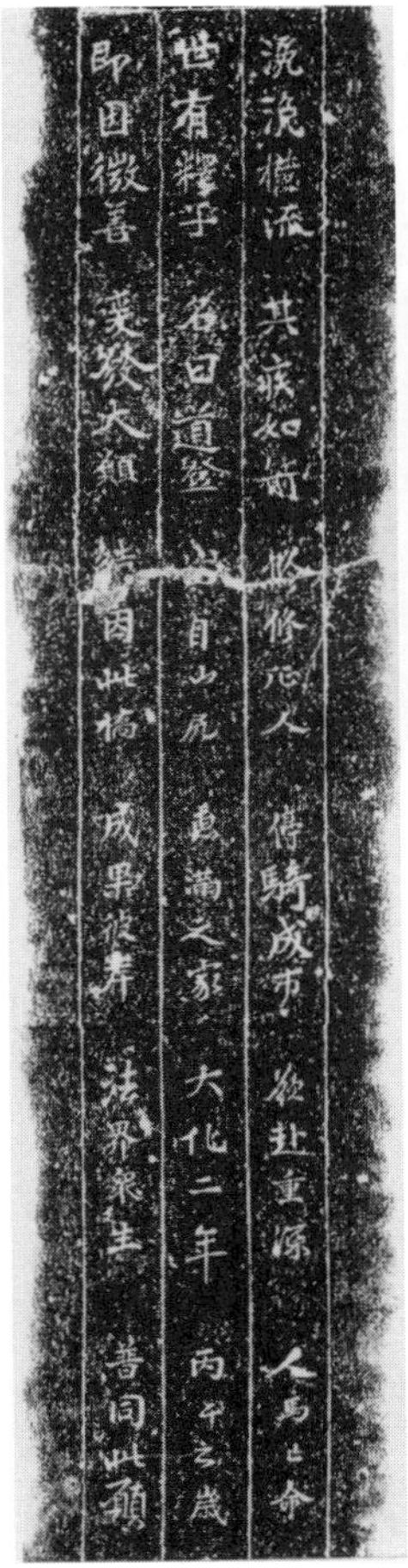

写真 3-7（右） 橋寺放生院の宇治橋断碑

写真 3-8（左） 宇治橋断碑拓本（文献 14 より）

橋寺の境内から、偶然発見されたもので、断碑（こわれた石碑）というように、碑の上部三分の一だけのものであった。残りは発見できなかった。

二年後の一七九三（寛政五）年に、尾張の小林亮適という学者が、『帝王編年記』という一四世紀に編まれた古代からの年代記に収められた銘文と断碑に残された文言が一致することから、下部を新たに作り、つなぎ合わせて復元した（写真3－8）。

石碑が復元されたことで、『帝王編年記』にあった大化二年の道登創建のことが確かめられたことになったが、一方『続日本紀』には道照《どうしょう》和尚が亡くなったとき、その事績を顕彰した文章の中に、「山背《やましろ》国宇治橋は和尚の創造《つく》りしものなり」とあるので、どちらが本当か、江戸時代からいろいろ議論されてきた。

断碑の復元に使用された『帝王編年記』にすら、石上銘の前文に「元興寺道登道照、勅を奉じて、始めて宇治川橋を造る」とあるぐらいで(15)、当時から両人が協力して造ったとの考えや、いや歳からすると道照は当時まだ一八歳のはずで、両人がともに元興寺の僧侶であったことから、誤って道照にしたのだろうとか、論議がされている。

上田正昭氏は道登が造橋したあとで、道照がその造替を行なったので、このような両説が形づくられた可能性のあることを指摘しており(16)、道登が初めて架け、その後、弟子である道照が架け直したと考えるのは、木橋の寿命からしても妥当と思われる。

上田氏はまた、道登、道照ともに朝鮮渡来の氏の出身であって、いかに古代の歴史と文化に朝鮮が深くかかわっているかを痛感すると述べている。

道登は、山城国に生まれ、高句麗に留学した経験があり、元興寺に住した。事績としては、六五〇年に白雉が貢上されたのを道登が瑞祥であると説き、改元されたという話がある程度で、生年・没年も明らかでない。これに対して、道照は六二九（舒明天皇元）年、河内国丹比郡に生まれ、唐に留学、玄奘三蔵に学び、同室に住まうなど特にかわいがられた。帰国した後、元興寺に禅院を建てた。このときに道登に知己を得たのであろう。各地を廻り、井戸を掘り、津の渡りに船を設け、橋を造った。七二歳で亡くなった。

宇治橋はその後、東大寺の観理、道慶といった僧侶が相次いで修築するなど、長く僧家の管理するところとなっていた。

古代の三大橋——二　勢多橋

勢多橋（時代によって勢田橋あるいは瀬田橋とも書く）もまた、壬申の乱に登場した。大海人皇子の軍が、一挙に近江の大友皇子方を攻め、勝敗を決した地である。迎え撃つ大友軍は、橋の中ほどの板を外し、一枚の長板を置いて綱をつけた。敵が渡って来れば、一挙に綱を曳いて川に転落させようとの作戦だった。しかし大海人軍の勇者が一人、甲《よろい》を重ね着してすばやく板を踏みわたって敵陣に乗り込み、それを機に勝敗は決した。

このほか八世紀に起こった恵美押勝《えみおしかつ》の乱でも、この橋は重要な役割を果たした。その後も何度も架け替えられながら、東海道の橋として今に至るまで日本の交通幹線に位置している。

この橋の創建について記録されたものはないが、古代史あるいは橋梁史において特筆すべきことは、一九八八年に奈良時代の勢多橋の遺構が見つかったことである。現在の橋の八〇メートルほど下流で、東岸から八メートル離れ、水面下三・五メートルの川底にあった。瀬田川の浚渫《しゆんせつ》工事の事前調査で発見されたものである。ここは以前から唐橋遺跡と呼ばれる一角に当たる。

橋脚の遺構は、左岸（東岸）に近く、二カ所で見つかった。検出された遺構は、下の基礎構造とその上の橋脚台部から成る。この橋の遺構の最大の特徴は、基礎が六角形をしていて、橋脚が河床に打ち込まれていないことである（図3－16、写真3－9）。

東側の一号橋脚では、まず一番下に、川の流れと同じ方向に直径約二〇センチ、長さ五メートルの丸太材が数本並べられ、その上に直径二五センチ、長さ三～五メートルの丸太材一一本が直角方向に置かれ、井桁状をなしている。

橋脚台部は長さ五～六メートル、幅四〇～五〇センチの角材を南北一一メートル、東西約五メートルの扁平な六角形に組み合わせてある。角材の中央部には直径二〇センチ、深さ五～一〇センチの枘《ほぞ》穴があけられていた。この枘穴に橋脚材が立ち上がったと見られる。

奈良時代の平城京で見つかった橋の橋脚の据え方は、おおむね掘立式で、特に地盤が軟弱で柱が立たないような場合にだけ、打ち込み式にしている。これに対して勢多橋がそのいずれでもなく、いわ

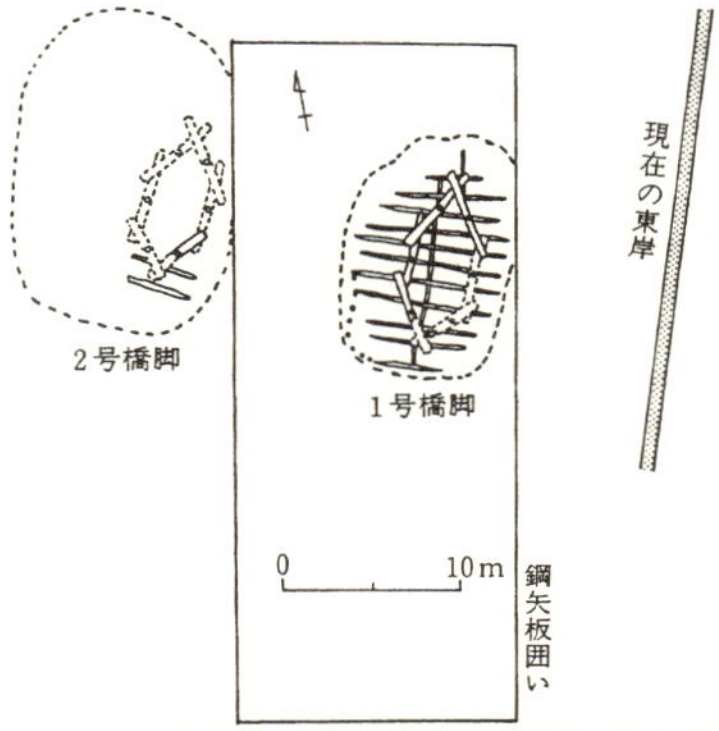

図 3-16　発掘された勢多橋
(文献 13 より)

写真 3-9　1 号，2 号橋脚より復元された勢多橋の模型（文献 17 より）

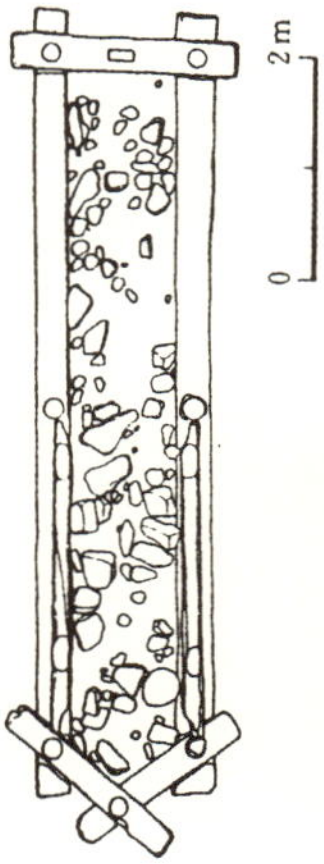

図 3-17　月精橋の木造橋脚基礎 (文献13より)

ゆる直接基礎構造をしているのは、河床がきわめて硬かったからである。松村博氏は、ここの河床地盤はN値（標準貫入試験の打撃数）が一〇〜二〇程度のよく締まった砂層で、当時の技術ではこの河床に木杭を打ち込むのは難しかったろうと述べている。[13]

この橋脚台部が倒れたり流されたりしないように、礫群が重石として多数載せられていた。このような特異な構造は、日本では初見のものであったが、実は朝鮮半島に先例があった。かつて新羅《しらぎ》の都であった慶州《キヨンジユ》で一九八六〜八七年に発掘調査された月精橋《げつせい》がそれである。

月精橋の橋脚には、木造と石造の二種類の基礎構造があり、木造は五角形、石造は六角形の基礎を持ち、枘穴があった。石造橋脚は統一新羅時代の初期（八世紀半ば）、木造はそれ以前の武烈王時代（六五四〜六六一）の橋にそれぞれ比定されるという[13]（図3-17）。

勢多橋の場合、橋脚基礎は二カ所しか見つかっていないが、それから推定すると、径間長は一五メートルにも達すると想定され、かなりの技術を伴うものであったと見られる。壬申の乱は六七二年のことであり、この橋脚が朝鮮半島の技術を受け、それ以前に造られた可能性が少なくない。近江朝が駅路建設の一環として、宇治橋と勢多橋を設けたことが考えられる。

古代の三大橋――三　山崎橋

山崎橋（山埼橋とも書く）が歴史に登場するのは、他の二橋に比べるとやや遅い。七二五（神亀二）

年に僧行基がこの橋を造ったということが、多くの記録にある（一説には神亀三年）。山崎橋は木津川に架けられたとも、淀川に架けられたともいう。山崎は、現在でも桂川、宇治川、木津川の三川が合流して淀川となる地点であり、代々の架橋によって架けられた位置も異なったものと思われる。

山崎橋は、行基の架橋が初めてではない。一二世紀に編まれた『行基年譜』によると、神亀二年九月一日、行基が弟子とともに山崎川（淀川）まで来ると、川の中に大きな柱があった。人の言うには、むかし尊船大徳という僧侶が架けた橋の柱であった。この僧はまた道照であるとも言われる。いずれにせよ、前に少なくとも一度は架けられていた。

写真 3-10　山崎架橋図（文献 14 より）

山崎橋については、七八四（延暦三）年七月、阿波、讃岐、伊予の三国に命じて、山崎橋の料材を造らせたことが『続日本紀』に見える。この橋がかなり大規模であったことが察せられる。

しかし木橋のことであるから、八五〇（嘉祥三）年、大水によって絶たれ、「橋が壊れるのは水の抵抗が大きいからだ。架ける場所を選べ」との勅命によって再建された（『文徳天皇実録』）。山崎橋修築の絵が残されている。平安時代の架橋を鎌倉時代に描いたものではあるが、貴重な記録であることはまちがいない（写真3－10）。

創始者でないにしても、この橋の建設者として知られる行基は、六六八（天智天皇七）年、河内国大鳥郡で百済系渡来人の豪族の家に生まれた。一五歳で出家し、道照を師とした。つまり、造橋僧である道登、道照、行基は一連の師弟関係にあった。行基は伝道と社会事業を積極的に行なった。土木技術を習得し、池、用水路、道路、橋を築造し、開田し、布施屋（行旅の人びとのための宿泊施設）を設けた。行基の架けた橋としては、『行基年譜』には山崎橋以外にも木津川に架かる泉大橋、高瀬大橋など六つの橋が挙げられている。これらは行基一人で架けたわけではない。多くの協力者がいた。七四一（天平一三）年、『続日本紀』は賀世《かせ》山の東の川（木津川）に橋を造り、これには七〇五人の優婆塞《うばそく》（在俗の男子で僧になるため修行している者）が従事したと記す。この造橋は恭仁《くに》京造営に関連したものである。この仕事に従事した優婆塞は行基に従うものといわれ、この橋は行基の事業の一つとも見られている。

橋や道路の維持修繕

平安時代に入っても、僧侶による架橋は続いた。平安中期の布教僧として名高い空也《くうや》（九〇三〜九七二年）も土木事業に力を尽くし、各地に道を開き、橋を架けた。しかし中央政府も橋の築造と維持には意を注いだ。八二八（天長五）年の太政官符によれば、平安京内には実に三七〇余りの橋があったという（『類聚三代格』）。八一二（弘仁三）年、摂津の長柄《ながら》橋が架けられた。この橋はそれ以前に架けられたとの伝承もあるが、定かではない。長柄橋には、なかなか逸話が多い（後述）。

橋や道の管理や修繕はどのようにされてきたか。道路の建設は兵部省の管轄であり、道路橋梁の管理は民部省がその責任を負っていた。直接には、都では左右京職が、地方では国司がその任に当たった。養老令の注釈書である『令義解《りょうのぎげ》』の「営繕令」によると、次のように規定されている。

凡そ津橋道路は、年毎《ごと》に九月の半より起《おこし》て当界修理し、十月に訖《おわ》ら使《し》めよ。その要路陥《お》ち壊《やぶ》れて水を停め、交《にわ》かに行旅を廃《やめ》たらば、時月に拘らず、量《はか》りて人夫を差し、修理せよ。当司の能《よ》く弁ずるにあらざれば、申請せよ。

（船着場や橋、道路は、毎年九月〔陽暦では一〇月〕の半ばからその国で修理し、一〇月〔陽暦一一月〕中に終えさせよ。重要な道路が壊れて交通できないときは、その月日にかかわらず、人夫を差し出して修理せよ。その国の国司ができないときは中央政府に申し出よ）

このように、夏の洪水期が終わった時期に、橋や道路の修理を命じている。八一九（弘仁一〇）年一一月には太政官符で、都の家々は自分の家に引き込んだ水は始末し、汚水などを外に出さないようにせよ、違反したら罰するとの禁令を出している（『類聚三代格』）。

八五七（天安元）年、新たに山崎橋の修復が成ると、馬糞が橋につもりやすいから早く掃除することや、川の上流の橋や家が洪水のときには障害になって橋が壊れやすいから、橋守を置いて常時監視させる命令が出ている。(3) さらに八七三（貞観一五）年には、乗馬のまま橋を渡ることや、夜行の人が炬火《たいまつ》を使うことを禁じている。火事になりやすいためである（『類聚三代格』）。

木造橋は朽ちるのが早く、八八四（元慶八）年に遠江国の長さ五六丈（約一六八メートル）、幅一丈三尺（約三・九メートル）の浜名橋が破損して大修理をした記録があるが、その前は八六二（貞観四）年の修築なので、わずか二三年で改作されている（『三代実録』）。

橋を架けることが難しい場合には舟渡しの設備が設けられ、浮橋（舟橋）が架けられたこともあった。八三五（承和二）年には、渡船では流れが速く人馬がしばしば転落して死傷することから、駿河国の富士河と相模国の鮎河（相模川）に浮橋を造ることを国司に命じている（『類聚三代格』）。

長柄橋にまつわる説話

摂津国の長柄《ながら》橋の所在地は、古くから議論があり、定まっていない。現在の長柄橋はＪＲ東海道線が大阪―新大阪間で淀川を渡るときに東側に優美なアーチ型を見せている。昔の橋もそれほど離れたところではなかったであろう。

八一二（弘仁三）年に架けられたというこの橋は、約四〇年後の八五三（仁寿三）年にはすでに廃絶されていた。この橋は、架けても架けても流される難所にあったため、有名な人柱伝説がある。平清盛がからむなど諸説があるが、キーポイントは二つある。ある人がこの橋の建設の際に余計なことを口走ったために人柱に立たされ、命を落とした。その娘が嫁に行っても一言も口を聞かず、それで離縁された。夫に送られて帰されることになったとき、道で雉が鳴き、夫がそれを射止めた。それを見た妻が、歌をよんだ。

ものいわじ父は長柄の橋柱　鳴かずばきじも射たれざらまし

長柄橋はなかなか再建されなかったので、かえって人びとに哀惜の念を生じさせた。この橋の橋柱で作った文台《ぶんだい》（小さな書物机）が珍重されて、後鳥羽院の歌会のときに取り出されたとか、平安時代後期の歌人能因法師は、橋のかんな屑を大切にしたなどの話が残されている。

『古今和歌集』の中の歌が、また論議を呼んだ。

なにはなるながらのはしもつくる也　今は我身をなににたとえん　　伊勢

歌中の「つくる」が「尽くる」なのか、「作る」なのかで、再建かそうでないかが分かれ、賀茂真淵や本居宣長も論争に加わった。

長柄橋は永く廃絶したままとなり、再建されたのは、明治になってからのことである。

参考文献

第一章

(1) ゲオルグ・ジンメル著、酒田健一・熊沢義宣・杉野正・居安正訳『橋と扉』白水社、一九九八年
(2) 佐々木高明『日本史誕生』集英社版日本の歴史一、一九九一年
(3) 国立歴史民俗博物館編『縄文文化の扉を開く　三内丸山遺跡から縄文列島へ』二〇〇一年
(4) 滝沢規朗・池田淳子「新潟県岩船郡朝日村元屋敷遺跡」、『日本考古学年報』四九（一九九六年版）
(5) 埼玉県博物館編『寿能泥炭層遺跡発掘調査報告書』一九八四年
(6) 小宮恒雄「縄文時代の道」、『月刊考古学ジャーナル』四三四、一九九八年八月
(7) 領塚正浩「縄文時代の道路跡——市川市向台貝塚の事例を中心として」、『市立市川考古博物館館報』第二九号、二〇〇二年
(8) 田川肇・副島和男「長崎県壱岐郡芦辺町・石田町原の辻遺跡」、『日本考古学年報』四六（一九九三年版）
(9)「中国古代道路運輸史概要（1）」、『道路』一九九三年一月号
(10) 高橋美久二「古代の交通路」、『古代史の論点三　都市と工業と流通』図書印刷、一九九八年
(11) 近江俊秀「鴨神遺跡検出の道路状遺構」、『古代交通研究』第三号、一九九四年
(12)「写真にみる古代道路」、『道路』一九九六年九月号
(13) 秋山日出雄「日本古代の道路と一歩の制」、橿原考古学研究所編『橿原考古学研究所論集・創立三十五周年記念』吉川弘文館、一九七五年
(14) 吉村武彦『古代天皇の誕生』角川書店、一九九八年
(15) 美智子『橋をかける』すえもりブックス、一九九八年

(16)『本居宣長全集』第一二巻、筑摩書房、一九七四年
(17)保田與重郎『日本の橋』角川選書、一九七〇年
(18)岸俊男「古道の歴史」、『古代の日本五　近畿』角川書店、一九七〇年
(19)森村健一「大阪・堺市長曾根遺跡の復元〔長尾街道〕」、『古代交通研究』第四号、一九九五年
(20)秋山日出雄「日本古代の道路と一歩の制」、橿原考古学研究所編『橿原考古学研究所論集・創立三十五周年記念』吉川弘文館、一九七五年
(21)直木孝次郎『日本古代国家の成立』講談社学術文庫、一九九六年
(22)足利健亮「大阪平野南部の古道について」、『人文』二八、京都大学教養部、一九八二年
(23)千田稔「二　畿内——古代的地域計画との関係を主として」、木下良編『古代を考える　古代道路』吉川弘文館、一九九六年
(24)大和川・今池遺跡調査会『大和川・今池遺跡Ⅲ（第六地区・「古道」発掘調査報告書）』一九八一年
(25)安間安人『大道及び大王陵の設計』私家版、一九七八年
(26)森浩一『古墳の発掘』中公新書、一九六五年
(27)和田萃「山辺の道の歴史的意義」、『古代を考える山辺の道』吉川弘文館、一九九九年
(28)岸俊男「日本都城総論」、『日本の古代九　都城の生態』中央公論社、一九八七年
(29)宮崎市定『隋の煬帝』中公文庫、一九八七年
(30)王勇主編『中国江南——尋釈日本文化的源流』当代中国出版社、一九九六年
(31)中村太一『日本古代国家と計画道路』吉川弘文館、一九九六年
(32)上原和『斑鳩の白い道のうえに』朝日選書、一九七八年
(33)奈良県立橿原考古学研究所「新益京横大路発掘調査報告書」、『奈良県遺跡調査概報第二分冊一九九二年度』一九九三年

(1) 木下良「大化改新詔における畿内四至について」、『史朋』仲村研同人追悼号、一九九二年二月
(2) 虎尾俊哉校訂『神道大系　古典編十二　延喜式（下）』神道大系編纂会、一九九二年
(3) 坂本太郎「上代駅制の研究」、『坂本太郎著作集　第八巻　古代の道と駅』吉川弘文館、一九八九年所収
(4) 日本建築学会『建築資料集成三　単位空間Ⅰ』丸善、一九八一年
(5) 中国公路交通史編審委員会『中国古代道路交通史』人民交通出版社、一九九四年
(6) 中村太一『日本古代国家と計画道路』吉川弘文館、一九九六年
(7) 青木和夫「古代の交通」、豊田武・児玉幸多編『交通史』一九七〇年
(8) 藤岡謙二郎編『古代日本の交通路Ⅰ〜Ⅳ』大明堂、一九七八〜九年
(9) 武部健一「日本幹線道路網の史的変遷と特質」、『土木学会論文集』第三五九号／Ⅳ‐三、一九八五年
(10) 木下良『道と駅』大巧社、一九九八年
(11) 高橋美久二『古代交通の考古地理』大明堂、一九九三年
(12) 青木和夫「駅制雑考」、『日本律令国家論攷』岩波書店、一九九二年
(13) 木下良「日本の古代道路――駅路と伝路の変遷を中心に」、『古代文化』第四七巻四号、一九九五年四月、が包括的であり、さらに、『史学雑誌』一〇五－三、一九九六年三月、の小特集「日本古代の交通体系」における永田英明、市大樹、馬場基各氏の論考が、それまでの学説を踏まえて示唆的である。
(14) 原秀三郎「安倍市と東海道」、『静岡県史　第三編』一九八一年
(15) 木下良「古代道路の複線的性格について――駅路と伝路の配置に関して」、『古代交通研究』第五号、一九九六年六月
(16) 木下良『萬葉びとと旅』（高岡市萬葉歴史館叢書九）、高岡市萬葉歴史館、一九九八年
(17) 黒坂周平『東山道の実証的研究』吉川弘文館、一九九二年
(18) 藤岡謙二郎『古代日本の交通路Ⅳ』大明堂、一九七九年
(19) 藤岡謙二郎『古代日本の交通路Ⅱ』大明堂、一九七八年
(20) 中村太一「地理資料にあらわれた古代駅路」、『古代交通』第一〇号、二〇〇一年

(21) 藤岡謙二郎『古代日本の交通路Ⅰ』大明堂、一九七八年
(22) 飯田充晴「埼玉県所沢市東の上遺跡」、『日本考古学年報』四二（一九八七年版）
(23) 『静岡県埋蔵文化財調査研究所報告　第九二集　曲金北遺跡（遺物・考察編）』一九九七年
(24) 『古代交通研究』第五号口絵写真、一九九六年
(25) 矢田勝「駿河国中西部における古代東海道」、静岡県地域史研究会編『東海道交通史の研究』清文堂、一九九六年
(26) 千田稔「二　畿内」、木下良編『古代を考える古代道路』吉川弘文館、一九九六年
(27) 馬場基「駅制の基本的性格と成立について」、『古代交通研究』第七号、一九九七年
(28) 中里正憲「群馬県砂町遺跡の古代道路遺構」、『古代交通研究』第九号、二〇〇〇年
(29) 荻能幸「落地遺跡発掘調査概報」、『古代交通研究』創刊号、一九九二年
(30) 鐘江宏之「律令制形成期の往来と道制」、『古代交通研究』第七号、一九九七年
(31) 井上和人「古代都城制地割再考――藤原京・平城京を中心として」、『奈良国立文化財研究所学報』第四一冊、一九八四年
(32) 近江俊彦「道路跡一覧」、『古代交通研究』第七号、一九九七年
(33) 山村信榮「古代道路の構造」、『古代交通研究』第一〇号、二〇〇一年
(34) 西国分寺地区遺跡調査会『武蔵国分寺跡北方地区・日影山遺跡東山道武蔵路』一九九九年
(35) 近江俊秀「古代道路の構造（一）～（三）」、『道路』一九九六年七～九月
(36) 上村昌男「東京都国分寺出土の湿地帯の道路遺構」、『第八回古代交通研究会大会プログラム』一九九九年
(37) 埼玉県比企郡吉見町教育委員会『西吉見古代道路跡――西吉見条里Ⅱ遺跡発掘調査概報』二〇〇二年
(38) 近江俊秀「道路遺構の構造――波板状凹凸面を中心として」、『古代文化』第四七巻第四号、一九九五年四月
(39) 早川泉「古代道路遺構の虚像と実像」、『古代交通研究』第六号、一九九七年
(40) 飯田充晴「道路築造方法について――埼玉県所沢市東の上遺跡の道路跡を中心として」、『古代交通研究』第二号、一九九三年

第三章

(1) 武部健一「日本幹線道路網の史的変遷と特質」、『土木学会論文集』第三五九号／Ⅳ－三、一九八五年七月
(2) 武部健一「高速道路から見る古代駅路の路線位置の検討」、『古代交通研究』第一一号、二〇〇二年
(3) 大島延次郎『日本の路』至文堂、一九五五年
(4) 井上和人「古代都城制地割再考——藤原京・平城京を中心として」、『奈良国立文化財研究所学報』第四一冊、一九八四年
(5) 今泉隆雄「天平九年の奥羽連絡路開通計画について」、『国史談話会雑誌』第四三号、二〇〇二年九月
(6) 中村太一「陸奥・出羽地域における古代駅路とその変遷」、『国史学』第一七九号、二〇〇三年三月
(7) 木下良「古代官道の軍用的性格」、『社会科学』四七、同志社大学人文学研究所、一九九一年
(8) 西井龍儀「倶利伽羅峠の古道」、『古代交通研究』第七号、一九九七年
(9) 木下良「『車路』考」、『歴史地理研究と都市研究（上）』大明堂、一九七八年
(10) 加藤友康「日本古代の牛車と荷車」、『車』東京大学公開講座六八、東京大学出版会、一九九九年
(11) 『修羅！ その大いなる遺産 古墳・飛鳥を運ぶ』大阪府立近つ飛鳥博物館、一九九九年
(12) 奈良国立文化財研究所『木器集成 近畿古代編』一九八五年
(13) 小笠原好彦編『勢多唐橋 橋に見る古代史』六興出版、一九九〇年
(14) 網野善彦ほか編『天の橋 地の橋』福音館書店、一九九一年
(15) 『古事類苑 地部三』吉川弘文館、一九八一年
(16) 上田正昭『道の古代史』淡交社、一九七六年
(17) 『唐橋遺跡（本文編）』滋賀県教育委員会、一九九二年
(注) 本稿脱稿後、輻（スポーク）のついた車輪の一部の発掘が報告されている。
橋本輝彦「大和出土の車輪と轍跡」、『古代交通研究会第一二回大会資料』二〇〇三年六月

著者略歴

武部健一（たけべ　けんいち）

1925年，東京に生まれる．京都大学土木工学科卒業．工学博士．特別調達庁，建設省関東地方建設局を経て，日本道路公団へ．以後，同東名高速道路計画課長，同東京建設局長，同常任参与等を歴任．㈱片平エンジニアリング社長，同会長を経て，1999年道路文化研究所を設立．以後，同理事長として道路の歴史と文化の研究に専念．㈳交通工学研究会顧問，古代交通研究会評議員を経て，㈳土木学会フェロー会員，アメリカ交通工学会終身会員．

著書：『インターチェンジ』（技術書院，1965），『インターチェンジの計画と設計』（技報堂出版，1987），『道路の計画と設計』（編著，技術書院，1988），『道のはなし　I・II』（技報堂出版，1992，国際交通安全学会賞受賞），『道 I・II』（法政大学出版局，2003，同じく国際交通安全学会賞受賞），『完全踏査　古代の道　正・続』（吉川弘文館，2004，2005）

ものと人間の文化史 116-I・道（みち）I

2003年11月7日　初版第1刷発行
2012年6月25日　　　第2刷発行

著　者 © 武　部　健　一

発行所　財団法人　法政大学出版局
〒102-0073 東京都千代田区九段北 3-2-7
電話 03(5214)5540　振替 00160-6-95814
整版：緑営舎　印刷：平文社　製本：ベル製本

Printed in Japan

ISBN978-4-588-21161-4

ものと人間の文化史

★第９回梓会出版文化賞受賞

人間が〈もの〉とのかかわりを通じて営々と築いてきた暮らしの足跡を具体的に辿りつつ文化・文明の基礎を問いなおす。手づくりの〈もの〉の記憶が失われ、〈もの〉離れが進行する危機の時代におくる豊穣な百科叢書。

1 船　須藤利一編

海国日本では古来、漁業・水運・交易はもとより、大陸文化も船によって運ばれた。本書は造船技術、航海の模様の推移を中心に、漂流、船霊信仰、伝説の数々を語る。　四六判３６８頁　'68

2 狩猟　直良信夫

人類の歴史は狩猟から始まった。本書は、わが国の遺跡に出土する獣骨、猟具の実証的考察をおこないながら、狩猟をつうじて発展した人間の知恵と生活の軌跡を辿る。　四六判２７２頁　'68

3 からくり　立川昭二

〈からくり〉は自動機械であり、驚嘆すべき庶民の技術的創意がこめられている。本書は、日本と西洋のからくりを発掘・復元・遍歴し、埋もれた技術の水脈をさぐる。　四六判４１０頁　'69

4 化粧　久下司

美を求める人間の心が生みだした化粧—その手法と道具に語らせた人間の欲望と本性、そして社会関係。歴史を遡り、全国を踏査して書かれた比類ない美と醜の文化史。　四六判３６８頁　'70

5 番匠　大河直躬

番匠はわが国中世の建築工匠。地方・在地を舞台に開花した彼らの造型・装飾・工法等の諸技術、さらに信仰と生活等、職人以前の独自で多彩な工匠的世界を描き出す。　四六判２８８頁　'71

6 結び　額田巌

〈結び〉の発達は人間の叡知の結晶である。本書はその諸形態および技法を作業・装飾・象徴の三つの系譜に辿り、〈結び〉のすべてを民俗学的・人類学的に考察する。　四六判２６４頁　'72

7 塩　平島裕正

人類史に貴重な役割を果たしてきた塩をめぐって、発見から伝承・製造技術の発展過程にいたる総体を歴史的に描き出すとともに、その多彩な効用と味覚の秘密を解く。　四六判２７２頁　'73

8 はきもの　潮田鉄雄

田下駄・かんじき・わらじなど、日本人の生活の礎となってきた伝統的はきものの成り立ちと変遷を、二〇年余の実地調査と細密な観察・描写によって辿る庶民生活史　四六判２８０頁　'73

9 城　井上宗和

古代城塞・城柵から近世代名の居城として集大成されるまでの日本の城の変遷を辿り、文化の各領野で果たしてきたその役割を再検討。あわせて世界城郭史に位置づける。　四六判３１０頁　'73

10 竹　室井綽

食生活、建築、民芸、造園、信仰等々にわたって、竹と人間との交流史は驚くほど深く永い。その多岐にわたる発展の過程を個々に辿り、竹の特異な性格を浮彫にする。　四六判３２４頁　'73

11 海藻　宮下章

古来日本人にとって生活必需品とされてきた海藻をめぐって、その採取・加工法の変遷、商品としての流通史および神事・祭事での役割に至るまでを歴史的に考証する。　四六判３３０頁　'74

12 **絵馬** 岩井宏實

古くは祭礼における神への献馬にはじまり、民間信仰と絵画のみごとな結晶として民衆の手で描かれ祀り伝えられてきた各地の絵馬を豊富な写真と史料によってたどる。四六判３０２頁 '74

13 **機械** 吉田光邦

畜力・水力・風力などの自然のエネルギーを利用し、幾多の改良を経て形成された初期の機械の歩みを検証し、日本文化の形成における科学・技術の役割を再検討する。四六判２４２頁 '74

14 **狩猟伝承** 千葉徳爾

狩猟には古来、感謝と慰霊の祭祀がともない、人獣交渉の豊かで意味深い歴史があった。狩猟用具、巻物、儀式具、またけものたちの生態を通して語る狩猟文化の世界。四六判３４６頁 '75

15 **石垣** 田淵実夫

採石から運搬、加工、石積みに至るまで、石垣の造成をめぐって積み重ねられてきた石工たちの苦闘の足跡を掘り起こし、その独自な技術の形成過程と伝承を集成する。四六判２２４頁 '75

16 **松** 高嶋雄三郎

日本人の精神史に深く根をおろした松の伝承に光を当て、食用、薬用等の実用の松、祭祀・観賞用の松、さらに文学・芸能・美術に表現された松のシンボリズムを説く。四六判３４２頁 '75

17 **釣針** 直良信夫

人と魚との出会いから現在に至るまで、釣針がたどった一万有余年の変遷を、世界各地の遺跡出土物を通して実証しつつ、漁撈によって生きた人々の生活と文化を探る。四六判２７８頁 '76

18 **鋸** 吉川金次

鋸鍛冶の家に生まれ、鋸の研究を生涯の課題とする著者が、出土遺品や文献・絵画により各時代の鋸を復元・実験し、庶民の手仕事にみられる驚くべき合理性を実証する。四六判３６０頁 '76

19 **農具** 飯沼二郎／堀尾尚志

鍬と犂の交代・進化の歩みとして発達したわが国農耕文化の発展経過を世界史的視野において再検討しつつ、無名の農民たちによる驚くべき創意のかずかずを記録する。四六判２２０頁 '76

20 **包み** 額田巖

結びとともに文化の起源にかかわる〈包み〉の系譜を人類史的視野において捉え、衣・食・住をはじめ社会・経済史、信仰、祭事などにおけるその実際と役割とを描く。四六判３５４頁 '77

21 **蓮** 阪本祐二

仏教における蓮の象徴的位置の成立と深化、美術・文芸等に見る人間とのかかわりを歴史的に考察。また大賀蓮はじめ多様な品種とその来歴を紹介しつつその美を語る。四六判３０６頁 '77

22 **ものさし** 小泉袈裟勝

ものをつくる人間にとって最も基本的な道具であり、数千年にわたって社会生活を律してきたその変遷を実証的に追求し、歴史の中で果たしてきた役割を浮彫りにする。四六判３１４頁 '77

23-I **将棋I** 増川宏一

その起源を古代インドに、我国への伝播の道すじを海のシルクロードに探り、また伝来後一千年におよぶ日本将棋の変化と発展を盤、駒、ルール等にわたって跡づける。四六判２８０頁 '77

23-Ⅱ 将棋Ⅱ 増川宏一

わが国伝来後の普及と変遷を貴族や武家・豪商の日記等に博捜し、遊戯者の歴史をあとづけると共に、中国伝来説の誤りを正し、将棋宗家の位置と役割を明らかにする。四六判346頁 '85

24 湿原祭祀 第2版 金井典美

古代日本の自然環境に着目し、各地の湿原聖地を稲作社会との関連において捉え直して古代国家成立の背景を浮彫にしつつ、水と植物にまつわる日本人の宇宙観を探る。四六判410頁 '77

25 臼 三輪茂雄

臼が人類の生活文化の中で果たしてきた役割を、各地に遺る貴重な民俗資料・伝承と実地調査にもとづいて解明。失われゆく道具のなかに、未来の生活文化の姿を探る。四六判412頁 '78

26 河原巻物 盛田嘉徳

中世末期以来の被差別部落民が生きる権利を守るために偽作し護り伝えてきた河原巻物を全国にわたって踏査し、そこに秘められた最底辺の人びとの叫びに耳を傾ける。四六判226頁 '78

27 香料 日本のにおい 山田憲太郎

焼香供養の香から趣味としての薫物へ、さらに沈香木を焚く香道へと変遷した日本の「匂い」の歴史を豊富な史料に基づいて辿り、我国風俗史の知られざる側面を描く。四六判370頁 '78

28 神像 神々の心と形 景山春樹

神仏習合によって変貌しつつも、常にその原型＝自然を保持してきた日本の神々の造型を図像学的方法によって捉え直し、その多彩な形象に日本人の精神構造をさぐる。四六判342頁 '78

29 盤上遊戯 増川宏一

祭具・占具としての発生を『死者の書』をはじめとする古代の文献にさぐり、形状・遊戯法を分類しつつその〈進化〉の過程を考察。〈遊戯者たちの歴史〉をも跡づける。四六判326頁 '78

30 筆 田淵実夫

筆の里・熊野に筆づくりの現場を訪ねて、筆匠たちの境涯と製筆の由来を克明に記録しつつ、筆の発生と変遷、種類、製筆法、さらには筆塚、筆供養にまで説きおよぶ。四六判204頁 '78

31 ろくろ 橋本鉄男

日本の山野を漂移しつづけ、高度の技術文化と幾多の伝説とをもたらした特異な旅職集団＝木地屋の生態を、その呼称、地名、伝承、文書等をもとに生き生きと描く。四六判460頁 '79

32 蛇 吉野裕子

日本古代信仰の根幹をなす蛇巫をめぐって、祭事におけるさまざまな蛇の「もどき」や各種の蛇の造型・伝承に鋭い考証を加え、忘れられたその呪性を大胆に暴き出す。四六判250頁 '79

33 鋏（はさみ） 岡本誠之

梃子の原理の発見から鋏の誕生に至る過程を推理し、日本鋏の特異な歴史的位置を明らかにするとともに、刀鍛冶等から転進した鋏職人たちの創意と苦闘の跡をたどる。四六判396頁 '79

34 猿 廣瀬鎮

嫌悪と愛玩、軽蔑と畏敬の交錯する日本人とサルとの関わりあいの歴史を、狩猟伝承や祭祀・風習、美術・工芸や芸能のなかに探り、日本人の動物観を浮彫りにする。四六判292頁 '79

35 **鮫** 矢野憲一

神話の時代から今日まで、津々浦々につたわるサメの伝承とサメをめぐる海の民俗を集成し、神饌、食用、薬用等に活用されてきたサメと人間のかかわりの変遷を描く。四六判292頁 '79

36 **枡** 小泉袈裟勝

米の経済の枢要をなす器として千年余にわたり日本人の生活の中に生きてきた枡の変遷をたどり、記録・伝承をもとにこの独特な計量器が果たした役割を再検討する。四六判322頁 '80

37 **経木** 田中信清

食品の包装材料として近年まで身近に存在した経木の起源を、こけら経や塔婆、木簡、屋根板等に遡って明らかにし、その製造・流通に携った人々の労苦の足跡を辿る。四六判288頁 '80

38 **色** 染と色彩 前田雨城

わが国古代の染色技術の復元と文献解読をもとに日本色彩史を体系づけ、赤・白・青・黒等におけるわが国独自の色彩感覚を探りつつ日本文化における色の構造を解明。四六判320頁 '80

39 **狐** 陰陽五行と稲荷信仰 吉野裕子

その伝承と文献を渉猟しつつ、中国古代哲学＝陰陽五行の原理の応用という独自の視点から、謎とされてきた稲荷信仰と狐との密接な結びつきを明快に解き明かす。四六判232頁 '80

40-Ⅰ **賭博Ⅰ** 増川宏一

時代、地域、階層を超えて連綿と行なわれてきた賭博。──その起源を古代の神判、スポーツ、遊戯等の中に探り、抑圧と許容の歴史を物語る。全Ⅲ分冊の〈総説篇〉。四六判298頁 '80

40-Ⅱ **賭博Ⅱ** 増川宏一

古代インド文学の世界からラスベガスまで、賭博の形態・用具・方法の時代的特質を明らかにし、夥しい禁令に賭博の不滅のエネルギーを見る。全Ⅲ分冊の〈外国篇〉。四六判456頁 '82

40-Ⅲ **賭博Ⅲ** 増川宏一

聞香、闘茶、笠附等、わが国独特の賭博を中心にその具体例を網羅し、方法の変遷に賭博の時代性を探りつつ禁令の改廃に時代の賭博観を追う。全Ⅲ分冊の〈日本篇〉。四六判388頁 '83

41-Ⅰ **地方仏Ⅰ** むしゃこうじ・みのる

古代から中世にかけて全国各地で作られた無銘の仏像を訪ね、素朴で多様なノミの跡に民衆の祈りと地域の願望を探る。宗教の伝播、文化の創造を考える異色の紀行。四六判256頁 '80

41-Ⅱ **地方仏Ⅱ** むしゃこうじ・みのる

紀州や飛騨を中心に草の根の仏たちを訪ねて、その相好と像容の魅力を探り、技法を比較考証して仏像彫刻史に位置づけつつ、中世地域社会の形成と信仰の実態に迫る。四六判260頁 '97

42 **南部絵暦** 岡田芳朗

田山・盛岡地方で「盲暦」として古くから親しまれてきた独得の絵解き暦を詳しく紹介しつつその全体像を復元する。その無類の生活暦は、南部農民の哀歓をつたえる。四六判288頁 '80

43 **野菜** 在来品種の系譜 青葉高

蕪、大根、茄子等の日本在来野菜をめぐって、その渡来・伝播経路、品種分布と栽培のいきさつを各地の伝承や古記録をもとに辿り、畑作文化の源流とその風土を描く。四六判368頁 '81

44 つぶて　中沢厚

弥生投弾、古代・中世の石戦と印地の様相、投石具の発達を展望しつつ、願かけの小石、正月つぶて、石こづみ等の習俗を辿り、石塊に託した民衆の願いや怒りを探る。　四六判338頁　'81

45 壁　山田幸一

弥生時代から明治期に至るわが国の壁の変遷を壁塗＝左官工事の側面から辿り直し、その技術的復元・考証を通じて建築史・文化史における壁の役割を浮き彫りにする。　四六判296頁　'81

46 箪笥（たんす）　小泉和子

近世における箪笥の出現＝箱から抽斗への転換に着目し、以降近現代に至るその変遷を社会・経済・技術の側面からあとづける。著者自身による箪笥製作の記録を付す。　四六判378頁　'82

47 木の実　松山利夫

山村の重要な食糧資源であった木の実をめぐる各地の記録・伝承を集成し、その採集・加工における幾多の試みを実地に検証しつつ、稲作農耕以前の食生活文化を復元。　四六判384頁　'82

48 秤（はかり）　小泉袈裟勝

秤の起源を東西に探るとともに、わが国律令制下における中国制度の導入、近世商品経済の発展に伴う秤座の出現、明治期近代化政策による洋式秤受容等の経緯を描く。　四六判326頁　'82

49 鶏（にわとり）　山口健児

神話・伝説をはじめ遠い歴史の中の鶏を古今東西の伝承・文献に探り、特に我国の信仰・絵画・文学等に遺された鶏の足跡を追って、鶏をめぐる民俗の記憶を蘇らせる。　四六判346頁　'83

50 燈用植物　深津正

人類が燈火を得るために用いてきた多種多様な植物との出会いと個々の植物の来歴、特性及びはたらきを詳しく検証しつつ「あかり」の原点を問いなおす異色の植物誌。　四六判442頁　'83

51 斧・鑿・鉋（おの・のみ・かんな）　吉川金次

古墳出土品や文献・絵画をもとに、古代から現代までの斧・鑿・鉋を復元・実験し、労働体験によって生まれた民衆の知恵と道具の変遷を蘇らせる異色の日本木工具史。　四六判304頁　'84

52 垣根　額田巌

大和・山辺の道に神々と垣との関わりを探り、各地に垣の伝承を訪ねて、寺院の垣、民家の垣、露地の垣など、風土と生活に培われた生垣の独特のはたらきと美を描く。　四六判234頁　'84

53-Ⅰ 森林Ⅰ　四手井綱英

森林生態学の立場から、森林のなりたちとその生活史を辿りつつ、産業の発展と消費社会の拡大により刻々と変貌する森林の現状を語り、未来への再生のみちをさぐる。　四六判306頁　'85

53-Ⅱ 森林Ⅱ　四手井綱英

森林と人間との多様なかかわりを包括的に語り、人と自然が共生するための森や里山をいかにして創出するか、森林再生への具体的な方策を提示する21世紀への提言。　四六判308頁　'98

53-Ⅲ 森林Ⅲ　四手井綱英

地球規模で進行しつつある森林破壊の現状を実地に踏査し、森と人が共存する日本人の伝統的自然観を未来へ伝えるために、いま何が必要なのかを具体的に提言する。　四六判304頁　'00

54 **海老**（えび） 酒向昇

人類との出会いからエビの科学、漁法、さらには調理法を語り、めでたい姿態と色彩にまつわる多彩なエビの民俗を、地名や人名、詩歌・文学、絵画や芸能の中に探る。四六判４２８頁 '85

55-Ⅰ **藁**（わら）Ⅰ 宮崎清

稲作農耕とともに二千年余の歴史をもち、日本人の全生活領域に生きてきた藁の文化を日本文化の原型として捉え、風土に根ざしたそのゆたかな遺産を詳細に検討する。四六判４００頁 '85

55-Ⅱ **藁**（わら）Ⅱ 宮崎清

床・畳から壁・屋根にいたる住居における藁の製作・使用のメカニズムを明らかにし、日本人の生活空間における藁の役割を見なおすとともに、藁の文化の復権を説く。四六判４００頁 '85

56 **鮎** 松井魁

清楚な姿態と独特な味覚によって、日本人の目と舌を魅了しつづけてきたアユ——その形態と分布、生態、漁法等を詳述し、古今のアユ料理や文芸にみるアユにおよぶ。四六判２９６頁 '86

57 **ひも** 額田巌

物と物、人と物とを結びつける不思議な力を秘めた「ひも」の謎を追って、民俗学的視点から多角的なアプローチを試みる。『結び』、『包み』につづく三部作の完結篇。四六判２５０頁 '86

58 **石垣普請** 北垣聰一郎

近世石垣の技術者集団「穴太」の足跡を辿り、各地城郭の石垣遺構の実地調査と資料・文献をもとに石垣普請の歴史的系譜を復元しつつ石工たちの技術伝承を集成する。四六判４３８頁 '87

59 **碁** 増川宏一

その起源を古代の盤上遊戯に探ると共に、定着以来二千年の歴史を時代の状況や遊び手の社会環境との関わりにおいて跡づける。逸話や伝説を排して綴る初の囲碁全史。四六判３６６頁 '87

60 **日和山**（ひよりやま） 南波松太郎

千石船の時代、航海の安全のために観天望気した日和山——多くは忘れられ、あるいは失われた船舶・航海史の貴重な遺跡を追って、全国津々浦々におよんだ調査紀行。四六判３８２頁 '88

61 **篩**（ふるい） 三輪茂雄

臼とともに人類の生産活動に不可欠な道具であった篩、箕（み）、笊（ざる）の多彩な変遷を豊富な図解入りでたどり、現代技術の先端に再生するまでの歩みをえがく。四六判３３４頁 '89

62 **鮑**（あわび） 矢野憲一

縄文時代以来、貝肉の美味と貝殻の美しさによって日本人を魅了し続けてきたアワビ——その生態と養殖、神饌としての歴史、漁法、螺鈿の技法からアワビ料理に及ぶ。四六判３４４頁 '89

63 **絵師** むしゃこうじ・みのる

日本古代の渡来画工から江戸前期の菱川師宣まで、時代の代表的絵師の列伝で辿る絵画制作の文化史。前近代社会における絵画の意味や芸術創造の社会的条件を考える。四六判２３０頁 '90

64 **蛙**（かえる） 碓井益雄

動物学の立場からその特異な生態を描き出すとともに、和漢洋の文献資料を駆使して故事・習俗・神事・民話・文芸・美術工芸にわたる蛙の多彩な活躍ぶりを活写する。四六判３８２頁 '89

65-Ⅰ 藍（あい）Ⅰ 風土が生んだ色 竹内淳子

全国各地の〈藍の里〉を訪ねて、藍栽培から染色・加工のすべてにわたり、藍とともに生きた人々の伝承を克明に描き、風土と人間が生んだ〈日本の色〉の秘密を探る。四六判４１６頁 '91

65-Ⅱ 藍（あい）Ⅱ 暮らしが育てた色 竹内淳子

日本の風土に生まれ、伝統に育てられた藍が、今なお暮らしの中で生き生きと活躍しているさまを、手わざに生きる人々との出会いを通じて描く。藍の里紀行の続篇。 四六判４０６頁 '99

66 橋 小山田了三

丸木橋・舟橋・吊橋から板橋・アーチ型石橋まで、人々に親しまれてきた各地の橋を訪ねて、その来歴と架橋の技術伝承を辿り、土木文化の伝播・交流の足跡をえがく。 四六判３１２頁 '91

67 箱 宮内悊

日本の伝統的な箱（櫃）と西欧のチェストを比較文化史の視点から考察し、居住・収納・運搬・装飾の各分野における箱の重要な役割とその多彩な文化を浮彫りにする。 四六判３９０頁 '91

68-Ⅰ 絹Ⅰ 伊藤智夫

養蚕の起源を神話や説話に探り、伝来の時期とルートを跡づけ、記紀・万葉の時代から近世に至るまで、それぞれの時代・社会・階層が生み出した絹の文化を描き出す。 四六判３０４頁 '92

68-Ⅱ 絹Ⅱ 伊藤智夫

生糸と絹織物の生産と輸出が、わが国の近代化にはたした役割を描くと共に、養蚕の道具、信仰や庶民生活にわたる養蚕と絹の民俗、さらには蚕の種類と生態におよぶ。 四六判２９４頁 '92

69 鯛（たい） 鈴木克美

古来「魚の王」とされてきた鯛をめぐって、その生態・味覚から漁法、祭り、工芸、文芸にわたる多彩な伝承文化を語りつつ、鯛と日本人とのかかわりの原点をさぐる。 四六判４１８頁 '92

70 さいころ 増川宏一

古代神話の世界から近現代の博徒の動向まで、さいころの役割を各時代・社会に位置づけ、木の実や貝殻のさいころから投げ棒型や立方体のさいころへの変遷をたどる。 四六判３７４頁 '92

71 木炭 樋口清之

炭の起源から炭焼、流通、経済、文化にわたる木炭の歩みを歴史・考古・民俗の知見を総合して描き出し、独自で多彩な文化を育んできた木炭の尽きせぬ魅力を語る。 四六判２９６頁 '93

72 鍋・釜（なべ・かま） 朝岡康二

日本をはじめ韓国、中国、インドネシアなど東アジアの各地を歩きながら鍋・釜の製作と使用の現場に立ち会い、調理をめぐる庶民生活の変遷とその交流の足跡を探る。 四六判３２６頁 '93

73 海女（あま） 田辺悟

その漁の実際と社会組織、風習、信仰、民具などを克明に描くとともに海女の起源・分布・交流を探り、わが国漁撈文化の古層としての海女の生活と文化をあとづける。 四六判２９４頁 '93

74 蛸（たこ） 刀禰勇太郎

蛸をめぐる信仰や多彩な民間伝承を紹介するとともに、その生態・分布・捕獲法・繁殖と保護・調理法などを集成し、日本人と蛸との知られざるかかわりの歴史を探る。 四六判３７０頁 '94

75 曲物（まげもの） 岩井宏實

桶・樽出現以前から伝承され、古来最も簡便・重宝な木製容器として愛用された曲物の加工技術と機能・利用形態の変遷をさぐり、手づくりの「木の文化」を見なおす。四六判318頁 '94

76-Ⅰ 和船Ⅰ 石井謙治

江戸時代の海運を担った千石船（弁才船）について、その構造と技術、帆走性能を綿密に調査し、通説の誤りを正すとともに、海難と信仰、船絵馬等の考察にもおよぶ。四六判436頁 '95

76-Ⅱ 和船Ⅱ 石井謙治

造船史から見た著名な船を紹介し、遣唐使船や遣欧使節船、幕末の洋式船における外国技術の導入について論じつつ、船の名称と船型を海船・川船にわたって解説する。四六判316頁 '95

77-Ⅰ 反射炉Ⅰ 金子功

日本初の佐賀鍋島藩の反射炉と精練方＝理化学研究所、島津藩の反射炉と集成館＝近代工場群を軸に、日本の産業革命の時代における人と技術を現地に訪ねて発掘する。四六判244頁 '95

77-Ⅱ 反射炉Ⅱ 金子功

伊豆韮山の反射炉をはじめ、全国各地の反射炉建設にかかわった有名無名の人々の足跡をたどり、開国か攘夷かに揺れる幕末の政治と社会の悲喜劇をも生き生きと描く。四六判226頁 '95

78-Ⅰ 草木布（そうもくふ）Ⅰ 竹内淳子

風土に育まれた布を求めて全国各地を歩き、木綿普及以前に山野の草木を利用して豊かな衣生活文化を築き上げてきた庶民の知られざる知恵のかずかずを実地にさぐる。四六判282頁 '95

78-Ⅱ 草木布（そうもくふ）Ⅱ 竹内淳子

アサ、クズ、シナ、コウゾ、カラムシ、フジなどの草木の繊維から、どのようにして糸を採り、布を織っていたのか――聞書きをもとに忘れられた技術と文化を発掘する。四六判282頁 '95

79-Ⅰ すごろくⅠ 増川宏一

古代エジプトのセネト、ヨーロッパのバクギャモン、中近東のナルド、中国の双陸などの系譜に日本の盤雙六を位置づけ、遊戯・賭博としてのその数奇なる運命を辿る。四六判312頁 '95

79-Ⅱ すごろくⅡ 増川宏一

ヨーロッパの鵞鳥のゲームから日本中世の浄土双六、近世の華麗な絵双六、さらには近現代の少年誌の附録まで、絵双六の変遷を追って時代の社会・文化を読みとる。四六判390頁 '95

80 パン 安達巖

古代オリエントに起ったパン食文化が中国・朝鮮を経て弥生時代の日本に伝えられたことを史料と伝承をもとに解明し、わが国パン食文化二〇〇〇年の足跡を描き出す。四六判260頁 '96

81 枕（まくら） 矢野憲一

神さまの枕・大嘗祭の枕から枕絵の世界まで、人生の三分の一を共に過す枕をめぐって、その材質の変遷を辿り、伝説と怪談、俗信と民俗、エピソードを興味深く語る。四六判252頁 '96

82-Ⅰ 桶・樽（おけ・たる）Ⅰ 石村真一

日本、中国、朝鮮、ヨーロッパにわたる厖大な資料を集成してその豊かな文化の系譜を探り、東西の木工技術史を比較しつつ世界史的視野から桶・樽の文化を描き出す。四六判388頁 '97

82-Ⅱ **桶・樽**（おけ・たる）**Ⅱ** 石村真一

多数の調査資料と絵画・民俗資料をもとにその製作技術を復元し、東西の木工技術を比較考証しつつ、技術文化史の視点から桶・樽製作の実態とその変遷を跡づける。 四六判３７２頁 '97

82-Ⅲ **桶・樽**（おけ・たる）**Ⅲ** 石村真一

樹木と人間とのかかわり、製作者と消費者とのかかわりを通じて桶樽と生活文化の変遷を考察し、木材資源の有効利用という視点から桶樽の文化史的役割を浮彫にする。 四六判３５２頁 '97

83-Ⅰ **貝Ⅰ** 白井祥平

世界各地の現地調査と文献資料を駆使して、古来至高の財宝とされてきた宝貝のルーツとその変遷を探り、貝と人間とのかかわりの歴史を「貝貨」の文化史として描く。 四六判３８６頁 '97

83-Ⅱ **貝Ⅱ** 白井祥平

サザエ、アワビ、イモガイなど古来人類とかかわりの深い貝をめぐって、その生態・分布・地方名、装身具や貝貨としての利用法などを豊富なエピソードを交えて語る。 四六判３２８頁 '97

83-Ⅲ **貝Ⅲ** 白井祥平

シンジュガイ、ハマグリ、アカガイ、シャコガイなどをめぐって世界各地の民族誌を渉猟し、それらが人類文化に残した足跡を辿る。参考文献一覧／総索引を付す。 四六判３９２頁 '97

84 **松茸**（まつたけ） 有岡利幸

秋の味覚として古来珍重されてきた松茸の由来を求めて、稲作文化と里山（松林）の生態系から説きおこし、日本人の伝統的生活文化の中に松茸流行の秘密をさぐる。 四六判２９６頁 '97

85 **野鍛冶**（のかじ） 朝岡康二

鉄製農具の製作・修理・再生を担ってきた農鍛冶の歴史的役割を探り、近代化の大波の中で変貌する職人技術の実態をアジア各地のフィールドワークを通して描き出す。 四六判２８０頁 '98

86 **稲** 品種改良の系譜 菅 洋

作物としての稲の誕生、稲の渡来と伝播の経緯から説きおこし、明治以降主として庄内地方の民間育種家の手によって飛躍的発展をとげたわが国品種改良の歩みを描く。 四六判３３２頁 '98

87 **橘**（たちばな） 吉武利文

永遠のかぐわしい果実として日本の神話・伝説に特別の位置を占めて語り継がれてきた橘をめぐって、その育まれた風土とかずかずの伝承の中に日本文化の特質を探る。 四六判２８６頁 '98

88 **杖**（つえ） 矢野憲一

神の依代としての杖や仏教の錫杖に杖と信仰とのかかわりを探り、人類が突きつつ歩んだその歴史と民俗を興味ぶかく語る。多彩な材質と用途を網羅した杖の博物誌。 四六判３１４頁 '98

89 **もち**（糯・餅） 渡部忠世／深澤小百合

モチイネの栽培・育種から食品加工、民俗、儀礼にわたってそのルーツと伝承の足跡をたどり、アジア稲作文化という広範な視野からこの特異な食文化の謎を解明する。 四六判３３０頁 '98

90 **さつまいも** 坂井健吉

その栽培の起源と伝播経路を跡づけるとともに、わが国伝来後四百年の経緯を詳細にたどり、世界に冠たる育種と栽培・利用法を築いた人々の知られざる足跡をえがく。 四六判３２８頁 '99

91 **珊瑚**（さんご） 鈴木克美

海岸の自然保護に重要な役割を果たす岩石サンゴから宝飾品として知られる宝石サンゴまで、人間生活と深くかかわってきたサンゴの多彩な姿を人類文化史として描く。 四六判３７０頁 '99

92-Ⅰ **梅Ⅰ** 有岡利幸

万葉集、源氏物語、五山文学などの古典や天神信仰に表れた梅の足跡を克明に辿りつつ日本人の精神史に刻印された梅を浮彫にし、梅と日本人の二〇〇〇年史を描く。 四六判２７４頁 '99

92-Ⅱ **梅Ⅱ** 有岡利幸

その植生と栽培、伝承、梅の名所や鑑賞法の変遷から戦前の国定教科書に表れた梅まで、梅と日本人との多彩なかかわりを探り、桜との対比において梅の文化史を描く。 四六判３３８頁 '99

93 **木綿口伝**（もめんくでん） 第2版 福井貞子

老女たちからの聞書を経糸とし、厖大な遺品・資料を緯糸として、母から娘へと幾代にも伝えられた手づくりの木綿文化を掘り起し、近代の木綿の盛衰を描く。増補版 四六判３３６頁 '00

94 **合せもの** 増川宏一

「合せる」には古来、一致させるの他に、競う、闘う、比べる等の意味があった。貝合せや絵合せ等の遊戯・賭博を中心に、広範な人間の営みを「合せる」行為に辿る。 四六判３００頁 '00

95 **野良着**（のらぎ） 福井貞子

明治初期から昭和四〇年までの野良着を収集・分類・整理し、それらの用途と年代、形態、材質、重量、呼称などを精査して、働く庶民の創意にみちた生活史を描く。 四六判２９２頁 '00

96 **食具**（しょくぐ） 山内昶

東西の食文化に関する資料を渉猟し、食法の違いを人間の自然に対するかかわり方の違いとして捉えつつ、食具を人間と自然をつなぐ基本的な媒介物として位置づける。 四六判２９２頁 '00

97 **鰹節**（かつおぶし） 宮下章

黒潮からの贈り物・カツオの漁法から鰹節の製法や食法、商品としての流通までを歴史的に展望するとともに、沖縄やモルジブ諸島の調査をもとにそのルーツを探る。 四六判３８２頁 '00

98 **丸木舟**（まるきぶね） 出口晶子

先史時代から現代の高度文明社会まで、もっとも長期にわたり使われてきた刳り舟に焦点を当て、その技術伝承を辿りつつ、森や水辺の文化の広がりと動態をえがく。 四六判３２４頁 '01

99 **梅干**（うめぼし） 有岡利幸

日本人の食生活に不可欠の自然食品・梅干をつくりだした先人たちの知恵に学ぶとともに、健康増進に驚くべき薬効を発揮する、その知られざるパワーの秘密を探る。 四六判３００頁 '01

100 **瓦**（かわら） 森郁夫

仏教文化と共に中国・朝鮮から伝来し、一四〇〇年にわたり日本の建築を飾ってきた瓦をめぐって、発掘資料をもとにその製造技術、形態、文様などの変遷をたどる。 四六判３２０頁 '01

101 **植物民俗** 長澤武

衣食住から子供の遊びまで、幾世代にも伝承された植物をめぐる暮らしの知恵を克明に記録し、高度経済成長期以前の農山村の豊かな生活文化を愛惜をこめて描き出す。 四六判３４８頁 '01

102 箸（はし） 向井由紀子／橋本慶子

そのルーツを中国、朝鮮半島に探るとともに、日本人の食生活に不可欠の食具となり、日本文化のシンボルとされるまでに洗練された箸の文化の変遷を総合的に描く。 四六判334頁 '01

103 採集 ブナ林の恵み 赤羽正春

縄文時代から今日に至る採集・狩猟民の暮らしを復元し、動物の生態系と採集生活の関連を明らかにしつつ、民俗学と考古学の両面から山に生かされた人々の姿を描く。 四六判298頁 '01

104 下駄 神のはきもの 秋田裕毅

古墳や井戸等から出土する下駄に着目し、下駄が地上と地下の他界を結ぶ聖なるはきものであったという大胆な仮説を提出、日本の神々の忘れられた側面を浮彫にする。 四六判304頁 '02

105 絣（かすり） 福井貞子

膨大な絣遺品を収集・分類し、絣産地を実地に調査して絣の技法と文様の変遷を地域別・時代別に跡づけ、明治・大正・昭和の手づくりの染織文化の盛衰を描き出す。 四六判310頁 '02

106 網（あみ） 田辺悟

漁網を中心に、網に関する基本資料を網羅して網の変遷と網をめぐる民俗を体系的に描き出し、網の文化を集成する。「網に関する小事典」「網のある博物館」を付す。 四六判316頁 '02

107 蜘蛛（くも） 斎藤慎一郎

「土蜘蛛」の呼称で畏怖される一方「クモ合戦」など子供の遊びとしても親しまれてきたクモと人間との長い交渉の歴史をその深層に遡って追究した異色のクモ文化論。 四六判320頁 '02

108 襖（ふすま） むしゃこうじ・みのる

襖の起源と変遷を建築史・絵画史の中に探りつつその用と美を浮彫にし、衝立・障子・屏風等と共に日本建築の空間構成に不可欠の建具となるまでの経緯を描き出す。 四六判270頁 '02

109 漁撈伝承（ぎょろうでんしょう） 川島秀一

漁師たちからの聞き書きをもとに、寄り物、船霊、大漁旗など、漁撈にまつわる〈もの〉の伝承を集成し、海の道によって運ばれた習俗や信仰の民俗地図を描き出す。 四六判334頁 '03

110 チェス 増川宏一

世界中に数億人の愛好者を持つチェスの起源と文化を、欧米における膨大な研究の蓄積を渉猟しつつ探り、日本への伝来の経緯から美術工芸品としてのチェスにおよぶ。 四六判298頁 '03

111 海苔（のり） 宮下章

海苔の歴史は厳しい自然とのたたかいの歴史だった——採取から養殖、加工、流通、消費に至る先人たちの苦難の歩みを史料と実地調査によって浮彫にする食物文化史。 四六判172頁 '03

112 屋根 檜皮葺と杮葺 原田多加司

屋根葺師一〇代の著者が、自らの体験と職人の本懐を語り、連綿として受け継がれてきた伝統の手わざを体系的にたどりつつ伝統技術の保存と継承の必要性を訴える。 四六判340頁 '03

113 水族館 鈴木克美

初期水族館の歩みを創始者たちの足跡を通して辿りなおし、水族館をめぐる社会の発展と風俗の変遷を描き出すとともにその未来像をさぐる初の〈日本水族館史〉の試み。 四六判290頁 '03

114 **古着**（ふるぎ）　朝岡康二

仕立てと着方、管理と保存、再生と再利用等にわたり衣生活の変容を近代の日常生活の変化として捉え直し、衣服をめぐるリサイクル文化が形成される経緯を描き出す。　四六判２９２頁　'03

115 **柿渋**（かきしぶ）　今井敬潤

染料・塗料をはじめ生活百般の必需品であった柿渋の伝承を記録し、文献資料をもとにその製造技術と利用の実態を明らかにして、忘れられた豊かな生活技術を見直す。　四六判２９４頁　'03

116-Ⅰ **道Ⅰ**　武部健一

道の歴史を先史時代から説き起こし、古代律令制国家の要請によって駅路が設けられ、しだいに幹線道路として整えられてゆく経緯を技術史・社会史の両面からえがく。　四六判２４８頁　'03

116-Ⅱ **道Ⅱ**　武部健一

中世の鎌倉街道、近世の五街道、近代の開拓道路から現代の高速道路網までを通観し、道路を拓いた人々の手によって今日の交通ネットワークが形成された歴史を語る。　四六判２８０頁　'03

117 **かまど**　狩野敏次

日常の煮炊きの道具であるとともに祭りと信仰に重要な位置を占めてきたカマドをめぐる忘れられた伝承を掘り起こし、民俗空間の壮大なコスモロジーを浮彫りにする。　四六判２９２頁　'04

118-Ⅰ **里山Ⅰ**　有岡利幸

縄文時代から近世までの里山の変遷を人々の暮らしと植生の変化の両面から跡づけ、その源流を記紀万葉に描かれた里山の景観や大和・三輪山の古記録・伝承等に探る。　四六判２７６頁　'04

118-Ⅱ **里山Ⅱ**　有岡利幸

明治の地租改正による山林の混乱、相次ぐ戦争による山野の荒廃、エネルギー革命、高度成長による大規模開発など、近代化の荒波に翻弄される里山の見直しを説く。　四六判２７４頁　'04

119 **有用植物**　菅　洋

人間生活に不可欠のものとして利用されてきた身近な植物たちの来歴と栽培・育種・品種改良・伝播の経緯を平易に語り、植物と共に歩んだ文明の足跡を浮彫にする。　四六判３２４頁　'04

120-Ⅰ **捕鯨Ⅰ**　山下渉登

世界の海で展開された鯨と人間との格闘の歴史を振り返り、「大航海時代」の副産物として開始された捕鯨業の誕生以来四〇〇年にわたる盛衰の社会的背景をさぐる。　四六判３１４頁　'04

120-Ⅱ **捕鯨Ⅱ**　山下渉登

近代捕鯨の登場により鯨資源の激減を招き、捕鯨の規制・管理のための国際条約締結に至る経緯をたどり、グローバルな課題としての自然環境問題を浮き彫りにする。　四六判３１２頁　'04

121 **紅花**（べにばな）　竹内淳子

栽培、加工、流通、利用の実際を現地に探訪して紅花とかかわってきた人々からの聞き書きを集成し、忘れられた〈紅花文化〉を復元しつつその豊かな味わいを見直す。　四六判３４６頁　'04

122-Ⅰ **もののけⅠ**　山内昶

日本の妖怪変化、未開社会の〈マナ〉、西欧の悪魔やデーモンを比較考察し、名づけ得ぬ未知の対象を指す万能のゼロ記号〈もの〉をめぐる人類文化史を跡づける博物誌。　四六判３２０頁　'04

132 **まな板** 石村眞一

日本、アジア、ヨーロッパ各地のフィールド調査と考古・文献・絵画・写真資料をもとにまな板の素材・構造・使用法を分類し、多様な食文化とのかかわりをさぐる。 四六判３７２頁 '06

133-Ⅰ **鮭・鱒**（さけ・ます）**Ⅰ** 赤羽正春

鮭・鱒をめぐる民俗研究の前史から現在までを概観するとともに、原初的な漁法から商業的漁法にわたる多彩な漁法と用具、漁場と社会組織の関係などを明らかにする。 四六判２９２頁 '06

133-Ⅱ **鮭・鱒**（さけ・ます）**Ⅱ** 赤羽正春

鮭漁をめぐる行事、鮭捕り衆の生活等を聞き取りによって再現し、人工孵化事業の発展とそれを担った先人たちの業績を明らかにするとともに、鮭・鱒の料理におよぶ。 四六判３５２頁 '06

134 **遊戯** その歴史と研究の歩み 増川宏一

古代から現代まで、日本と世界の遊戯の歴史を概説し、内外の研究者との交流の中で得られた最新の知見をもとに、研究の出発点と目的を論じ、現状と未来を展望する。 四六判２９６頁 '06

135 **石干見**（いしひみ） 田和正孝編

沿岸部に石垣を築き、潮汐作用を利用して漁獲する原初的漁法を日・韓・台に残る遺構と伝承の調査・分析をもとに復元し、東アジアの伝統的漁撈文化を浮彫りにする。 四六判３３２頁 '07

136 **看板** 岩井宏實

江戸時代から明治・大正・昭和初期までの看板の歴史を生活文化史の視点から考察し、多種多様な生業の起源と変遷を多数の図版をもとに紹介する〈図説商売往来〉。 四六判２６６頁 '07

137-Ⅰ **桜Ⅰ** 有岡利幸

そのルーツと生態から説きおこし、和歌や物語に描かれた古代社会の桜観から「花は桜木、人は武士」の江戸の花見の流行まで、日本人と桜のかかわりの歴史をさぐる。 四六判３８２頁 '07

137-Ⅱ **桜Ⅱ** 有岡利幸

明治以後、軍国主義と愛国心のシンボルとして政治的に利用されてきた桜の近代史を辿るとともに、日本人の生活と共に歩んだ「咲く花、散る花」の栄枯盛衰を描く。 四六判４００頁 '07

138 **麴**（こうじ） 一島英治

日本の気候風土の中で稲作と共に育まれた麴菌のすぐれたはたらきの秘密を探り、醸造化学に携わった人々の足跡をたどりつつ醱酵食品と日本人の食生活文化を考える。 四六判２４４頁 '07

139 **河岸**（かし） 川名登

近世初頭、河川水運の隆盛と共に物流のターミナルとして賑わい、船旅や遊廓などをもたらした河岸（川の港）の盛衰を河岸に生きる人々の暮らしの変遷としてえがく。 四六判３００頁 '07

140 **神饌**（しんせん） 岩井宏實／日和祐樹

土地に古くから伝わる食物を神に捧げる神饌儀礼に祭りの本義を探り、近畿地方主要神社の伝統的儀礼をつぶさに調査して、豊富な写真と共にその実際を明らかにする。 四六判３７４頁 '07

141 **駕籠**（かご） 櫻井芳昭

その様式、利用の実態、地域ごとの特色、車の利用を抑制する交通政策との関連から駕籠かきたちの風俗までを明らかにし、日本交通史の知られざる側面に光を当てる。 四六判２９４頁 '07

142 **追込漁**（おいこみりょう）　川島秀一

沖縄の島々をはじめ、日本各地で今なお行なわれている沿岸漁撈を実地に精査し、魚の生態と自然条件を知り尽した漁師たちの知恵と技を見直しつつ漁業の原点を探る。　四六判３６８頁　'08

143 **人魚**（にんぎょ）　田辺悟

ロマンとファンタジーに彩られて世界各地に伝承される人魚の実像をもとめて東西の人魚誌を渉猟し、フィールド調査と膨大な資料をもとに集成したマーメイド百科。　四六判３５２頁　'08

144 **熊**（くま）　赤羽正春

狩人たちからの聞き書きをもとに、かつては神として崇められた熊と人間との精神史的な関係をさぐり、熊を通して人間の生存可能性にもおよぶユニークな動物文化史。　四六判３８４頁　'08

145 **秋の七草**　有岡利幸

『万葉集』で山上憶良がうたいあげて以来、千数百年にわたり秋を代表する植物として日本人にめでられてきた七種の草花の知られざる伝承を掘り起こす植物文化誌。　四六判３０６頁　'08

146 **春の七草**　有岡利幸

厳しい冬の季節に芽吹く若菜に大地の生命力を感じ、春の到来を祝い新年の息災を願う「七草粥」などとして食生活の中に巧みに取り入れてきた古人たちの知恵を探る。　四六判２７２頁　'08

147 **木綿再生**　福井貞子

自らの人生遍歴と木綿を愛する人々との出会いを織り重ねて綴り、優れた文化遺産としての木綿衣料を紹介しつつ、リサイクル文化としての木綿再生のみちを模索する。　四六判２６６頁　'09

148 **紫**（むらさき）　竹内淳子

今や絶滅危惧種となった紫草（ムラサキ）を育てる人びとと、伝統の紫根染を今に伝える人びとを全国にたずね、貝紫染の始原を求めて吉野ヶ里におよぶ「むらさき紀行」。　四六判３２４頁　'09

149-Ⅰ **杉Ⅰ**　有岡利幸

その生態、天然分布の状況から各地における栽培・育種、利用にいたる歩みを弥生時代から今日までの人間の営みの中で捉えなおし、わが国林業史を展望しつつ描き出す。　四六判２８２頁　'10

149-Ⅱ **杉Ⅱ**　有岡利幸

古来神の降臨する木として崇められるとともに生活のさまざまな場面で活用され、絵画や詩歌に描かれてきた杉の文化をたどり、さらに「スギ花粉症」の原因を追究する。　四六判２７８頁　'10

150 **井戸**　秋田裕毅（大橋信弥編）

弥生中期になぜ井戸は突然出現するのか。飲料水など生活用水ではなく、祭祀用の聖なる水を得るためだったのではないか。目的や構造の変遷、宗教との関わりをたどる。　四六判２６０頁　'10

151 **楠**（くすのき）　矢野憲一／矢野高陽

語源と字源、分布と繁殖、文学や美術における楠から医薬品としての利用、キューピー人形や樟脳の船まで、楠と人間の関わりの歴史を辿りつつ自然保護の問題に及ぶ。　四六判３３４頁　'10

152 **温室**　平野恵

温室は明治時代に欧米から輸入された印象があるが、じつは江戸時代半ばから「むろ」という名の保温設備があった。絵巻や小説、遺跡などより浮かび上がる歴史。　四六判３１０頁　'10